2009年甘肃省社科规划项目
FEIWUZHI WENHUA YICHAN
甘肃农家书屋专用

甘肃非物质文化遗产
挖掘与保护

主编 李俊霞 副主编 屈雷刚 刘心刚

U0861821

蘭州大學出版社

图书在版编目(CIP)数据

甘肃非物质文化遗产挖掘与保护 / 李俊霞主编.--兰州：兰州大学出版社，2011.6

ISBN 978-7-311-03703-1

Ⅰ.①甘… Ⅱ.①李… Ⅲ.①文化遗产-保护-研究-甘肃省 Ⅳ.①K294.2

中国版本图书馆CIP数据核字(2011)第118980号

书　　名	甘肃非物质文化遗产挖掘与保护
主　　编	李俊霞
出版发行	兰州大学出版社（地址：兰州市天水南路222号　730000）
电　　话	0931-8912613(总编办公室)　0931-8617156(营销中心) 0931-8914298(读者服务部)
网　　址	http://www.onbook.com.cn
电子信箱	press@lzu.edu.cn
印　　刷	甘肃北辰印务有限公司
开　　本	710×1020　1/16
印　　张	14.5
字　　数	227千
版　　次	2011年6月第1版
印　　次	2011年6月第1次印刷
书　　号	ISBN 978-7-311-03703-1
定　　价	22.00元

(图书若有破损、缺页、掉页可随时与本社联系)

目　录

第一章　非物质文化遗产的概念

只有进入了现代社会,才会把前一阶段文明成果视作遗产。目前,世界遗产内容已由物质的、有形的、静态的,伸延到非物质的、无形的、精神的、动态的,显示了当今人类对自己的文明创造的认识前进了一大步。因此说,当人类对非物质文化遗产倍加珍视与保护时,一个现代的完整的遗产观便形成了。了解世界遗产的分类,界定非物质文化遗产的内涵和外延,是人类开展非物质文化遗产挖掘与保护工作的基础。

一、世界遗产的分类

世界遗产是人类历史文明的产物。随着人们对世界遗产认识及研究成果的拓展与深化,特别是保护实践的迫切需要,对世界遗产的类别认识也在不断丰富、不断变化。

1.世界遗产分类的演化。

世界遗产是指被联合国教科文组织和世界遗产委员会确认的人类罕见的、目前无法替代的财富,是全人类公认的具有突出意义和普遍价值的文物古迹及自然景观。

(1)世界遗产的二分法。联合国教科文组织对世界遗产的分类经历了一个渐进的过程。为了保护世界遗产,1972年11月16日,联合国教科文组织大会第17届会议在巴黎通过了《保护世界文化和自然遗产公约》(Convention Concerning the Protection of the World Cultural and Natural Heritage)(简称《世界遗产公约》),标志着人类对具有突出价值的文化和自然遗产进行全球性保护的开始。根据公约,1976年世界遗产委员会成立,并建立《世界遗产名录》。中国于1985年12月12日加入《世界遗产公约》,1986年开始向联合国教科文组织申报世界遗产项目,1999年10月29日中国当选为世界遗产委员会成员。目前,全球已有188个国家和地区加入《世界遗产公约》。《世界遗产公约》是全球性保护世界遗产方面最为深远影响和重要的国际公约,它倡导对世界文化遗产及世界自然遗产进行国家保护和世界保护。按照这一公约,世界遗产被分为两大类型,即世界文化遗产和世界自然遗产。

世界文化遗产是指由联合国教科文组织确认的具有科学、审美、文化价值的自然景观和人类历史遗存。而世界自然遗产是指从审美或科学角度看具有突出的普遍价值的由物质和生物结构或该结构群组成的自然面貌、地质和自然地理结构,天然名胜或明确划分的自然区域以及明确划分为受威胁的动物和植物的生境区。世界遗产二分法的提出,说明人类对文化遗产的认识、挖掘、保护上升到一个新高度。

(2)"世界文化与自然双重遗产"被确认。世界各国在具体的世界遗产挖掘保护与申报的过程中,发现一些遗产项目既符合世界文化遗产的标准,也符合世界自然遗产的条件,由此以来,世界文化与自然双重遗产进入人们的视野,其重要性和特殊性也逐渐被人们所认识后,世界遗产"家族"里因此增添了一位"新成员",即增加了"世界文化与自然双重遗产"这一新的种类。"文化与自然双重遗产"就是自然和文化价值相结合的遗产。这一特殊世界遗产类型的被确认使世界遗产的分类出现一些新变化,这就使世界遗产的分类由两大类型扩展为三大类型,标志着人类对世界遗产分类体系认识的不断深化和更新。然而,这并不能代表人们对世界遗产分类的终结认识。

(3)"文化景观遗产"概念的提出。上世纪90年代开始,一个新的世界遗产类型又引起世界遗产保护领域的普遍关注,这便是"文化景观遗产"。1992年12月,在美国圣菲召开的联合国教科文组织世界遗产委员会第16届会议上,正式提出"文化景观遗产"这样一个全新的遗产类型,并将其纳入《世界遗产名录》中。这样,世界遗产的分类又从三大类型拓展为四大类型,即自然遗产、文化遗产、自然遗产与文化遗产双遗产和文化景观遗产。

作为一个单独的世界遗产的类别,文化景观遗产既不同于文化遗产对文化的关注,也与自然遗产对自然的关注有所区别,它主要体现的是人类长期的生产、生活与大自然所构建的平衡与和谐,世界文化景观更强调人与自然和谐共存、可持续发展的理念。文化景观遗产概念的确立,丰富了人类对世界遗产类别的认识,是世界遗产概念内涵的开拓和新发展。文化景观遗产是指那些反映人类创造与自然天成相互结合而形成的文化财富。作为人类与自然的共同作品，文化景观遗产有以下几种类型：①由人类有意设计和建筑的景观。包括出于美学原因建造的园林和公园景观，它们经常（但并不总是）与宗教或其他纪念性建筑物或建筑群有联系。②有机进化的景观。它产生于最初始的一种社会、经济、行政以及宗教需要，并通过与周围自然环境的相联系或相适应而发展到目前的形式。③关联性文化景观。以与自然因素、强烈的宗教、艺术或文化相联系为特征，而不是以文化物证为特征。

(4)"非物质文化遗产"倍受关注。随着世界各国保护人类遗产的实践及理论探讨的日益深入，人们发现即使在世界遗产的分类系统中增添了"世界文化与自然双重遗产"和"世界文化景观遗产"这两种新的类型，它仍存在着重大缺憾，《世界遗产公约》中所提到的"世界文化遗产"，它所包括的"文物"、"建筑物"、"遗址"，无一例外地都是指那些物质的、有形的文化遗产，是看得见和摸得着的物态化的、静态的文化遗存。然而，人类创造的文化财富无限丰富，除了这些物态化的文化遗存外，大量存在的是非物质性的、无形的、活态的文化。例如，世界各地不同种族的语言、民俗、民间文学、表演艺术、社会风俗、礼仪节庆、手工技艺等，它们被人类以集体、群体或个体以口授心传的方式代代享用、传承或发展，在人类社会文化生活中发挥着巨大的影响。因此，非物质文化遗产的概念进入人类的视野，其挖掘与保护问题逐渐被提上世界文化遗产保护的议事日程。

20世纪80年代，非物质文化遗产的保护问题得到联合国教科文组织的重视，确定把非物质文化遗产作为保护对象，并在后来的有关文件中对文化遗产做出了物质文化遗产(Tangible Heritage)与非物质文化遗产(Intangible Heritage)的区分。1998年联合国组织执委会第155次会议，通过了《宣布人类口头和非物质遗产代表作条例》，正式用"口头和非物质遗产"这一称谓。非物质文化遗产这一类型的出现，是对世界遗产的分类体系的极大发展，也更符合世界遗产挖掘与保护工作的实践需要。

2.世界遗产的基本分类。

(1)世界遗产的分类。人类对世界遗产类别的认识处于不断丰富、不断发展和完善的过程中，对自身文化财富的认识也在不断加深，也越来越敬重祖先创造并世代流传下来的文化遗产，对文化遗产的保护由从任其自生自灭或小范围的自发性保护到全球性的协作保护，从对"有形"文化遗产的保护到“无形”文化遗产的保护，标志着人类认识和保护自己文化进入一个崭新的阶段。

目前，根据联合国教科文组织的划分方法，世界遗产共有五大类(见表1–1)，这五大类共同构成了人类对宝贵遗产的全面认识，也标志人类对世界遗产的保护达到一个新的高度。

表1–1　世界遗产的分类

世界遗产	文化遗产	物质文化遗产
		非物质文化遗产
	自然遗产	
	自然与文化双重遗产	
	文化景观遗产	

(2)世界遗产的分布。近年来，世界范围内的自然和文化遗产的挖掘与保护工作蓬勃开展，各国纷纷向联合国教科文组织申报世界遗产项目。截至2009年，共有148个国家和地区的891项遗产(不含非物质文化遗产项目)被列入到《世界遗产名录》中，其中世界文化遗产(含文化景观遗产)共690处，世界自然遗产176处，世界文化与自然遗产25处。意大利有44项(其中2项与别国共有)文化和自然遗产被列入《世界遗产名录》，遗产数量名列世界第一位，西班牙41项(其中1项与别国共有)居第二位，我国以38项居第三，其中文化遗产27处，自然遗产7处，文化和自然双重遗产4处。法国(33)、德国(33)、墨西哥(29)、英国(28)、印度(27)、俄罗斯(23)、美国(20)分居四到十位。2010年8月联合国教科文组织世界遗产委员会第34届世界遗产大会在巴西利亚召开，《世界遗产名录》收录的世界遗产总数已增至911项(不含非物质文化遗产项目)，包括704项世界文化遗产(含文化景观遗产)，180项自然遗产，27项文化与自然双遗产，在这次大会上，“中国丹霞”(自然遗产)、河南登封“天地之中”历史建筑群(湖南崀山、广东丹霞山、福建泰宁、贵州赤水、江西龙虎山和浙江江郎山联合申报)(文化遗产)被正式列入《世界遗产名录》。2011年6月24日，在法国巴黎举行的联合国教科文组织第35届世界遗产委员会上，杭州西湖文化景观顺利通过审议，正式被列入《世界遗产名录》。至此，中国共有41项文化遗址和自然景观列入《世界遗产名录》，我国的世界遗产的数量从38项增加到41个，包括世界文化遗产26处、世界自然遗产8处、世界自然与文化双遗产4处、世界景观遗产3处(见表1–2)。另外，从联合国已经颁布的4批166

项人类非物质文化遗产名录类别看，中国有26个非遗项目入选《人类非物质文化遗产代表作名录》，另有3个入选《急需保护的非物质文化遗产名录》，中国现已拥有的世界级非物质文化遗产数量位居世界第一，可见，中华民族不愧为历史悠久的古老民族，中国为世界创造了丰富多彩、优秀的非物质文化遗产，对世界文化是一个巨大的贡献，另一方面也说明联合国教科文组织对我国非物质文化遗产挖掘与保护工作的肯定。

表1-2　中国的世界级遗产

类　别	名　称
文化遗产(26处)	“天地之中”历史建筑群 长城 故宫 天坛 颐和园 周口店 安阳殷墟 秦始皇陵 莫高窟 平遥古城 承德避暑山庄 孔府孔庙孔林 西藏布达拉宫 丽江古城 苏州古典园林 明清皇陵 龙门石窟 大足石刻 都江堰—青城山 云岗石窟 澳门历史城区 安徽西递宏村 福建土楼 广东开平碉楼与村落 高句丽王城、王陵及墓葬
自然遗产(8处)	中国丹霞地貌 中国三清山 中国喀斯特 四川大熊猫栖息地 三江并流 黄龙 九寨沟 武陵源风景名胜区
文化与自然遗产(4处)	泰山 黄山 武夷山 峨眉-乐山大佛
文化景观遗产(3处)	庐山 山西五台山 杭州西湖

二、文化遗产的概念

文化是人类的灵魂。近年来，文化遗产的挖掘与保护成了社会的热门话题，那么了解文化遗产的定义与分类就显得尤为重要。如何对文化遗产定义和分类便成为我们首要解决的问题，也是切实落实文化遗产保护措施的关键所在。

1.文化遗产的定义。

文化遗产是指人类发展历程中积累的被人们公认具有突出价值的不可替代的文物古迹，主要是指具体留存在地面上或民俗中的古老文化信息传载事体。《保护世界文化和自然遗产公约》对文化遗产的定义是：(1)文物。从历史、艺术或科学角度看具有突出的普遍价值的建筑物、碑雕和碑画，具有考古性质成份或结构、铭文、洞窟以及联合体；(2)建筑物。从历史、艺术或科学角度看在建筑式样分布均匀或与环境景色结合方面具有突出的普遍价值的单独或相互联系的建筑群；(3)遗址。从历史、审美、人种学或人类学角度看，具有突出的普遍价值的人类工程或自然与人联合工程及考古地址等地方。按照中国民间文化遗产抢救委员会的定义，“文化遗产”是指人们所承袭的前人创造的文化或文化的产物。

2.文化遗产的类别。

根据联合国教科文组织的划分方法，世界文化遗产分为物质文化遗产和非物质文化遗产两大类。物质文化遗产，即传统意义上的“文化遗产”，顾名思义是以物质的形式遗传下来的文化遗产，是有形文化遗产，是看得见、摸得着的，是静态的，是实体。物质文化遗产主要是指具有历史、艺术和科学价值的文物，包括可移动文物和不可移动文物，即古遗址、古墓葬、古建筑、石窟寺、石刻、壁画、近现代重要史迹和代表性建筑以及历史文化名城(街区、村镇)等不可移动文物和历史上各时代重要实物、艺术品、文献、手稿、图书资料等可移动文物。物质文化遗产分珍贵文物和一般文物。其中，珍贵文物又分为一级文物、二级文物、三级文物。非物质文化遗产是无形文化遗产，其常常表现为看不见、摸不着的、活态的遗存。非物质文化遗产是指各民族人民世代相承的、与群众生活密切相关的各种传统文化表现形式(如民俗活动、表演艺术、传统知识和技能，以及与之相关的器具、实物、手工制品等)和文化空间。非物质文化遗产的范围包括：在民间长期口耳相传的诗歌、神话、史诗、故事、传说、谣谚；传统的音乐、舞蹈、戏剧、曲艺、杂技、木偶、皮影等民间表演艺术；广大民众世代传承的人生礼仪、岁时活动、节日庆典、民间体育和竞技，以及有关生产、生活的其他习俗；有关自然界和宇宙的民间传统知识和实践；传统的手工艺技能；与上述文化表现形式相关的文化场所等。

世界文化遗产是人类不可再生的珍贵资源，凡提名列入《世界遗产名录》的文化遗产项目(见表1–3)，必须符合一项或几项标准方可获得批准，文化遗产评判标准有以下六点：一是代表一种独特的艺术成就，一种创造性的天才杰作；二是能在一定时期内或世界某一文化区域内，对建筑艺术、纪念物艺术、城镇规划或景观设计方面的发展产生过大影响；三是能为一种已消逝的文明或文化传统提供一种独特的至少是特殊的见证；四是可作为一种建筑或建筑群或景观的杰出范例，展示出人类历史上一个(或几个)重要阶段；五是可作为传统的人类居住地或使用地的杰出范例，代表一种(或几种)文化，尤其在不可逆转之变化的影响下变得易于损坏,六是与具特殊普遍意义的事件或现行传统或思想或信仰或文学艺术作品有直接或实质的联系。

表1–3 世界十大文化遗产

名称	国别
金字塔	埃及
宙斯神像	希腊
法洛斯灯塔	埃及
巴比伦空中花园	伊拉克
阿提密斯神殿	土耳其
罗得斯岛巨像	希腊
毛索洛斯墓庙	土耳其
万里长城	中国
法洛斯灯塔外传之亚历山卓港	埃及
秦始皇兵马俑	中国

三、非物质文化遗产的内涵

非物质文化遗产与物质文化遗产共同承载着人类社会的文明,是世界文化多样性的体现。非物质文化遗产是人类世代传承下来的宝贵财富,它是各国、各民族文化的象征。界定非物质文化遗产的概念,了解非物质文化遗产的分类,是人类挖掘与保护非物质文化遗产工作的需要。

1.非物质文化遗产的概念和分类。

非物质文化遗产,即人类口头和非物质遗产,又称无形文化遗产,是相对于有形遗产,即可传承的物质遗产而言的概念。“非物质文化遗产”这个概念早在上个世纪五、六十年代就已在一些国家兴起,随着联合国教科文组织将其正式纳入世界文化遗产保护的名目,如今已成为当今世界关注的焦点。

人类口头和非物质遗产的概念源于两点:一个是1950年日本政府在《文化财保护法》中,从“有形文化财”的概念延伸出的“无形文化财”的概念。日本把文化遗产分为有形文化财、无形文化财等,这在世界上是首创性的,极大地拓展了文化遗产的保护范围。另一个是1989年联合国教科文组织召开的第25届巴黎大会上通过了《保护民间创作建议案》,这个建议案并没有使用“非物质文化遗产”的概念,而是以“民间创作”来指代

"非物质文化遗产"。建议案对民间创作(或传统民间文化)曾下了一个经典性的定义,即民间创作是指来自某一文化社区的全部创作,这些创作以传统为依据,由某一群体或一些个体所表达并被认为是符合社区期望的作为其文化和社会特性的表达形式,其准则和价值通过模仿或其他方式口头相传。它的形式包括:语言、文学、音乐、舞蹈、游戏、神话、礼仪、习惯、手工艺、建筑术及其他艺术。对民间创作(传统民间文化)的定义其实就是今天所指的"非物质文化遗产"的概念范畴,有人曾把这个概念译为"无形文化遗产"。

1997年11月,联合国教科文组织第29次全体会议通过了《人类口头及非物质遗产代表作宣言》,界定了"人类口头与非物质遗产"的含义,基本上沿用了对"民间传统文化"的定义。该《宣言》对口头和非物质遗产的定义是:"来自某一文化社区的全部创作,这些创作以传统为依据,由某一群体或一些个体所表达并被认为是符合社区期望的作为其文化和社会特性的表达形式;其准则和价值通过模仿或其他方式口头相传,它的形式包括:语言、文学、音乐、舞蹈、游戏、神话、礼仪、习惯、手工艺、建筑术及其他艺术。"可以说,非物质文化遗产的概念提出,就是在"民间创作"的基础上进行的,对口头和非物质遗产的定义基本上就是原来民间创作的定义。

2001年3月,联合国在都灵召开了联合国第31届成员国大会,在会议的文件中,以"非物质文化遗产"代替了"民间创作"的概念。2003年10月17日,联合国教科文组织颁布《保护非物质文化遗产公约》。该公约仍沿用"非物质文化遗产"的概念。《保护非物质文化遗产公约》中对非物质文化遗产的定义和范围作出了详细地界定。"非物质文化遗产(Intangible Cultural Heritage,英文缩写为ICH)指被各群体、团体或个人视为其文化遗产的各种实践、表演、表演形式、知识和技能以及有关的工具、实物、工艺品和文化场所。各个群体和团体随着其所处环境、与自然界的相互关系和历史条件的变化不断使这种代代相传的非物质文化遗产得到创新,同时使他们自己具有一种认同感和历史感,从而促进了文化多样性和人类创造力的发展。"此外,又对非物质文化遗产的种类作出了规定,这一分类便是目前在各国广泛使用的非物质文化遗产五大类的分类方法:一是口头传说和表述,包括作为非物质文化遗产媒介的语言;二是表演艺术;三是社会风俗、礼仪、节庆;四是有关自然界和宇宙的知识和实践;五是传统的手工艺技能。实际上还包括了第六种,即与前述五种非物质文化遗产表现形式相关的“文化空间”。非物质文化遗产概念和范围的界定是一种立足于整个世界范围内的保护非物质文化遗产的需要，适用于各国、各地区、各民族的一般的、普遍的分类方法，它对于各国调查、研究、抢救和保护非物质文化遗产的实践，无疑具有广泛的指导意义和参考价值，对世界范围内的非物质文化遗产的挖掘与保护工作产生了积极的影响。

非物质文化遗产是联合国世界遗产家族的新成员，其范围广泛，涉及人类全部历史和全部形态的文化样式。在我国，关于“非物质文化遗产”概念的提出及其界定经历了长达数十年的曲折过程。不同时期对“非物质文化遗产”的称谓也不尽相同。长期以来，我国一直在使用“民族民间文化遗产”、“民俗文化遗产”、“民间文化”、“民间艺术”、“民间传统”、“民间创作”、“口头遗产”等概念。为了实现与国际同步和方便国际对话，我国学术界也采用了与国际社会相同的提法。

近年来，我国学术界对非物质文化遗产的界定颇有争议，有学者为非物质文化遗产做出这样一个界定：所谓“非物质文化遗产”，是指那些人类特别是那些具有特殊知识、技艺与技能的人们在历史上创造并以活态的形式传承至今的，具有重要历史价值、艺术价值、文化价值与科学价值，足以代表一方地域文化并为当地民众、社会所认可，且具普遍价值的知识类、技术类与技能类传统文化事象，主要包括民间文学、表演艺术、传统工艺技术(含文物修复技术)、传统节日、传统仪式、生产知识、生活知识以及含有大量非物质文化遗产表现形式的文化空间等几个方面。但国内学术界大多数学者基本认可联合国教科文组织在《保护非物质文化遗产公约》中对非物质文化遗产所作的界定，在此基础上再根据我国的具体情况，进行补充和调整，最后形成了我国对“非物质文化遗产”的概念定义，在分类上也充分考虑到我国非物质文化遗产的实际情况和保护实践，制定出符合我国非物质文化遗产保护体系和工作需要的具有中国特色的非物质文化遗产分类方法。

我国对非物质文化遗产的概念界定是依据国务院办公厅颁布的《关于加强我国非物质文化遗产保护工作的意见》的附件《国家级非物质文化遗产代表作申报评定暂行办法》中的定义：所谓非物质文化遗产，是指各民族人民世代相承的、与群众生活密切相关的各种传统文化表现形式和文化空间。《办法》把非物质文化遗产分为两大类六个类别。非物质文化遗产两个大类是指：(1)传统的文化表现形式，如民俗活动、表演艺术、传统知识和技能、以及与之相关的器具、实物、手工制品等;(2)文化空间，即定期举行传统文化活动或集中展现传统文化表现形式的场所,兼具空间性和时间性。六个类别包括:(1)口头传统,包括作为文化载体的语言,即在民族民间流传的口传文学、诗歌、神话、故事、传说、谣谚等及相关濒危的语言;(2)传统表演艺术,即在民族民间流传的音乐、舞蹈、戏曲等;(3)民俗活动、礼仪、节庆,即反映某一民族或区域习惯风俗的重要礼仪、节日、庆典活动、游艺活动等;(4)有关自然界和宇宙的民间传统知识和实践,即天文、地理、自然、人文、医药等;(5)传统手工艺技能,即世代相传、技艺精湛、具有鲜明的民族风格和地区特色的传统工艺美术手工技艺,传统生产、制作技艺等;(6)与上述表现形式相关的文化空间,即集中体现或展现某种特定文化传统的区域、场所。如庙会活动、传统的节日庆祝活动、民间祭祀与信仰、民间花会、人生礼仪活动、文化生态保护区等等。我们可以看到,这一非物质文化遗产分类体系在列举出与联合国《保护非物质文化遗产公约》基本一致的五大类非物质文化遗产形式之后,又列举了第六种即"与上述表现形式相关的文化空间。"这样,"文化空间"作为一个基本类别列入非物质文化遗产之中,与前五类相并列。这是完全符合联合国教科文组织文件定义的基本精神的,而且更为完整系统。

总之,无论是《保护非物质文化遗产公约》,还是由我国制定的《国家级非物质文化遗产代表作申报评定暂行办法》，它们对非物质文化遗产的基本种类的划分,实际上都是六大类。随着人们对非物质文化遗产内涵认识的不断丰富和深化,现有的非物质文化遗产的分类体系并不是固定凝固不变的,也不可能是唯一的、统一的、最标准的分类方法,必然会有新的种类进入非物质文化遗产类别系列,而且分类也更细化,可以说非物质文化遗产的分类就是在不断发展、不断深化过程中日臻完善的。

根据《中国非物质文化遗产普查手册》,目前,我国将非物质文化遗产具体分以下16个大类:

(1)民族语言及各地方言。

(2)民间美术(包括绘画、雕塑、工艺、建筑等)。

(3)民间文学(包括神话、传说、故事、歌谣、史诗、长诗、谚语、谜语等)。

(4)民间音乐(包括民歌、器乐、舞蹈音乐、戏曲音乐、曲艺音乐等)。

(5)民间舞蹈(包括生活习俗舞蹈、岁时节令习俗舞蹈、人生礼仪舞蹈、宗教信仰舞蹈、生产习俗舞蹈)。

(6)戏曲(包括曲牌体制的戏曲剧种、板腔体制的戏曲剧种、曲牌板腔综合体制的戏曲剧种、少数民族的戏曲剧种、民间小戏剧种、傩及祭祀仪式的戏曲剧种、傀儡戏曲剧种)。

(7)曲艺(包括说书、唱曲、谐谑等)。

(8)民间杂技(包括杂技、魔术、马戏、乔妆戏、滑稽等)。

(9)民间手工技艺(包括工具和机械制作、农畜产品加工、烧造、织染缝纫、金属工艺、编织扎制、髹漆、造纸、印刷和装帧等)。

(10)生产商贸习俗(包括农业、林业、渔业、狩猎、饲养和畜牧业、商贸、副业等)。

(11)消费习俗(包括服饰、饮食、居住、交通等)。

(12)人生礼俗(包括妊娠、分娩、诞生、命名、满月、百日、周岁、成年礼、婚礼、寿诞礼、葬礼等)。

(13)岁时节令(包括汉族节日、少数民族节日等)。

(14)民间信仰(包括民间信仰、原始信仰、俗神信仰、祖先信仰、庙会、巫术与禁忌)。

(15)民间知识(包括医药卫生、物候天象、灾害、数理知识、测量、纪事、营造等)。

(16)游艺及传统体育竞技(包括室内游戏、庭院游戏、智能游戏、助兴游戏、博弈游戏、赛力游戏、技巧竞赛、杂耍(艺)竞技等)。

在这十六个一级类的基本类别中,又细分出86个二级类和若干个小类。这一分类操作性较强,对我国非物质文化遗产的普查、保护和利用具有一定的指导意义。从联合国已经颁布的4批166项人类非物质文化遗产名录类别看,我国非物质文化遗产内容丰富,形态和类别众多,包括了联合国人类非物质文化遗产名录概念的全部类别,而且多数类别都有大量显现,除此以外,我国还有着许多独有的非物质文化遗产类型。

2.非物质文化遗产的基本特征。

在悠久的历史长河中,人类创造了极为丰富的非物质文化遗产,这是人类宝贵的历史财富,被誉为历史文化的"活化石","民族记忆的背影"。非物质文化遗产是人类的特殊遗产,其内容丰富,种类繁多,特征鲜明,概括起来非物质文化遗产的特性集中表现为非物质性、传承性、可塑性、活态性、民族性和地域性等。正确认识非物质文化遗产的这些特征,是科学认识和保护非物质文化遗产的前提。

(1)非物质性。非物质文化遗产概念中的非物质性,是与满足人们物质生活基本需求的物质生产相对而言的,是指以满足人们的精神生活需求为目的的精神生产。非物质性主要是指以非物质形态存在的精神领域的创造活动及其结晶,它们存在于人们口头传说和表述中,存在于不同的艺术表演之中,存在于各种民俗、节庆、礼仪之中,存在于传统工艺技能操作实践之中,等等。非物质性是非物质文化遗产的根本特性,是它与物质文化遗产质的区别之所在,是我们观察非物质文化遗产的出发点和归宿。由于它的非物质性,非物质文化遗产因此又被称为"无形遗产"。

(2)传承性。传承性就是指非物质文化遗产是由各个群体或团体随着其所处环境、与自然的相互关系和历史条件的变化而传承积淀下来,具有被人类以集体、群体或个体方式一代接一代享用、继承或发展的性质。非物质文化遗产一般都是产生于先辈们的劳动经验的累积,而传承主要是以口头或动作(口、耳、身)方式相传,大多是以口头形式通过人们的视觉器官和听觉器官在成员内部集体性地传播、演绎与发展。口头性和集体性是非物质文化遗产传承上的突出表现。

非物质文化遗产的传承性是由其本质所决定的,换言之,就是祖辈在长期的劳动过程中,经过一代代劳动人民的积累和改进并以师徒或团体的形式流传下来,逐渐形成今天的技能或习俗。正是这种传承性才使非物质文化遗产得以保存和延续,它是劳动人民智慧的象征和汗水的结晶。不论是口头传说、表演艺术、社会风俗、礼仪、节庆、传统手工艺技能等,还是有关自然界的知识与实践,都是由人,一代又一代的人传承的,这种主要依靠世代相传而保留下来的非物质文化形态,一旦停止了传承活动,也就意味着死亡。非物质文化遗产的传承模式主要有家族传承、师徒传承、群体传承、文献传承和交替传承。

(3)可塑性。非物质文化遗产的可塑性体现在非物质文化遗产在传承、传播过程中的变异、创新。也就是说,它是通过人的智慧创造出来的,对于上一代的技艺、方式等通过个人及集体的力量和智慧加以创新改造、再发展。一种非物质文化遗产从孕育、产生的初始阶段,到不断发展的各个阶段,其时代不同,时代延续的特点在非物质文化遗产上会有不同的反映。在不同时期非物质文化遗产都有或多或少的变化,都不同程度地有或多或少的因素和新的成分注入,都会有新的创造、新的面貌、新的文化内容。非物质文化遗产的这种"可塑性",在非物质文化遗产中的口头传说、语言、表演艺术、社会风俗、礼仪、节庆以及传统工艺技能等遗产中表现得尤为突出，其原因是随着时代的发展，人们的价值观、审美观有了一定的变化，为了适应当时经济社会发展需要，在文化的表现形式和内容等方面发生了较大的变化，但其最基本形式、内容、风格、特点和规律等会保留下来，这种可塑性使人类口头和非物质文化遗产世世代代得以延续，因此，可塑性是非物质文化遗产的主要特点之一。

(4)活态性。活态性是非物质文化遗产的核心特征。物质文化遗产是一种静态的遗产，这是它的特性所决定的。与固态存在的物质文化遗产不同，非物质文化遗产是一种动态的或者活态的遗产，其传承通常都是以活态的形式出现在我们面前的。非物质文化遗产是以身口相传作为文化链而得以延续，是“活态”的文化，一种动态遗留，是人类活的文化记忆、精神的承继与发展，正因为这种“活”的要素，它成为文化形态中最脆弱也是最不易保存的内容，也无法被强制地凝固保护，因而，它的生存与发展永远处在“活体”传承与“活态”保护之中。

非物质文化遗产是人类在历史演进过程中创造的文化成果，它依附于特定的国家、民族、族群、地区或者个人而存在和发展，它是以人为主的活态文化遗产，和人的活动息息相关的，是靠人传承下来的，是流动的遗产，它突出了人的因素、人的创造性和人的主体地位，重视活的、动态的、精神的因素。人是非物质文化遗产最基本的载体和传承者，也是拥有者和享有者，非物质文化遗产的传承和变化都需要语言和行为，都是动态的过程，其文化内涵是它依托于人本身而存在，以声音、形象、技艺、知识等为载体和表现手段，通过人的活动展现出来，直接传达给受众(或物体)，在传达给受众时，往往还会有互动，所以，人是非物质文化遗产“活态”文化创造的主体，最具有能动性，处于“活态”文化的核心地位，失去人的活动，非物质文化遗产就失去了生命力。

总之，“活态”性是非物质文化遗产的本然形态，也是其生命线，是非物质文化遗产的重要特性之一。对物质文化遗产文化内涵的研究，是从“物”见“文”；而对非物质文化遗产文化内涵的研究，是从“传承人的传承活动”见“文”。可以说，它是一个民族、一个区域历史文化的“活化石”。一切现存的非物质文化项目，都需要与自然、现实、历史的互动中发生变化和不断创新，这也注定它永远处于运变之中。

(5)民族性。民族性是指为某一民族独有，深深地打上了该民族的烙印，体现了特定民族的独特的思维方式、世界观、信仰、价值观、审美意识、情感智慧等。非物质文化遗产是由特定民间社区群体世代相传，反映该民族的历史渊源、思维习惯、生产方式、生活习俗、观念形态、宗教信仰及其所赖以生存的自然环境和社会环境特征的文化表现形式的总称，是民族精神、民族性格的鲜活体现，是民族情感、民族心理、民族认同、民族理想的寄托。不同民族所创造、拥有的非物质文化遗产，都渗透在这些民族广大民众的骨肉血脉之中，融化到他们日常衣食住行之中，因而，它是民族文化的精华，具有鲜明的民族性。非物质文化遗产作为文化的表达形式，往往是由民族集体创作并世代相传、反映该民族特性的文化，处于不同地理环境以及有着不同历史经历的民族的非物质文化遗产具有不同的文化特性。总之，非物质文化遗产的最大的特点是不脱离民族特殊的生活生产方式，是民族个性、民族审美习惯的“活”的显现，即使某种非物质文化遗产流传到了其他地方，但其本身民族文化的烙印永远无法抹去。

(6)地域性。地域性是指“非物质文化遗产在一定的地域产生，与该环境息息相关，该地域独特的自然生态环境、文化传统、宗教信仰，生产生活水平以及生活习俗都从各个方面决定了其特点与传承，典型地代表了该地域的特色，是该地域的产物，也与该地域息息相关。”非物质文化遗产是一个群体在一个特定的区域内长期生产和生活实践中积淀下来的文化，每一种非物质文化遗产大都有自己存在和传承的特定生活和活动的地域，该地域的环境(自然环境和人文环境)对非物质文化遗产有很大影响，进而在此基础上形成非物质文化遗产的地域文化特征。

在不同的区域内，人们传承的方式不同，内外环境变化不同，导致了差异性，表现出鲜明的区域特色。如舞蹈艺术，在我国东南西北表现出不同的特征:新疆的歌舞热烈奔放，内蒙古的歌舞辽阔雄浑，西藏的歌舞高远空灵，朝鲜族的歌舞轻盈飘逸，总体上看，西北的歌舞苍凉凝重，江南的歌舞清新典雅，即使同一种非物质文化遗产因产生地不同而又有所差别。非物质文化遗产代表了一定地域的特色，是该地域的标志，离开了该地域，也就失去了其赖以存在的根基。

古琴艺术

古琴又称“琴”、“七弦琴”，别称“绿绮”、“丝桐”。它主要体现为一种平置弹弦乐器的独奏艺术形式，另外也包括唱、弹兼顾的琴歌与琴、箫合奏。古琴演奏是中国历史上最古老、艺术水准最高，最具民族精神、审美情趣和传统艺术特征的器乐演奏形式。琴曲的标题性、音结构的带腔性、节奏上的非均分型、音质上清微淡远的倾向性集中体现了中国音乐体系的基本特征，构成了汉民族音乐审美的核心。在大量琴曲音乐中，多方面地反映了人在自然、社会、历史变迁中的种种感受。常见曲目有《梅花三弄》、《流水》、《潇湘水云》、《阳关三叠》、《忆故人》等。中国古琴艺术2003年入选联合国教科文组织“人类口头和非物质遗产代表作”。

资料来源：周和平。第一批国家级非物质文化遗产名录图典(上)【M】。北京：文化艺术出版社，2006:111-113，本文对原文有所删节。

第二章　世界非物质文化遗产挖掘与保护的新态势

非物质文化遗产是文化遗产的重要组成部分，是人类历史发展过程中各个国家、各民族的生活方式、智慧与情感的活的载体，它更注重以人为本，更注重技能技术、知识的承传，其领域广，种类多，内容丰富，可以说非物质文化遗产是人类的一个活财富，它既是历史发展的见证，是民族的精华，又是珍贵的、具有重要价值的文化资源。

一、世界非物质文化遗产挖掘与保护的趋势

非物质文化遗产作为传统文化的重要载体，是世界各国各民族智慧的结晶和杰出创造力的集中体现。在全世界范围内，各国不断加大非物质文化遗产挖掘与保护的力度。进入21世纪，世界各国非物质文化遗产挖掘与保护工作出现了一些新趋势：

1.与科技融合日渐加深的趋势。

利用数字技术是各国非物质文化遗产挖掘和保护工作中的一大趋势。在信息技术快速发展的知识经济时代，数字化技术进入物质文化遗产领域的同时，也逐步进入非物质文化遗产领域，科技正日益广泛地渗透到文化领域，对非物质文化遗产挖掘与保护工作产生了巨大影响。现代科技特别是信息技术、数字技术日益普及和迅速发展，利用计算机、网络技术、通讯技术和多媒体技术等高新技术手段挖掘保护非物质文化遗产，革命性地改变着文化的生产方式、传播方式和消费方式，赋予文化新的内涵、新的功能和新的业态，文化产品的艺术感染力进一步增强，科技与文化的相互融合相互促进从来没有像今天这样紧密。

随着挖掘与保护非物质文化遗产的方法和手段日益高科技化，使得非物质文化遗产挖掘与保护的能力和水平得到空前的提高。一方面利用数字技术对非物质文化遗产的信息进行采集、储存、管理，建立永不失真、可重复利用的数字化档案、信息数据库和网站，对文化遗产保护情况的监测，达到能够长期保存、不断重复利用的目的，并通过计算机网络为用户提供数字化的展示、教育和研究等服务。另一方面利用高新技术对部分非物质文化遗产项目进行创新性的开发利用，使之产生巨大的经济效益。因此，充分发挥高新技术在非物质文化遗产挖掘与保护工作中的作用，提高非物质文化遗产挖掘与保护、开发与利用的科技含量，是当今世界各国非物质文化遗产挖掘和保护中的主要趋势。

2.与经济日益结合的趋势。

在现代经济发展中，文化的含量日益提高，人类已进入“文化发展牵引经济”的时代，文化的经济功能越来越强，文化可变为直接的生产力。纵观国际发展趋势，许多国家和地区在保护文化遗产的同时，大力发展文化产业，不断提升国家发展软实力。文化产业作为一种新型的产业形态，其在国民经济中的比重逐渐加大，已成为地区经济发展的新的增长点和增强国家的可持续发展能力的现实选择。借助市场机制，以非物质文化为生产资源，通过进行一系列的经济运作，赋予非物质文化遗产以经济内涵，使之成为文化产品与文化服务，以满足人民群众的精神文化需求，以此达到保护非物质文化遗产，实现文化的多样性，发展经济的目的。总之，文化与经济日益结合，实现产业化经营是非物质文化遗产资源开发和利用的大势所趋。

3.文化人才竞争日益激烈的趋势。

非物质文化是活态的文化，其突出特征是以人为载体，与人共存亡。非物质文化遗产挖掘、保护、传承工作要靠大量的各类人才，包括传承人、挖掘保护专业人员、文化产业管理及专业技术人才等，因此，人才是非物质文化遗产挖掘与保护工作兴衰成败的关键。非物质文化遗产挖掘与保护成效的高低以及文化资源产业化水平的高低关键取决于人才。具有独门绝迹的传承人才、掌握高新技术的文化人才、文化产业专业技术人才、管理人才以及各类保护人才是推动非物质文化遗产挖掘与保护，实现文化资源产业化的决定性因素。

当今社会，文化人才的竞争已成为当今世界各国竞争的焦点，各国纷纷采取措施加大对文化人才的保护和扶持力度。首先，杰出的民间文化人受到更多的重视。韩国为保证传统文化后继有人，政府还特设奖学金，以资助那些有志于学习无形文化遗产的年轻人。其次，各类专业技术人才的竞争日趋激烈。非物质文化遗产的普查、申报、保护、传承利用，会涉及许多譬如历史、建筑、民俗、语言、艺术、经济、法律等方面的专业知识，需要专门的人才和机构进行智力支持，才能使非物质文化遗产更好地得到挖掘、保护与利用。近年来，国外一些发达国家采取措施动员、吸收国内外各类文化人才积极参与非物质文化遗产挖掘、保护、利用、研究等工作。目前，各类文化人才在全球范围的流动日益频繁，表明文化领域人才的竞争和争夺是十分激烈的。

4.法制化进程不断加快的趋势。

2003年10月，联合国教科文组织第32届大会在巴黎通过了《保护非物质文化遗产公约》，《公约》建议各国加强立法，建立保护非物质文化遗产的法律保护机制。之后，在非物质文化遗产挖掘与保护的过程中，很多国家都根据本国的实际情况纷纷开展依法保护非物质文化遗产的行动。在巴西，2000年颁布了保护无形文化遗产的3551号条令。越南在2001年6月29日的国民大会第91次会议批准的《文化遗产法》中，首次明确提出保护非物质文化遗产。近几年来，菲律宾、泰国、蒙古等国也开始关注制定非物质文化遗产的法律，对加强非物质文化遗产的保护作出了明确的规定。重视非物质文化遗产保护的立法工作，加快法制化进程，已成为目前国际社会和各国非物质文化遗产挖掘与保护工作的重中之重。

二、世界各国非物质文化遗产挖掘与保护的主要做法

在保护物质形态文化遗产的同时，也应重视挖掘保护好散布于民间的各种非物质文化遗产。挖掘与保护非物质文化遗产是人类生存和发展的需要，也是全人类共同的责任。联合国教科文组织先后通过《保护世界文化和自然遗产公约》和《保护非物质文化遗产公约》等文件，非物质文化遗产挖掘与保护工作在世界范围内引起广泛关注，世界各国纷纷采取措施挖掘和保护非物质文化遗产。经过不断地探索、长期地实践，许多拥有丰富非物质文化遗产资源的国家在抢救、保护人类口头与非物质文化遗产方面取得了巨大的成效，积累了一些值得借鉴的宝贵经验，产生许多新思路、新办法，其中亚洲的日本、韩国，欧洲的法国、意大利等发达国家表现最为突出。

1.日本以立法的形式保护非物质文化遗产。

目前,国际社会十分重视历史文化遗产和非物质文化遗产保护的立法工作。在制订非物质文化遗产保护法律方面,日本一直走在世界的前列。日本堪称是非物质文化遗产立法保护的发祥地,是世界上最早关注非物质文化遗产保护的国家。

日本早在19世纪末20世纪初就先后制定了3部保护文化遗产的法律,对日本文化遗产的保护起到了积极作用,从明治30年(1897年)制定的《古社寺保护法》算起,日本对历史文化遗产保护已有100多年的历史。日本对非物质文化遗产进行有意识地保护始于1950年。日本人在1950年确立的《文化财保护法》中首次提出"无形文化财"的概念,开始对本民族的民间文化遗产进行依法保护,并以法律形式规定了它的范畴,这是人类历史上第一次明确以法律形式为无形文化财(非物质文化遗产)提供保护。1954年修订《文化财保护法》时,明确规定了无形文化财持有者(即代表性传承人)的认定制度,为保护"重要无形文化财持有者"建立的"人间国宝认证制度",并新增了无形民俗资料记录保存制度。1968年、1975年日本对《文化财保护法》分别进行了再次修订,将有特别重要价值的风俗习惯和民俗表演艺术指定为"重要无形民俗文物"加以保护,新增加了"文物保护技术的保护"一节。将传统的文物保护技术作为无形文化遗产来保护,这是对无形文化遗产认识上的又一个进步。1996年10月,日本对《文化财保护法》进行了第四次大修订。这次修订主要是制定文化财登录制度,就是将文化遗产和非物质文化遗产进行注册、登记,通过登录、认定文化遗产和非物质文化遗产的资格,确定它们的历史文化价值。为了实施这项制度,日本政府拨专款用于非物质文化遗产的登录工作,使日本的非物质文化遗产保护有了法律保障。如今,日本已有1000项无形文化遗产成为国家级保护项目,其中能乐、歌舞伎、文乐等项已成功入选联合国教科文组织人类口头和非物质遗产代表作名录。

2.韩国重视开发非物质文化遗产的经济价值,对非物质文化遗产进行市场化、产业化运作。

韩国在对非物质文化遗产的保护方面,除了保护政策的有效实施和政府的大力运作,还得益于商业炒作和旅游业的参与,实施非物质文化遗产(非遗)的"生产性保护",通过生产销售等方式,将非物质文化遗产资源转化为文化产品和服务,使其在生产实践中得到积极保护,实现与经济社会的良性互动。事实上,韩国的非物质文化遗产早已商品化了,进而开始规模化发展。为了弘扬韩国的传统文化遗产,1981年韩国政府精心组织举办大型民俗活动,广播、电视、报纸、杂志等各种媒体进行了大规模的宣传报道活动, 非物质文化遗产的各种宣传广告在韩国随处可见。随着非物质文化遗产宣传活动的进一步拓展,韩国资本的触角也开始伸向这块前景诱人的领域,商人积极将被指定为韩国非物质文化遗产的物品开发成商品,如面具、戏装、玩偶和书刊等,对非物质文化遗产资源进行市场化、专业化动作。

此外,表演艺术本身也被开发成了一种商品。韩国政府制定了金字塔式的文化传承人制度,最顶层被授予"保有者"的称号,一旦他们的才艺得到社会和政府的认可,其商业价值剧增,从而给当地政府、社会带来经济回报,进而带动当地经济社会的大发展。为了吸引外来游客,那些被韩国指定为国家级非物质文化遗产的表演者,随时随地都会被搬上"舞台"。久而久之,韩国非物质文化遗产"保有者"们的表演逐渐变成了纯商业性的演出,各类非物质文化遗产的传承人在媒体上露面,也都会获得可观的出场费用。

韩国还十分重视利用非物质文化遗产来加速旅游业的发展,又通过现代观光旅游推动非物质文化遗产的保护和发展,同时这也是韩国旅游文化产业开发的主要目标。多姿多彩的文化遗产和非物质文化遗产是吸引游客的重要旅游资源。韩国积极发掘本国民俗文化资源,保护、恢复传统礼仪节庆仪式,以此吸引大批国内外游客,创造了可观的经济收入, 尤其是韩国民俗村的主办者和旅游部门的官员想尽各种办法招揽非游客。为吸引国外旅游者,韩国国家级的表演团体常常为外国游客表演韩国传统文化节目。此外,韩国还十分注重以民俗节和祭祀活动作为主要展演的内容来吸引游客,宫廷宗庙祭祀礼乐、江陵端午祭、假面戏等国家级重要非物质文化遗产项目的展演每年吸引了国内国际百万人次参与和观光,有力地助推了韩国旅游业的发展。

3.法国设立的"文化遗产日"极大地推动了本国及欧洲各国非物质文化遗产的保护工作。

法国政府通过一年一度的"文化遗产日"活动,在引导和动员社会公众广泛参与文化遗产保护工作中,起到了不可估量的促进作用。"文化遗产日"是法国人的首创,始于1984年,定于每年9月的第三个周末为文化遗产日,迄今已举办了21届,其目的是为公民提供一个免费参观国家历史文化财富的机会，以增强民众保护民族文化遗产的意识。在“文化遗产日”，全国所有博物馆向公众开放，公立博物馆免门票，私立博物馆门票减价，全国的参观点达1万多个，法国民众走进博物馆，走向乡村田野的古迹遗址，去实现和祖国文化遗产的亲密接触。“文化遗产日”激发了国民热爱祖国文化和历史的热情，进而将这种热爱化为全民保护文化遗产的自觉行动。法国政府倡导的“文化遗产日”活动，经过多年的实践，规模越来越大，内容越来越丰富，活动日臻完善。近年来，每年参加人次大约有1000多万，占全国总人口的18%左右。通过设立“文化遗产日”，一方面增强法国民众保护民族文化遗产的意识，激发了他们的热情，使越来越多的人投身于文物保护维修事业，形成了可持续发展的良好局面。另一方面使保护文化遗产成为法国人生活的重要组成部分。法国政府于20世纪下半叶开始公布城市历史保护区和乡村风景遗产保护区，各种保护区遍布全国各地。目前全国已划定了91个历史文化遗产保护区，保护区内的历史文化遗产多达4万多处，近千万居民生活在历史保护区内，有的城市保护区面积占城市总面积的50%以上，这一举措有力地促进了法国历史文化遗产的整体性保护。另外，各类保护协会和业主也涌跃参与文化遗产的保护工作。在法国受保护的建筑物中半数属于私人所有，有的已经被政府列人保护对象，因此私人业主保护文化遗产的积极性极高，他们联合组织社团和协会，为保护他们所拥有的文化遗产而积极活动。目前，从事文化遗产保护的文化协会等民间组织已有近1.8万个，约占法国协会总数的12%。

在法国“文化遗产日”活动的影响下，欧洲文化遗产保护活动也蓬勃开展。在欧洲委员会的倡导下，如今绝大数欧洲国家设立了“文化遗产日”。1991年，欧洲理事会确立了“欧洲文化遗产日”，欧洲数十个国家陆续举办这项活动。从此，“文化遗产日”成为全欧洲的活动。1999年9月，欧洲委员会推出了主题为“欧洲，共同的遗产”的大规模宣传活动。由此可见，法国设立的“文化遗产日”不仅对法国，而且对整个欧洲社会加强历史文化遗产和非物质文化遗产的保护工作产生了巨大的影响。

4.意大利实施有效的管理组织体系，加大对非物质文化遗产的挖掘与保护力度。

保护非物质文化遗产必须有相应的机构设置，这是保护非物质文化遗产重要的组织保证。许多发达国家在对非物质文化遗产挖掘与保护工作中多采取建构包括中央、地方政府以及非政府组织相结合的、分工明确、配合密切的管理体系，加大对文化遗产的挖掘与保护力度。

意大利一开始就非常注意机构的设置并在实践中不断完善。意大利政府专门设有文化遗产部，文化遗产部在各地设置相应的文化遗产监督署，以垂直行政管理的方式，负责监管地方政府对中央文化遗产保护政策的落实情况，并挖掘保护和管理本地的非物质文化遗产工作。经过多年的探索，意大利在文化遗产保护和利用方面已经形成了独特的"意大利模式"，即由公共部门负责保护古迹，私人和企业来经营管理和利用文化遗产，这种模式有利于调动私人和企业的积极性。社团的介入对非物质文化遗产的保护也发挥了积极的作用，因为在这些民间组织集中了众多的学界名流，他们具有广泛的社会影响力和掌握专业性技能和知识，成为非物质文化遗产保护运动的实践者和智囊团，在非物质文化遗产挖掘和保护工作中发挥了关键性的作用。在动员民间团体参与文化遗产保护方面，意大利还设置了专门的研究机构，主要从事非物质文化遗产项目的保护研究。

昆　曲

昆曲又称昆腔、昆山腔、昆剧，是元末明初南戏发展到昆山一带，与当地的音乐、歌舞、语言结合而生成的一个新的声腔剧种。

昆曲是一种高度文人化的艺术，明清许多从事昆曲剧目创作的剧作家，取得了很高的文学成就。《琵琶记》、《牡丹亭》、《长生殿》、《鸣凤记》、《玉簪记》、《红梨记》、《水浒记》、《烂柯山》、《十五贯》等都是昆曲的代表性剧目，其中前三种有全谱或接近全本的工尺谱留存。清代中叶以后，昆曲主要以折子戏形式演出，至今保留下来的昆曲折子戏有400多出。昆曲新编剧目有《南唐遗事》、《偶人记》、《司马相如》、《班昭》等。经过长期的舞台实践，昆曲在表演艺术上达到了很高的成就，歌、舞、介、白等表演手段高度综合。随着表演艺术的全面发展，昆曲角色行当分工越来越细，主要角色包括老生、小生、旦、贴、老旦、外、末、净、付、丑等。各行角色在表演中形成一定的程序和技巧，对京剧及其他地方剧种的形成发展产生了重要影响。昆曲音乐曲调旋律优美典雅，演唱技巧规范纯熟。

昆曲历史悠久，影响广泛而深远，它是传统文化的结晶，也是戏曲表演的典范。昆曲艺术形式精致，内涵深厚。由于昆曲独特的文化价值，因此2001年入选联合国教科文组织公布的首批“人类口头和非物质遗产代表作”。

资料来源：周和平。第一批国家级非物质文化遗产名录图典(上)【M】。北京：文化艺术出版社，2006:299—302，本文对原文有所删节。

第三章　我国非物质文化遗产挖掘与保护的新进程

我国历史悠久、民族众多、文化灿烂，不仅有大量的物质文化资源，而且有丰富的非物质文化资源。非物质文化遗产是我国各族人民创造并世代流传、与人民群众生活密切相关的各种优秀传统文化成果，是中华文化的重要载体，蕴含着中华民族特有的精神价值、思维方式、想象力和文化意识，体现着中华民族的生命力和创造力。加强非物质文化遗产挖掘与保护，传承我国优秀的传统文化，不仅是国家和民族发展的需要，也是国际社会文明对话和人类社会可持续发展的必然要求。

一、新中国非物质文化遗产挖掘与保护工作的历史阶段

非物质文化遗产是我国优秀传统文化的重要组成部分。2001年，昆曲成为联合国教科文组织首批"人类口头和非物质文化遗产代表作"而为世人所熟知，从此，"非物质文化遗产"这一概念逐渐进入人们的视野。2006年6月10日是我国第一个"文化遗产日"，一时间"非物质文化遗产"话题沸沸扬扬，大有"非物质文化遗产年"的氛围。事实上，我国历来十分重视非物质文化遗产的挖掘与保护工作，只是对非物质文化遗产的称谓不同，没有将其单独列出来加以保护。建国以来，特别是改革开放以来，为了继承和弘扬优秀传统文化，我国各级政府做了大量工作并取得显著成绩。概括起来我国非物质文化遗产挖掘、保护工作大体经历：

1.选择性保护阶段(20世纪中叶至1999年)。

从上个世纪五十年代起，我国对民族民间文化尤其是各少数民族文化进行了大规模、有组织、有计划的采录和调查，新中国非物质文化遗产

挖掘、保护工作开始起步,之后出版了《国家民委民族问题五种丛书》和《中国少数民族社会历史调查资料丛刊》等,使许多濒临消亡的非物质文化遗产得到抢救。为保护和发展民族传统文化,1950年中国民间文艺研究会成立,之后在挖掘、整理和研究中国的民间文学、民间艺术等方面做了许多工作,为挖掘和保护我国非物质文化遗产作出了贡献。1979年文化部、国家民委、中国文联共同发起由全国30个省市(区)文化厅、文联等有关部门共同参与编撰"十部中国民族民间文艺集成志书",开展了搜集、整理民间艺术的一项系统工程。十部"文艺集成志书"的编纂,为我国非物质文化遗产挖掘与保护工作奠定了坚实的基础。

为了加强国际间在非物质文化遗产保护方面的交流与合作,我国于1985年12月12日加入《保护世界文化和自然遗产公约》,1986年开始向联合国教科文组织申报世界遗产项目。此外,这期间,国家还十分重视非物质文化遗产保护立法工作。1989年,中国民间文艺家协会等单位发起,呼吁政府通过立法的形式保护民间文化。1997年国务院发布了《传统工艺美术保护条例》,积极扶持传统工艺美术行业生产,保护了一大批传统工艺美术品种,另外,国家还建立评定机构,命名了200余名"工艺美术大师"。此后,国家还成立了"振兴京剧指导委员会"、"振兴昆曲指导委员会",实施京剧与昆曲艺术的抢救、保护和扶持工程,从资料保存、剧目保留、人才培养等方面进行了较好的保护。之后,部分地区也陆续出台了一些地方性法规和规章,如2000年9月《云南省民族民间传统文化保护条例》的出台,不仅明确了地方政府和相关部门在保护民间传统文化中的职责,而且也提高了全社会保护民间传统文化的意识。

与此同时,为了更好地鼓励各地对非物质文化遗产进行整理、研究和开发,国家命名了一批民间艺术之乡、特色艺术之乡。通过命名活动,增强了全社会对传统文化遗产的保护意识。自1998年以来,已有322个具有悠久历史和浓郁的民族风格、地方特色的乡、镇被命名为全国"民间艺术之乡"、"特色艺术之乡"。另外,1998年文化部还成立文化部民族民间文艺发展中心,主要职责是全面承担中国民族民间文艺的搜集、整理、保护、研究、开发工作,开展了多方位的宣传保护我国丰富的传统民间民俗文化。

这一阶段标志着我国非物质文化遗产的挖掘与保护工作由小范围的自发性保护到全球性的协作保护,从重视单一要素的保护,向同时重视的多种要素的综合性的保护,从专家保护、政府保护到民众保护、社会保护相结合的保护，从过去重视“静态保护”向重视“静态保护”和“动态保护”相结合的方向发展。

2.综合性保护阶段(2000年至2005年)。

这段时间，我国进一步加大对非物质文化遗产挖掘与保护力度，积极参与联合国教科文组织的文化遗产保护活动并取得成效，昆曲艺术、古琴艺术、新疆维吾尔木卡姆艺术和蒙古族长调民歌(与蒙古国联合申报)分别列入2001年、2003年、2005年的“人类口头和非物质文化遗产代表作名录”，这在很大程度上鼓舞了我国非物质文化遗产挖掘与保护工作的热情，有力地推动了我国非物质文化遗产挖掘与保护工作的进程。2000年，文化部、国家民委联合发布《关于进一步加强少数民族文化工作的意见》。同年，云南省通过《关于非物质文化遗产的地方性法规》，开辟了我国最早对非物质文化遗产立法保护的地方性法规的先例。为了加强对我国珍贵、濒危的民族民间传统文化进行有效的保护，从2003年初，文化部、财政部等联合启动了“中国民族民间文化保护工程”，建立一大批民族民间文化的生态保护区，为我国非物质文化遗产挖掘与保护工作搭建了良好的平台。2004年8月我国又颁发了《文化部财政部关于实施中国民族民间文化保护工程的通知》，且制定了《中国民族民间文化保护工程实施方案》，为此，全国范围内的中国民族民间文化保护工程开始实施。

党的十六大以来，我国将保护挖掘和发展文化遗产放到更加重要的位置，强调“扶持对重要文化遗产和优秀民间艺术的保护工作”。2004年8月，经全国人大常委会批准，我国正式加入了联合国教科文组织《保护非物质文化遗产公约》，这意味着中国在保护非物质文化遗产的进程中又迈出了重要一步。2005年，国务院办公厅印发了《关于加强我国非物质文化遗产保护工作的意见》，标志着我国非物质文化遗产的保护工作进入全面、科学、规范有序的发展阶段。之后国务院又出台了《关于加强文化遗产保护的通知》(简称《通知》)，决定设立我国“文化遗产日”(规定每年六月的第二个星期六，定为“文化遗产日”)。“文化遗产日”的设立对于增强全体民众的文化遗产保护意识起到了十分积极的促进作用，进一步凸显了文化遗产保护事业在国民经济与社会发展中的重要作用。根据国务院《通知》精神，成立了国家文化遗产保护领导小组，专门研究解决文化遗产保护工作的重大问题，在推进非物质文化遗产挖掘与保护中起到了很好的作用。与此同时，各级地方政府也相继出台了一系列相应文件，无疑对我国非物质文化遗产挖掘与保护工作的健康发展起到重要的助推作用。此外，2005年6月，全国非物质文化遗产保护工作会议的举行，充分体现了我国政府对非物质文化遗产的高度重视和支持，之后，各地申报国家级非物质文化遗产代表作和开展非物质文化遗产普查这两项重点工作，很快在全国掀起热潮，我国非物质文化遗产挖掘与保护工作进入系统性保护阶段。

3.系统性保护阶段(2006年至今)。

2006年，随着第一个"文化遗产日"的问世，"非物质文化遗产"成为中国社会里的一个热门词语。2006年2月我国首次在国家博物馆展出的"非物质文化遗产保护成果展"，展出了2000多项非物质遗产项目，这意味着保护非物质文化遗产正在成为国家的行动，正在成为全社会的公识。2006年6月8日"中国非物质文化遗产"标识出台(见图3-1)，6月10日，我国迎来了第一个"文化遗产日"，这对于增强全国民众的文化遗产保护意识起到了十分积极的促进作用。

2006年5月20日，国务院下发了《关于公布第一批国家级非物质文化遗产名录的通知》，之后公布了第一批国家级非物质文化遗产名录518项，这对建立中国非物质文化遗产名录体系具有重要的示范和推动作用。同年，文化部又颁发了《国家级非物质文化遗产保护与管理暂行办法》。2008年第二批国家级名录向社会公众公示，随后全国各地也陆续开展省、市、县级非物质文化遗产名录的申报、评定和公示工作，国家、省、市、县四级非物质文化遗产名录体系基本形成。与此同时，我国从中央到地方也先后建立了较为完备的非物质文化遗产保护机构，为非物质文化遗产挖掘与保护工作的顺利开展奠定了基础。此外，文化部还制定了《国家级非物质文化遗产保护与管理暂行办法》，加强对国家级非物质文化遗产名录的保护与管理。2007年6月和2008年2月，文化部公布了两批共777名国家级非物质文化遗产项目代表性传承人，2009年文化部又公布了711名第三批国家级非物质文化遗产项目代表性传承人名单，极大地鼓舞了非物质文化遗产项目传承人的工作热情。

目前，"非遗节"成为推动我国非物质文化遗产保护的重要举措和展示中华民族文化魅力的重要窗口。2007年，我国在四川成都举办了"首届中国成都国际非物质文化遗产节"。这是我国也是世界上为非物质文化遗产保护举办的第一个国际性节庆活动。2009年6月，第二届中国成都国际非物质文化遗产节上，40多个国家和国内的每一个省区市都有代表参加相关节会活动。与此同时，我国非物质文化遗产的立法工作也在进行中。在国内外立法调研的基础上，组织起草了《中华人民共和国民族民间传统文化保护法》(后改为《中华人民共和国非物质文化遗产保护法》),之后对法律草案进行反复修改完善,2011年2月25日,《中华人民共和国非物质文化遗产保护法》经全国人大常委会会议三次审议后通过,已于2011年6月1日起正式实施。这期间,一些地方也制定了保护条例,对非物质文化遗产进行针对性的地方性保护。云南、贵州、广西、福建、江苏、浙江、宁夏、新疆等8个省区相继颁布了民族民间文化保护条例或非物质文化遗产保护条例。例如,2008年4月,《新疆维吾尔自治区非物质文化遗产保护条例》和2008年9月《北川羌族自治县非物质文化遗产保护条例》的出台。有些地方还颁布了以单项民族民间传统文化表现形式为保护对象的地方性法规。例如,2006年10月《苏州市昆曲保护条例》、2007年4月《无锡市宜兴紫砂保护条例》和2010年7月《新疆维吾尔自治区木卡姆艺术保护条例》的颁布,对我国各地非物质文化遗产的挖掘与保护工作产生了巨大的推动作用。总之,法律法规不断地建立和健全,为开展非物质文化遗产挖掘与保护提供了有力法律保障。

为进一步加大非物质文化遗产挖掘与保护力度,从2007年开始,我国采取建立国家级民族民间文化生态保护区的方式,对非物质文化遗产内容丰富、较为集中的区域,实施整体性保护。2007年6月9日,文化部正式批准设立闽南文化生态保护实验区,这是我国第一个国家级文化生态保护区试点。截至目前为至,我国已命名了6个国家级文化生态保护试验区,确定了国家保护试点项目40个。此外,2009年,经国务院批准,文化部正式成立非物质文化遗产司,各地的非遗保护机构和队伍也逐步建立健全。在各级政府、文化部门、民间社团、学术界和广大群众的积极参与推动下,我国非物质文化遗产挖掘与保护工作不断得到加强和改进,一批有历史文化价值的民族民间文化得到了系统的挖掘与保护,从而使我国的非物质文化遗产保护工作走在世界的前列。

图3-1 中国非物质文化遗产标志

二、我国非物质文化遗产挖掘与保护工作的实践与经验

我国历史悠久、幅员辽阔、民族众多，各地在历史演进的过程中积淀了丰富的非物质文化遗产，神话传说、民间手工艺品制作、传统戏剧、曲艺等非物质文化遗产品种繁多，数量庞大，内容丰富，地方特色浓郁。例如，藏族的史诗《格萨尔王传》、新疆维吾尔族的十二木卡姆、蒙古族的长调民歌、广西壮族的“刘三姐”歌舞艺术、云南石林的“阿诗玛”传说、云南大理白族的“绕三灵”、汉族的剪纸艺术、昆曲艺术、古琴艺术，南音艺术以及春节、元宵节、端午节、中秋节等节庆文化……色彩缤纷，不胜枚举。据初步统计，目前，全国非物质文化遗产总量共有近87万项，达到了历史新高，这些非物质文化遗产汇聚成中华民族的灿烂文化，体现中华民族的文化特性，是中华民族的文化身份。开展非物质文化遗产挖掘与保护工作，对于维护国家文化安全，提高国民素质，凝聚民族精神，促进国家进步，构建社会主义和谐社会，具有十分重要的作用。

我国非物质文化遗产挖掘与保护工作虽然起步晚，但近年来，在国家的高度重视和全国各地文化部门和社会各界的积极支持和共同努力下，我国非物质文化遗产挖掘与保护工作全面展开，并取得了突破性的进展，保护意识日渐增强，保护领域不断拓宽，保护工作机制逐步完善，保护经费投入力度持续加大，普查工作初见成效。

1.建立了比较完善的非物质文化遗产保护体系。

建立和完善非物质文化遗产保护名录体系，实施分级保护制度，是我国保护非物质文化遗产具有开创性意义的重要举措。2006年5月，国务院批准公布了第一批国家级非物质文化遗产名录，包括十个门类共518个项目，各地随之掀起了前所未有的挖掘、保护非物质文化遗产的热潮，突显了我国非物质文化遗产挖掘与保护工作的丰硕成果，产生了广泛的社会影响。2008年6月国务院公布了第二批510项国家级非物质文化遗产名录，2010年又公布了第三批国家级非物质文化遗产名录，共有349项，其中新入选项目190项，扩展项目159项。至今，国务院已先后公布了三批共1377项国家级非物质文化遗产项目名录，全国省级非物质文化遗产名录共有7109项，国家、省、市、县四级非物质文化遗产名录体系正在逐步形成，初步实现了非物质文化遗产的分级保护，有中国特色的非物质文化遗产保护制度逐步形成，社会各界对非遗保护的关注度不断升温，我

国非物质文化遗产资源得到较有效的挖掘、展示和保护。至此，我国的非物质文化遗产保护已由以往单项的选择性的项目保护，逐步走向全国整体性、系统性的全面保护阶段。此外，我国的昆曲、中国古琴艺术、新疆维吾尔木卡姆艺术、蒙古族长调民歌(与蒙古国联合申报)入选世界非物质文化遗产保护名录。2009年9月我国申报的中国传统桑蚕丝织技艺等22个项目入选“人类非物质文化遗产代表作名录”，同时，羌年、黎族传统纺染织绣技艺、中国木拱桥传统营造技艺等3个项目入选“急需保护的非物质文化遗产名录”。目前，我国共有29个项目列入“人类非物质文化遗产代表作名录”和“急需保护的非物质文化遗产名录”(见表3-1)，成为世界上拥有联合国教科文组织非物质文化遗产名录项目最多的国家，而浙江的世界级非物质文化遗产数目位居全国榜首。总之，非物质文化遗产代表性项目名录的建立，有利于对我国非物质文化遗产突出重点进行挖掘与保护。

表3-1　中国的世界非物质文化遗产

类别	名称
人类非物质文化遗产	昆曲、古琴艺术、新疆维吾尔木卡姆艺术、蒙古族长调民歌、中国传统桑蚕丝织技艺、福建南音、南京云锦织造技艺、安徽宣纸传统制作技艺、贵州侗族大歌、广东粤剧、《格萨尔》史诗、浙江龙泉青瓷传统烧制技艺、青海热贡艺术、藏戏、新疆玛纳斯、甘肃花儿、西安鼓乐、中国朝鲜族农乐舞、中国书法、中国篆刻、中国剪纸、中国传统木结构营造技艺、端午节、妈祖信俗、中国雕版印刷技艺、蒙古族呼麦
急需保护的非物质文化遗产	羌年、黎族传统纺染织绣技艺、中国木拱桥传统营造技艺

2.全国性的非物质文化遗产普查工作全面展开。

普查摸底是进行非物质文化遗产挖掘和保护的基础性工作。为摸清中国各地各民族民间文化的历史家底，有效抢救濒危的民族民间文化种类。从1979年起，文化部会同国家民委、中国文联有关文艺家协会发起“中国民族民间文艺集成志书”的编纂工作。之后，文化艺术工作者足迹遍及各地，进行全面、系统的普查，收集、整理了流传于我国各地各民族民间的音乐、戏曲、舞蹈、曲艺和民间文学等方面的基础资料，经精心编选出版，把流传于民间的“无形”的文化资源变成“有形”的文化财富。据统计，在编纂过程中，共调查民歌30万首；收录戏剧剧种394个、唱腔17402段；收录曲艺曲种591个、唱腔11108段；收录器乐曲曲目20698首；普查舞蹈节目26995个；普查民间故事30万篇；收录民间歌谣44941首；收录民间谚语576546条，可以说，这是改革开放以来我国在民族民间文化抢救与保护方面所取得的标志性成果。该项目是对我国民族民间文艺进行的一次全面、深入的普查和抢救，约有10万文艺工作者参与了资料搜集整理编写工作，跨度近30年。截至2009年10月，十部“中国民族民间文艺集成志书”终于全部出版，共计4.5亿字、298部省卷（400册）。十部“中国民族民间文艺集成志书”是一项宏伟的文化系统建设工程，是我国文化史上规模最大、普查面最广、参与人数最多、成果最显著的伟大工程，它保存了大量的珍贵艺术资源，全面反映了我国各地各民族戏曲、曲艺、音乐、舞蹈、民间文学等状况，被海内外学者誉为“民族民间文艺作品及有关史料的‘大百科全书’”、“民族文化建设的‘万里长城’”。民族民间文化第一次全面进入了国家志书，这是中国文化史上的创举。

为摸清我国非物质文化遗产的家底，全面了解和掌握各地各民族非物质文化遗产资源的种类、数量、分布状况、生存环境、保护现状及存在问题，2005年，全国开始开展非物质文化遗产普查工作，这次普查是我国21世纪初在全国范围内开展的一次大规模的非物质文化资源普查。为保障普查工作的科学性和规范性，加强业务指导，文化部发布了《中国民族民间文化保护工程普查手册》。各地区都结合本地实际情况，制定出了普查工作方案和工作计划，明确了普查任务，确定了普查目标、方法、步骤，落实了人员配备，组织开展对非物质文化遗产的现状调查。普查工作中主要侧重于非物质文化遗产实物资料的调查、征集、登记、摄像、录音、认定、建档等工作，运用文字、图片、录音、录像、数字化多媒体等多种方式，对非物质文化遗产进行真实、系统和全面的记录，建立档案和数据库。至2009年底，全国非物质文化遗产普查工作已顺利完成。据不完全统计，参与此次普查的有50万人次，走访民间艺人115万人次，投入经费8亿元，参与民众达上千万人次，收集珍贵实物和资料29万件，普查文字记录量达20亿字，录音记录23万小时，拍摄图片477万张，汇编普查资料14万册，非物质文化遗产资源总量近87万项，基本上了解和摸清了我国非物质文化遗产资源的家底。普查工作的全面扎实推进，进一步推动我国非物质文化遗产的挖掘与保护工作的开展。

3.非物质文化遗产项目传承人保护制度逐步建立。

传承人是非物质文化遗产的重要承载者和传递者，他们掌握并承载着非物质文化遗产的知识和精湛技艺，既是非物质文化遗产活的宝库，又是非物质文化遗产代代相传的代表性人物。加强对非物质文化遗产代表性传承人的保护，是非物质文化遗产挖掘与保护工作的关键环节。依据联合国教科文组织《关于建立"人类活珍宝"制度的指导件意见》，我国将传承人纳入"人类活珍宝"的范围，对他们的传承进行档案登记、数字化存录，建立专门的图文影像数据库；组织专家对传承人的成就和传承方式进行学术性、专业性的分析和总结；为传承人出书立传或举办优秀成果展演和展示；鼓励和支持代表性传承人开展传习活动，通过授课、带徒等方式培养接班人，使其技艺得到较完好的传承。

为了使非物质文化遗产传承人保护工作制度化，文化部公布了《国家级非物质文化遗产项目代表性传承人认定与管理暂行办法》，对国家级非物质文化遗产名录项目的代表性传承人的认定标准、权利、义务和资助等做出了具体规定。江苏、陕西、河南、浙江、上海、宁夏等省也先后制定了非物质文化遗产保护项目代表性传承人认定与管理办法，非物质文化遗产项目代表性传承人得到有效保护。目前，我国分三批共认定了1488名国家级非物质文化遗产项目代表性传承人，文化部为国家级"非遗"项目代表性传承人代表颁发了证书。各省市区也陆续开展了省级、市级、县级非物质文化遗产项目代表性传承人的认定与命名工作，其中评定省级非物质文化遗产项目代表性传承人共6332名，并公布了各级非物质文化遗产项目代表性传承人，如云南省已经命名了三批共647名省级非物质文化遗产项目代表性传承人，16个州（市）命名了970名州（市）级传承人，129个县（区、市）命名了1893名县（区、市）级传承人，已建立起四级传承人保护体系。一些省市还为国家级和省级项目代表性传承人发放补助或津贴。总之，非物质文化遗产代表性传承人的认定与保护，已得到了各级相关部门的重视，我国非物质文化遗产项目传承人保护制度逐步建立和完善。

4.资金扶持力度逐渐加大。

目前，加大对非物质文化遗产资金扶持力度已成为各级政府和财政部门的共识。从中央到地方都给予正在进行的非物质文化遗产挖掘和保护工作提供了必要的资金支持。据统计，截至2009年7月，中央和省级财政已累计投入17.89亿元用于非物质文化遗产保护，其中中央财政累计投入6.59亿元非物质文化遗产保护专项资金。尤其是2009年，中央财政投入2.73亿元，对国家级名录项目及代表性传承人开展传习活动给予补助，极大地鼓舞了传承人的工作热情。

各地各级财政对非物质文化遗产保护的投入力度也不断加大，设立了专项保护经费。2005年至2009年地方省级财政共投入约11.3亿元，确保了非物质文化遗产保护工作的顺利有效开展。以北京、江苏为例，早在2005年，北京市政府就已投入400万元用于民间文化保护工程，而江苏省目前每年的投入就有近5000万元人民币。除了各级地方政府的财政投入外，社会资本、民间资本也不断进入非物质文化遗产挖掘与保护领域。近几年，我国各地的非物质文化资源与旅游等各类文化产业开发日益融合，激发了各地企业家、旅行社、传媒等的投资热情，大量的民间资金也逐步投入到非物质文化遗产挖掘与保护工作之中。有资料显示，仅中国民间文化遗产抢救工程运作到的各类资金就多达数10亿元，远远超过了国家的财政支持的资金，非物质文化遗产挖掘与保护多元化的投融资体系逐步形成。

5.非物质文化遗产整体保护取得新进展。

非物质文化遗产整体保护是我国非物质文化遗产挖掘与保护的重要内容。为了使民间原生态非物质文化遗产存活下来，近几年，我国开始重视与其紧密相依的文化生态环境的保护。文化生态保护区的建设就是对非物质文化遗产进行整体性保护的重要方式，为非物质文化遗产的挖掘保护设立安全的屏障，将民族民间文化遗产真实状态保存在其所属的环境之中，使之成为"活文化"。从1988年开始，文化部开始命名"民族艺术之乡"、"特色艺术之乡"。20多年全国涌现出一大批具有浓郁民族特色和艺术特色的文化之乡，说明我国开始重视非物质文化遗产的整体保护工作。2003年"非物质文化遗产保护工程"的实施是一个标志，这意味着我国进入全面性和整体性的保护阶段。2003年初，文化部、财政部联合国家民委、中国文联共同实施中国民族民间文化保护工程，确定了40个"保护工程"国家级试点，其中，区域性的综合试点6个(如云南省、苏州市、湘西土家族苗族自治州等)、专业性试点34个(如新疆维吾尔木卡姆、西藏昂仁县迥巴藏戏、西安鼓乐、天津杨柳青木版年画等)，标志着我国的非物质文化遗产挖掘与保护工作跨入了历史性的全面保护的新时期。之后，我国文化生态保护实验区建设也逐步展开。2007年6月至2010年5月，文化部先后设立了闽南文化、徽州文化、热贡文化、羌族文化、客家文化(梅州)和武陵山区(湘西)土家族苗族文化等6个国家级文化生态保护实验区。各省市区也根据当地的民族和地域特点,积极探索开展文化生态保护区的有效方法,也相继确定了一批保护项目,卓有成效地开展非物质文化遗产的生态保护工作。如云南省出台《云南省民族民间传统文化保护条例》中,用设立"云南省民族民间传统文化之乡"和"云南省民族传统文化保护区"的做法,营造非物质文化遗产的原生态生存空间。广西、海南、浙江等省区也在积极探索文化生态的整体性保护。

与此同时,为推动非物质文化遗产整体性保护,加强文化生态保护区建设,我国又起草了《关于加强文化生态保护区建设工作的意见》和《国家级文化生态保护区申报暂行办法》。此外,作为非物质文化遗产整体保护项目的非物质文化遗产专题博物馆、民俗博物馆和传习所建设也呈现良好的发展态势。为加强非物质文化遗产基础设施建设规范管理,我国起草了《关于加强非物质文化遗产基础设施建设的意见》和《非物质文化遗产博物馆建设与管理暂行办法》。据不完全统计,目前,我国各省(区、市)共建立非物质文化遗产专题博物馆520多个、展厅96个,民俗博物馆197个,传习所1216个。其中广东省建成木雕艺术、粤剧等各类非物质文化遗产专题博物馆、民俗博物馆、传习所40个。江苏省苏州、无锡、扬州、南通、镇江等市建成专题博物馆、民俗馆、传习所共67个。文化生态整体保护使我国珍贵、濒危并具有历史、文化和科学价值的非物质文化遗产得到有效保护,并得以传承和发扬。

6.国际协作与交流进一步加强。

作为全人类的共同财富,非物质文化遗产挖掘与保护问题已经引起国际社会的广泛关注。联合国教科文组织积极倡导文化的多样性,呼吁各国重视非物质文化遗产的挖掘保护工作,并于2000年4月,正式启动了"人类口头和非物质文化遗产代表作"的申报、评估工作。近年来,我国积极参与国际间的非物质文化遗产保护工作,日益关注和加强国际间在非物质文化遗产保护方面的交流与合作并赢得了国际社会的肯定。我国文化部与联合国教科文组织在非物质遗产保护领域的合作不断得到加强,先后合作开展了"人类记忆"、"亚太传统文化保护数据库"等项目。此外,我国还积极参与联合国教科文组织实施的人类口头和非物质文化遗产代表作申报工作,我国的昆曲、古琴艺术、新疆维吾尔木卡姆艺术和蒙古族长调民歌(与蒙古国联合申报)等29项入选联合国教科文组织公布的代表作名录，其中世界非物质文化遗产代表作“蒙古族长调”就是由我国与蒙古国政府联合申报成功的，说明加强国际合作对于我国非物质文化遗产的保护具有积极的助推作用。目前，我国成为世界上入选“人类口头和非物质遗产代表作”最多的国家之一。

2003年10月，第32届联合国教科文组织大会上通过了《保护非物质文化遗产公约》，我国自始至终积极参与了《保护非物质文化遗产公约》制订工作的全部过程，并发挥了积极的推动作用。2004年8月，经全国人大常委会批准，我国正式加入了联合国教科文组织《保护非物质文化遗产公约》，成为全球批准加入该公约为数不多的国家之一。2006年6月，在联合国教科文组织《保护非物质文化遗产公约》缔约国大会第一次会议上，我国以40票的高票入选由18国组成的首届“保护非物质文化遗产政府间委员会委员国”，为我国积极参与联合国教科文组织非物质文化遗产保护工作创造了有利条件。2010年5月，中国艺术研究院挂牌成立了联合国教科文组织支持的亚太地区非物质文化遗产国际培训中心，表明国际社会对我国非物质文化遗产挖掘与保护工作的充分肯定。

三、我国非物质文化遗产挖掘与保护工作面临的难点

我国非物质文化遗产挖掘与保护工作是传承中华文明，建设有中国特色社会主义先进文化的现实需要。挖掘保护和利用好我国非物质文化遗产，是落实科学发展观，凝聚民族精神，实现经济社会的全面、协调、可持续发展的重要举措。随着世界经济一体化的发展趋势和现代化进程的加快，尤其是外来文化的冲击，世界文化的多样性和丰富性受到很大的挑战，城市化进程加快对文化生态和文化遗产的破坏，我国非物质文化遗产的生存、保护和发展遇到很多新的情况和问题。

我国非物质文化遗产挖掘与保护工作启动以来，整体工作开局良好，发展势头喜人，非物质文化遗产挖掘与保护工作取得了显著成绩。但是我国的非物质文化遗产挖掘与保护工作仍处于起步阶段，与国外发达国家和地区相比，仍存在一些薄弱环节，与党和政府的要求和人们的期望还有一定的差距，面临着一些需要突破的难点。

1.宣传力度需进一步加强。

我国非物质文化遗产挖掘与保护在宣传方面取得了较大的进展，非物质文化遗产挖掘与保护的氛围越来越浓厚，领域不断拓展，社会参与越来越广泛。近年来，各级文化馆、博物馆、科技馆、图书馆等公共文化机

构积极开展对非物质文化遗产的传播和展示；各级教育部门将优秀的、体现民族精神与民间特色的非物质文化遗产内容编入各类学校教材；新闻出版、广播电视、互联网等媒体对非物质文化遗产及其保护工作也进行了一定程度的宣传展示、保护知识的普及，越来越多的民众了解和参与到非物质文化遗产挖掘与保护工作中，但是由于多方面的原因，宣传力度不够大，特别是新闻媒体的强势宣传不足，宣传发动工作还不够全面、不够深入，容量和密度不足，广度和深度有限，尤其是落后、偏远地区的宣传发动工作比较薄弱，覆盖面不广，保护意识淡薄。此外，在社会上，非物质文化遗产挖掘与保护工作普遍被认为是文化部门一家之事，而一些文化部门对非物质文化遗产挖掘与保护的重要性和紧迫性认识不足，"说得多，做得少"，因而，其社会影响面不广。总体上说，人们对非物质文化遗产挖掘与保护工作的知晓率和参与度比较低，存在认识不清、了解不够或认识不到位、信心不足等问题，全社会还没有真正形成重视和保护非物质文化遗产的广泛共识和自觉追求。

2.资金投入需进一步加大。

近几年，我国对非物质文化遗产保护的投入不断加大，但与国外发达国家和地区相比明显滞后，用于非物质文化遗产挖掘与保护的投入相对较少。长期以来，国家对文化建设整体投入不足，非物质文化遗产挖掘与保护和管理资金不足的问题普遍存在。由于缺少足够的经费支持，多项指标仍停留在规划阶段，在一定程度上影响了我国非物质文化遗产挖掘与保护工作的进展和成效。因政府出资挖掘、保护非物质文化遗产的能力有限，而一些民间艺人因经济收益不明显而纷纷改行，致使许多重要的非物质文化遗产得不到及时的抢救和必要的保护而处于濒临灭绝的境地，一些非物质文化遗产资源已慢慢淡出人们视野。据一些地方报道，由于维护经费窘迫，早年收集的档案材料有些开始发霉变黄，部分录音、录象带已经报废，原定抢救非物质文化遗产的计划因没有资金而被迫搁置。此外，在一些经济落后、偏远贫困的地区，当地政府优先考虑发展经济，文化建设相对滞后，对文化的投入十分有限，致使许多民间文化得不到保护而加速消失。

3.传承人队伍需进一步壮大。

非物质文化遗产的挖掘保护突显人的作用，非物质文化遗产存活在众多杰出传承人的记忆和技艺里，传承人的口传心授是非物质文化遗产传承的最重要的渠道。在非物质文化遗产的挖掘与保护工作中，传承人则被称为漫漫岁月长河中的“提灯人”,传统文化在他们的手中不断传承发扬,然而,我国非物质文化遗产传承人面临数量少且年高体弱等困惑,有的身怀绝技未来及传给后人就离开人世，人死技亡的现象一再发生,给世人留下很多遗憾。据统计,我国非物质文化遗产代表性传承人大多年事已高，其中60岁以上的超过60%，有些已经无法履行传承义务。另外,还出现青黄不接,后继乏人等问题。由于受现代大众流行文化的不断冲击,民间文化的市场逐渐萎缩,其从业者的收入普遍较低甚至无以为继,再加上没有相关的鼓励政策和激励机制,许多从业者纷纷改行,非物质文化遗产项目陷入后继无人的境地，一些传统技艺面临着失传的危险。以辽宁为例,目前,辽宁省共有20名国家级非物质文化遗产传承人,但大多都没有徒弟，这些民间手工技艺随着老艺人的逝去而面临失传。此外,非物质文化遗产的专业人员的培养工作也比较薄弱,非物质文化遗产挖掘与保护方面的专业技术人员和管理人员数量不足、整体素质不高等现象普遍存在,尤其非物质文化遗产的研究人员短缺,严重影响我国非物质文化遗产挖掘与保护工作的顺利开展。

4.立法工作需进一步加强。

加快非物质文化遗产的立法进程是抢救与保护非物质文化遗产工作的前提和基础,也是我国所应当承担的国际法义务。依法保护是非物质文化遗产传承中最根本、最有效的方式之一。近几年,我国非物质文化遗产挖掘与保护过程中比较注重推进法律法规建设,立法工作有了较大进展,我国陆续颁布了一系列非物质文化遗产挖掘与保护方面的法律法规,尤其是2011年2月25日,经全国人大常委会会议三次审议后通过并于2011年6月1日正式执行的《中华人民共和国非物质文化遗产保护法》,标志着我国非物质文化遗产保护工作走上依法保护的道路,这对于加强我国的非物质文化遗产挖掘与保护工作,继承和弘扬中华民族优秀传统文化,促进社会主义精神文明建设,推动文化大发展大繁荣,将产生重大而深远的影响。但总体上看,我国非物质文化遗产的立法工作仍显滞后,法律法规建设的步伐不能及时跟上非物质文化遗产挖掘与保护工作的需要,法律法规还不够完善,尤其对知识产权保护力度不够,现有的部分条例操作性欠缺。由于立法的滞后,致使许多具有一定历史价值的文化遗产不能得到明确的法律保护。总之,我国非物质文化遗产保护的法律法规建设的步伐滞后仍不能适应我国非物质文化遗产挖掘与保护工作的需要。

5.基础工作需进一步夯实。

目前,我国非物质文化遗产挖掘与保护的工作主要在基层,而基层的收集、整理、调查、记录、建档、展示、利用、人员培养等基础性的工作仍较薄弱。由于我国非物质文化资源历史久远、种类繁多,再加上多年来政府部门不够重视,对民族民间文化普查工作力度不够,导致对非物质文化遗产整体状况、存在种类、数量和消失的状况认识不清,缺乏深入和广泛的了解。此外,由于地区之间、部门之间对非物质文化遗产挖掘与保护工作的重视程度也不一,因而,措施和力度上存在一定差距。有些地区和部门对非物质文化遗产挖掘与保护工作的紧迫性和重要性从思想上和行动上缺乏足够认识,对非物质文化遗产挖掘与保护工作应付了事,工作紧一阵松一阵,一些工作部署和安排没有完全落到实处,使非物质文化遗产挖掘与保护工作受到不同影响。另外,各地非物质文化遗产挖掘与保护工作的进度不一,水平、质量参差不齐,致使非物质文化遗产挖掘与保护工作成效不明显,致使一些珍贵实物资料流失严重。

花 儿

花儿是广泛流传于甘、青、宁及新疆等省区的回、汉、土、东乡、保安、撒拉、藏、裕固等民族中的一种民歌,具有浓郁的民族特色和高原风格,在中国民歌中独具一格。花儿是当地民众的口头音乐表达,其在民间传唱已有500余年的历史,曲令有100多个,主要有河西令、尕马儿令等,已记录的民间传统唱词有7000多首。由于花儿音乐特点、歌词格律和流传地区不同,又被细分为"河湟花儿"、"洮岷花儿"、"六盘山花儿",花儿在甘肃主要分布在临夏州、甘南州、定西市、天水市等地,其传唱分日常生产、生活与"花儿会"两种主要场合。"花儿会"是一种大型民间歌会,又称"唱山"。"花儿会"是全世界目前存续很少的民间传统的大型民歌演唱场所。在我国西北地区,最具影响的"花儿会"有莲花山花儿会、松鸣岩花儿会和二郎山花儿会,这3个花儿会已被中华人民共和国国务院公布为中国非物质文化遗产保护名录项目,甘肃花儿2009年被列入"人类非物质文化代表作名录"。

资料来源:《花儿》.甘肃.国家名录.非物质文化遗产代表作,中国非物质文化遗产网,http://www.chinaich.com.cn,本文对原有资料略有改动。

第四章　甘肃非物质文化遗产资源分析和价值评价

非物质文化遗产是各个时代人们生活的有机组成部分，是一个地区一定时代、环境下文化精神的产物。甘肃是中华文明的重要发祥地之一，历史悠久、民族众多、文化灿烂，拥有十分丰富的民间民俗文化资源，这些活态的文化，不仅构成了甘肃深厚的文化底蕴，也是甘肃文明渊源的承载，是甘肃文化软实力的象征。

一、甘肃非物质文化遗产的分类

“非物质文化遗产”是一个学术术语，又称无形文化遗产，是相对于有形遗产，即可传承的物质遗产而言的概念。在具体的非物质文化遗产的实地考察、研究、传承和保护的实践中，我们接触到的往往都是一个个鲜活生动、个别具体的非物质文化遗产现象。为了更好地描述甘肃非物质文化遗产的现状，我们把各种非物质文化遗产资源分门别类，进行更深入、更系统地研究。

在分析甘肃非物质文化遗产资源时，我们依据《中国非物质文化遗产普查手册》中我国非物质文化遗产分类法，结合甘肃非物质文化遗产资源普查的结果看，甘肃非物质文化遗产主要有以下几个类别：

1.民间文学

2.民间美术

3.民间音乐

4.民间舞蹈

5.戏曲

6.曲艺

7.杂技

8.手工技艺

9.生产商贸习俗

10.消费习俗

11.人生礼俗

12.岁时节令

13.民间信仰

14.民间知识

15.游艺及传统体育竞技

16.医药类及其他

按照国家目前对非物质文化遗产的16大分类，从甘肃非物质文化遗产资源普查的结果看（见图4–1），甘肃非物质文化遗产几乎都涉及到了，共有4133项，其中民间文学815项、手工技艺有744项，所占比例相对较多，分别占总数的19.7%和18%，杂技、民间知识、医药类所占比例较少，分别为1.5%、1.9%、0.7%，说明甘肃民俗类非物质文化遗产很丰富，且保护较好。从类别上看，空白较少，基本上涵盖了我国非物质文化遗产的所有类别，但总量不够。

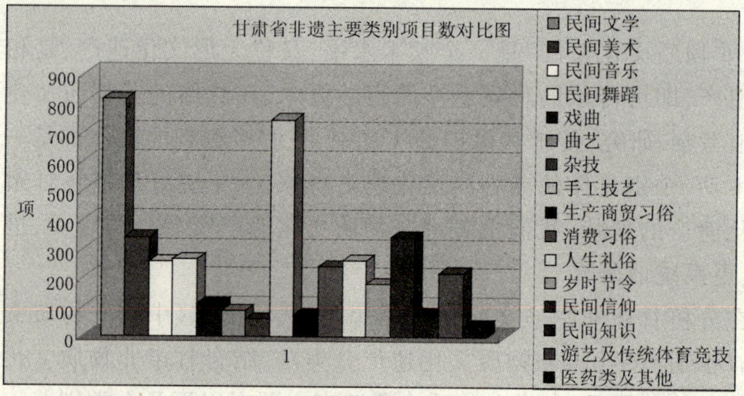

图4–1

注：本表根据2009年甘肃省非物质文化遗产普查相关数据制作。

从已公布的国家、省两级非物质文化遗产保护名录看，非物质文化遗产主要涉及以下10个类别：民间文学、民间音乐、民间舞蹈、传统戏剧、曲艺、民间杂技与竞技、民间美术、传统手工技艺、传统医药、民俗，我省非物质文化遗产占到十类中的九类，传统体育、游艺与竞技缺失。在甘肃国家级非物质文化遗产中(见图4–2),民俗9项,传统戏剧8项,传统舞蹈7项,分别占我省国家级非遗总数的17.31%、15.38%和13.46%,曲艺5项、民间文学4项、传统医药1项,所占比例较少,占我省国家级非遗总数分别为9.62%、7.69%和1.92%,传统体育、游艺与竞技仍未涉及,还是个空白,从总量上讲也十分有限,这一现状与我省丰富的非物质文化遗产实际蕴藏极不相符,甘肃还有很多需要挖掘的“非遗”项目,如兰州佛慈集团的许多传统药方等,类似这样的很多项目仍无人申报,但是我们也欣喜地看到那些能够反映甘肃“非遗”资源特色的项目类别得到较好的传承保护,比如环县道情皮影、庆阳香包、剪纸、刺绣、临夏花儿、砖雕、兰州刻葫芦、兰州太平鼓、兰州鼓子、花儿、肃南裕固族民歌、夜光杯雕、保安族腰刀锻制技艺、太昊伏羲祭典、民族服饰等,这些项目分布范围广、传承人较多、群众基础广泛,再加上政府支持力度较大,目前已形成良好的保护和传承氛围,而另一些很有价值的非遗项目也进入我们的视野,如“百合种植技术”、“六味地黄丸制作技艺”等,为我们进一步挖掘保护、分析评价甘肃非物质文化遗产提供了很有价值的信息资源。另外,从2010年公布的第三批国家级非物质文化遗产代表名录看,与往届相比,我省入选的门类和数量都有所增加,说明甘肃非物质文化遗产资源“家底”丰厚,也说明保护甘肃非物质文化遗产越来越受到大家关注。

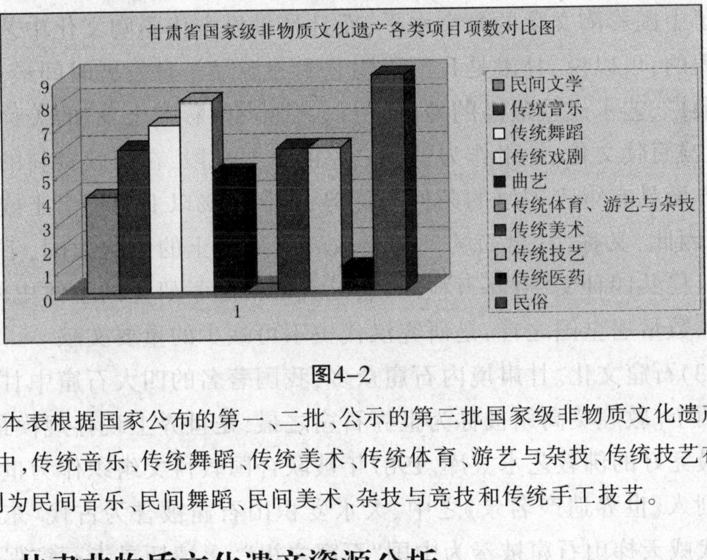

图4–2

注:本表根据国家公布的第一、二批、公示的第三批国家级非物质文化遗产项目制作。其中,传统音乐、传统舞蹈、传统美术、传统体育、游艺与杂技、传统技艺在第一批中分别为民间音乐、民间舞蹈、民间美术、杂技与竞技和传统手工技艺。

二、甘肃非物质文化遗产资源分析

甘肃非物质文化遗产蕴含着甘肃人特有的精神价值、思维方式和风俗习惯，构成了甘肃特有的文化魅力，这不仅是我省各民族智慧的结晶，也是中华民族文明的瑰宝，从我省非物质文化遗产普查的结果和已公布的国家、省、市、县四级非物质文化遗产名录体系看，这些项目集中体现了甘肃非物质文化遗产资源的三大特性：

1.丰厚的历史积淀。

甘肃历史悠久，文化源远流长，是中华民族的发祥地之一，非物质文化遗产横贯甘肃古今历史。按照联合国《世界遗产公约》和国家《旅游资源分类、调查与评价》标准，甘肃文化资源丰度排全国第五。据考古发掘的大量文物证明，距今一二十万年前这里就是远古先民生息和繁衍的地方。悠久的历史，留下了丰厚的历史积淀。

(1)彩陶文化。甘肃境内的史前文化遗产多达7000多处，其中，以在我省境内首次发现的典型遗址所在地命名的古文化类型近十个，大地湾文化、马家窑文化、齐家文化、辛店文化、沙井文化、火烧沟文化等彩陶文化资源丰盛绝伦。如秦安大地湾遗址，其历史年代从距今8000年一直延续到距今5000年，其中，距今8000年的一期文化出土的三足钵等200多件彩陶，是我国迄今为止发现最早的一批彩陶，这一发现将中国彩陶制造时间上推了1000年。独树一帜的甘肃彩陶，是世界上最早出现的彩陶文化之一，彩陶文化绵延5000年。距今4000多年前的马家窑文化彩陶，不仅代表了中国彩陶文化的最高水平，而且是世界古代彩陶文化中艺术成就最辉煌的，可以说，甘肃是我国彩陶艺术起源最早且发展时间最长、分布范围最广、艺术成就最高的地区，所以，甘肃有“彩陶之乡”的美称。

(2)简牍文化。甘肃作为丝绸之路的重要地段，在简牍资料的出土和占有方面具有得天独厚的条件与优势，全国90%以上的都出土或保存在甘肃，因此，又称“甘肃简牍”。甘肃敦煌等地出土的上起战国，下止西夏五个时代共四种文字约6万枚简牍，是我国简牍学研究的主体史料，特别是汉简数量居全国之首，是研究汉代史不可缺少的重要文献。

(3)石窟文化。甘肃境内石窟众多，我国著名的四大石窟中甘肃拥有其中两个。敦煌莫高窟被称为世界石窟之最，是世界上现存规模最宏大、保存最完好的佛教艺术宝库。1987年被联合国教科文组织作为世界文化遗产列入《世界遗产名录》之中，天水麦积山石窟被誉为古代“东方雕塑馆”，武威天梯山石窟被奉为中国“石窟之祖”，永靖炳灵寺石窟保存有国内迄今发现时代最早的石窟题记，因此，我省有“石窟艺术之乡”的美名，石窟文化全面、完整的表现了中国佛教艺术的发展演变过程。

总之,优越的历史人文地理条件,丰厚的历史积淀,是孕育甘肃非物质文化遗产资源的肥沃土壤。甘肃各族人民在这片土地上经过长期生产生活实践,创造的丰富多彩的具有历史、艺术和科学价值的传统手工技艺、民间舞蹈、传统戏剧等非物质文化遗产,彩陶、黄河水车、兰州太平鼓、兰州鼓子等无不显现甘肃地域特色文化的迷人风采,这些独具历史传统的文化元素,正是甘肃地方特色中最深厚的优势,也是甘肃非物质文化遗产资源中的精髓。

2.多样的文化脉络。

甘肃地域广阔、民族众多、人文环境独特,文化底蕴深厚,内涵丰富,多种文化在这里碰撞、交融,文化的多样性和独特性并存,具有甘肃地域特色的敦煌文化、丝绸文化、黄河文化、伏羲文化、民族民俗文化共同构成甘肃独具特色的文化脉络,奠定了甘肃特色地域文化的基础。

(1)黄河文化。甘肃是黄河文化最具代表性的地区,地域文化里有着明显的黄河文化的深厚积淀。甘肃是黄河文化发展的重要区域,黄河古渡口、交通枢纽等要素的形成就是依黄河而成,渡河载运工具、提水灌溉工具、园艺栽培技术等成为黄河文化丰富的内涵。

(2)丝路文化。著名的古丝绸之路全长7000多公里,在甘肃大地就绵延1600多公里。丝绸之路历经2000余年而长盛不衰,沿线有着丰富的遗存和深厚的文化积淀,是沟通中西方文明最重要的通道,曾在东西文化交流中发挥过重要作用。甘肃也是中原文化和西域文化、东方文化和西方文化、农耕文化和草原文化交流与结合的重点区域,佛教东来、道教西渐,以及东西方使节、商旅的穿行,都留下了无数的文化遗存和历史佳话,为非物质文化遗产的孕育提供了肥沃的土壤。

(3)敦煌文化。敦煌文化是建筑、雕刻、壁画相结合的蕴含丰富的石窟艺术。敦煌是多种文化融汇与撞击的交叉点,中国、印度、希腊、伊斯兰文化在这里相遇。敦煌是艺术的殿堂。那些公元4至11世纪的壁画与雕塑,带给人们极具震撼力的艺术感受。敦煌又是文献的宝库。在这数以万计的赤轴黄卷中,蕴藏着丰富的文献资源,汉文、古藏文、回鹘文、于阗文、龟兹文、粟特文、梵文,文种繁多,内容既涉及政治、经济、军事、哲学、宗教,又涉及文学、民族、民俗、语言、历史等非物质文化遗产领域,民族传统神话、石窟音乐、舞蹈、壁画临摹以及敦煌文学、敦煌医药等非物质文化遗产项目焕发出甘肃独特的地域魅力。

(4)民族民俗文化。甘肃是中华文化的发祥地之一,也是一个多民族聚居的地域。各族人民在长期的生产生活实践中，孕育了绚丽多彩的民族民间文化资源，形成了文化的独特形态和丰富内涵。“花儿”民歌、藏族的民族风情、东乡族的民间文学、裕固族特有的传统婚礼等文化表现形式都极具特色；面塑砖雕、社火傩戏、祭祀礼仪、皮影木偶、唐卡腰刀、高跷鼓舞、民间剪纸、傩面制作和香包刺绣等民俗艺术绵延不绝。甘肃又是一个移民地区，不同的移民有不同的文化背景，对甘肃的地域名称、生活习俗、语言气质、饮食服饰、建筑园林以及思维方式、艺术表达形式等方面，都留下了多元融合的痕迹。目前，甘肃拥有一批丰富而独具地方特色的传统民间文学、民间故事、民间美术、传统表演艺术、民俗活动、礼仪、节庆、传统手工艺技能等民族民间文化遗产，构成了甘肃绚丽多彩的艺术画卷，其中很多优秀的非物质文化遗产代表作和项目在全国都有着重要的影响和地位。多民族、多宗教的交融互渗，兼容并包，宽松的文化生态环境，成为甘肃文化与众不同的突出特质。

总之，这些博大精深的敦煌文化、内涵丰富的丝绸之路文化、生生不息的黄河文化、绚丽多彩的民族民俗文化等经过长期的积淀、整合，形成了多元文化并存的局面，各种文化在这里交相辉映，相互融合，形成了甘肃独有的地域文化脉络。

3.深厚的人文精神。

千百年来，甘肃非物质文化遗产通过口传身授、典籍记载、艺术表演等形态流传下来，培育了甘肃的地域精神、情感情结、精神品格，形成了甘肃独特的人文内涵。自古以来，甘肃就是中西文化交流之要冲，历来是多种文化的交汇地，在几千年的历史进程中，农耕文化、草原文化、西域文化等相互碰撞、共融共生，铸就了甘肃包容开放、兼收并蓄的文化精神。另外，甘肃“有南士风，士勤读嗜学，重气谊，仪度彬雅斐郁。”其中有才华横溢的知名学者黄谏，秉公执法、不徇私情的邹应龙，处污泥而不染的理学名臣段坚，造福桑梓的水车创始人段续，革除积弊、扶掖人才的秦维岳等仁人志士，孕育了甘肃人民的坚忍不拔、和谐共处、创业实干的精神风貌，形成了以“人一之、我十之，人十之、我百之”为核心的甘肃精神。这种精神包含了艰苦奋斗、不怕困难，崇尚实干、不甘落后，坚韧不拔、顽强拼搏，锲而不舍、奋发有为等丰富内涵，反映甘肃独有的地域文化精神内涵，表现了甘肃人的生产生活的方式态度、思想情感、性格特点等，我们还从甘肃非物质文化遗产项目展演、习俗、传统工艺品中可看出甘肃人拼搏创业、勇于开拓、淳朴善良、慷慨厚重、耿直豪爽、诚信尚义、爱国爱家等精神内涵,如:“花儿”的传唱成为各民族共同生活、劳动和娱乐的纽带,彰显甘肃人宽厚、包容、和谐的人性光辉。秦腔唱腔悲凉中的高亢嘹亮、直白慷慨,少数民族歌舞的热情奔放等,尽显甘肃人的人生态度和人文精神,正是甘肃人的坚韧、顽强、乐观精神的体现。这种传统的人文精神激励着处于不同环境下的甘肃人民,是甘肃人的自豪和宝贵精神财富,成为推动全省经济社会发展的强大精神动力。总之,甘肃人文精神是甘肃人在实践中产生的主体价值,它所包含的艰苦奋斗、崇尚实干、顽强拼搏、团结奋进的思想内涵在甘肃非物质文化遗产项目中得到了集中而充分的体现。

三、甘肃非物质文化遗产的价值评价

甘肃非物质文化遗产是我们的祖先智慧的结晶,是我省经济社会发展不可或缺的物证。随着社会对非物质文化遗产认知度和关注度的提高,其潜在的价值被逐渐发掘。甘肃非物质文化遗产资源的价值主要体现在社会价值和经济价值两个大的方面。

1.甘肃非物质文化遗产的社会价值。

非物质文化遗产是文化遗产的重要组成部分,是人们在生产生活实际中创造的文明结晶,是人类社会得以延续的文化命脉,包括了人们的思想、才智和情感,有着丰富而深厚的内涵。可以说,非物质文化的全部生机活力,实际都存在和产生于民众之中。我们试从历史、艺术、科学、教育以及社会和谐等不同的角度去认识和研究非物质文化遗产的社会价值。

(1)历史价值。历史价值是非物质文化遗产价值体系中的核心价值,也可以说是它的价值准则。非物质文化遗产是活态的历史遗存,是原生态历史现象的保存和反映,具有不可忽视的历史价值。

甘肃非物质文化遗产是甘肃人民以口传心授的方式世代相传的精神文化活动及其成果,每个项目都有其形成、发展、演变和兴衰过程,这已成为甘肃历史的一个缩影,浏览非物质文化遗产就如同研读一部现实的、活生生的历史教科书,它是民族绵延的基因,是甘肃文化的根脉,是甘肃精神的载体。以秦腔为例,其剧目题材广泛,上自盘古开天辟地的神话、传说故事,下至现代重大政治事件,上下几千年,古今中外、天上人间、应有尽有,无所不包,内涵丰富,历史价值突出。再比如剪纸和裕固族民歌,在甘肃各地,剪纸艺术交融于各族人民的社会生活,其传承赓续的视觉形象和造型方式,蕴涵了丰富的文化和历史信息,历史故事、历史事件、历史人物等跃然其中,具有一定的历史价值。而我省的裕固族民歌记叙了裕固族历史、英雄人物和生活等多方面内容,裕固族民歌是研究我国古代北方游牧民族历史的重要依据,是研究我国古代北方少数民族民歌,特别是突厥、蒙古民族民歌的"活化石"。审视甘肃非物质文化遗产,关注民间世代相传的传统文化,就是对甘肃历史的丰富和完善。从甘肃非物质文化遗产项目的起源和内涵看,非物质文化遗产是甘肃历史的重要组成部分,它是我们追溯历史,了解那个时代经济社会发展和民风民俗重要的历史依据。

(2)观赏价值。非物质文化遗产是观赏性和娱乐性很强的表演艺术。甘肃非物质文化遗产中包含着丰富的表演艺术、口头文学、生活习俗、服饰礼仪、传统手工技艺等,这些古老的非物质文化遗产经历几百年甚至上千年的历史长河的冲刷和锤炼,精华积增,技艺高超,内容丰富美妙,古色古香楚楚动人,蕴含着艺术和美的成分,具有极高的审美价值,每个作品既具有精致的艺术构思和高超的艺术表现性,又充满着浓郁生活气息和深厚的底蕴,具有极高的观赏价值。

多年来,甘肃各类民间传统艺术以其鲜明的表演风格、优美的声腔、通俗的语言、独特的技艺、绚丽的色彩给人以美的享受,活跃在省内外各地各类舞台,受到广大观众的喜爱。经过岁月沧桑,甘肃许多非物质文化遗产项目流传至今魅力不减,充分说明其观赏价值和创造能力得到不同时代人们的认可,其中个别项目成为我国文化宝库中的珍品、上品。如久负盛名的传统工艺品兰州刻葫芦,其刻工精细绝妙,构图巧妙、形象栩栩如生,令人叹为观止,颇受中外游客欢迎,不少精绝奇妙的惊世之作被国家乃至海外有关部门收藏。而永登高高跷则是以其冠绝中华高跷之最的盛名,成为中国高跷艺术独具特色的一支,它以技巧为核心,是技艺与表演艺术的有机结合,高高跷"高难"、"奇特"、"惊险"的形象吸引着人们争先观看,目前已成为兰州地区春节社火中最抢眼也最受欢迎的表演项目之一。再比如酒泉夜光杯雕,酒泉夜光杯雕是以祁连玉为原料,经过钻、切、冲等32个工序雕刻而成的工艺美术品,其杯薄如纸,表面光滑细腻,当美酒置于杯中,在月光的折射下,杯中就会闪闪发光,夜光杯在实用的同时更具观赏价值。

(3)科学价值。科学价值是非物质文化遗产价值体系中的价值规范。非物质文化遗产作为历史的产物, 是对历史上不同时代生产力发展状况、科学技术发展程度、人类创造能力和认识水平的反映。甘肃非物质文化遗产凝聚了甘肃人民知识和智慧，具有多学科的性质，是探索、研究甘肃民间民俗文化演变规律的理想标本。虽然甘肃非物质文化遗产中或多或少可能都会有一些不科学的东西，有的随着人类文明的发展也会被创造、信奉它的人群自动抛弃，但是这些东西可能存留了当时人们的思想认识水平、生活情感态度、科学发达程度、风俗信仰禁忌等社会历史文化内容，具有一定的科学认识和研究的价值。

甘肃非物质文化遗产的科学认识价值还指某些非物质文化遗产本身就具有相当高的科学含量和内容，有较多的科学成分和因素。例如兰州黄河大水车制作技艺。据《重修皋兰县志》记载，是由明代兰州段家滩人段续所创，“续里居时，创翻车，倒挽河流，以灌田，致有巧思，船河农民皆仿效焉。”这就反映了古人在与自然的交往过程中，对自然界发展运行规律一定程度上的科学掌握和认识，以及人作为自然界的一部分对这些规律的合理运用，因而很好地指导了农业生产，大水车制作技艺充分反映了我国古代水车制作技术和水平，为研究我国水利发展史提供了宝贵的资料。而永登硬狮子舞、高高跷是研究我国民俗学、戏曲史、杂技史的珍贵文献，特别是永登硬狮子舞以久远的传承历史，高大威武的形象，独特深涵的表演形式而被世人称奇。硬狮子是西部神兽崇拜的实物，对研究西部地区神祇崇拜民俗信仰具有一定价值，此外，硬狮子舞传承历史久远性，对研究永登地区人口流动、社会变迁也有重要参考佐证价值。总之，甘肃非物质文化遗产为专家、学者及各类专业人士学习研究民族民俗文化提供了重要的科学研究资料。

(4)教育价值。非物质文化遗产对人们文化精神生活有巨大的调节作用，具有极高的教育价值。非物质文化遗产中包含了丰富的历史、科学、伦理、语言、文学等知识，是开展学校教育、社会教育，获取知识的重要来源，它们给人以丰富的知识教育、优良的传统教育、坚定的信念教育和高尚的思想道德养成教育等，尤其是非物质文化遗产中所包含的伦理道德、行为规范，更是潜移默化影响年轻一代的文化力量，也是培养弘扬优秀的民族文化、营造社会良好风气的重要内容。

甘肃非物质文化遗产项目如传说故事、民谣、民间戏剧、传统手工技艺等，其中所包含的大多是历史兴衰的警示，还包括热爱祖国、尊老尊师、勤俭节约、互敬互爱、与人为善、勤劳勇敢、坚忍不拔等传统美德的内容，潜移默化地影响和规范着人们的行为，教育价值突出。流传我省的凉州和河州贤孝是艺人手持三弦，自弹自唱的一种说唱艺术形式，其内容主要以述颂英雄贤士、烈妇淑女、孝子贤孙等故事为主,喻时劝世,教育人们以故事中的正面人物为榜样,为贤尽孝、弃恶扬善。再如河西宝卷,其内容丰富,主题多谴责忤逆凶残,宣传孝道和善行。而公祭伏羲活动对于弘扬历史文化,增进民族凝聚力,激发社会公众的爱国情怀和民族自豪感,促进祖国统一,建设和谐中国,对于教育当代人、激励后人,具有十分重要的意义。再以永登高高跷为例,其表演属于高危表演项目,因技术难度大,个别村镇因限于条件只好忍痛割爱,唯独永登苦水街村人掌握此套高高跷技能,意志与决心,使得苦水街村人的高高跷坚持演出至今,且雄据一方,所以说,非物质文化遗产能够熏陶人的情操、提高人的素质、培养人的良好品德和意志力,是各级各类教育中最宝贵的精神财富。向社会大众普及非物质文化遗产知识,可以帮助人们更加鲜活、生动地了解优秀的民族文化,从而增强民族自豪感,更加热爱自己的祖国和家乡。

(5)社会和谐价值。社会和谐价值是非物质文化遗产价值体系中的价值目标。联合国教科文组织在《保护非物质文化遗产公约》中指出,"非物质文化遗产是密切人与人之间的关系以及他们之间进行交流和了解的要素"。非物质文化遗产中的内容有规范人们思想观念、行为方式的一种基本力量,有利于促进人与人、人与社会、人与自然的和谐发展,具有重要的社会和谐价值。

甘肃非物质文化遗产含有大量美好向善的传统伦理道德资源,为社会的平稳运行提供基本的秩序和保证,是协调人与人之间关系、化解社会矛盾的基本调节方式和手段,是促进社会和谐的平衡机制。此外,非物质文化遗产中的某些传统文化内容反映和表现了民族共同心理结构、思维习惯、生活风习等内容,这些是维系民族团结、巩固社会和谐的粘合剂,是民族凝聚力与亲和力、社会价值认同的重要载体,是社会和谐的重要源泉。因此能够产生凝聚力,促进共识,从而达到社会的和谐、安定、团结。如甘肃非物质文化遗产项目中春节社火,尽管社火是以汉族为主的节日习俗,但既然为这里不同文化背景的族群所接受和认同,反映在精神文化生活上必然体现出多民族的融合、社会和谐的丰富色彩。而香包既是工艺美术制品,饱含着民族文化象征隐喻,更寓意着和谐幸福。可以说,利用非物质文化遗产展演项目来推动交往与合作,有益于促进人与人、地区之间的和谐与稳定。

2.甘肃非物质文化遗产的经济价值。

非物质文化遗产是一种重要的文化资源,也是一种经济资源。目前,在全球经济一体化背景下，经济资源日益趋紧，文化多样性快速消亡、存量锐减，非物质文化遗产的经济价值更为显现。非物质文化遗产所带有的民族和地域的信息，具有独特的吸引力，不仅传递着文化特征，同时也是音乐、戏剧、电影、广播、电视、旅游、饮食等产业发展取之不尽用之不竭的资源。因而，经济价值是非物质文化遗产的一种重要的价值形态，表现在非物质文化遗产由文化资源向文化资本的转换。甘肃非物质文化遗产经济价值主要体现在：

(1)非物质文化遗产延伸的商品附加价值，如非物质文化遗产作为商标、品牌等所具有的经济价值。以庆阳为例，宁县拥有以香包为代表的众多非物质文化遗产，宁县县委县政府充分发挥非物质文化遗产的经济价值，积极推进非物质文化遗产的产业化，目前，全县形成以太昌、米桥为中心辐射的小香包产业，以县城为中心的刺绣产业，以九岘为中心的根雕泥塑产业，以湘乐和瓦斜为中心的石雕、皮影产业等4个民俗文化产品生产板块，年从业人员达9600多人，每年生产普包普品50万件，精品9.5万件，特色亮点作品5000多件，这些颇具特色的非物质文化产品销往国内外，2009年实现销售收入2000多万元。

(2)服务价值。非物质文化遗产资源与旅游业、博展业、现代传媒业、演艺业等相结合，其服务价值前景广阔，蕴含巨大的经济效益。如兰州非物质文化遗产资源中所承载的民间文化、民俗民情资源就是极为重要的旅游资源，能较好地满足身居都市的人们越来越向往田园风光，青睐古朴风情的精神需要，具有休闲娱乐和旅游开发的经济价值。

(3)技术价值。以传统工艺制作为例，黄河水车模型制作、砖雕、香包、刺绣、剪纸等制作技艺等已显现出巨大的潜力，具有较高的技术开发价值。目前，兰州工艺品开发的触角已触及到雕刻、绘画、图书、博展、旅游、体育、休闲娱乐、音像、民俗风情、工艺品收藏、书画、服饰、文学艺术等广大领域，尤其是兰州刻葫芦、水车工艺品在国内市场比较畅销，其中不少精绝奇妙的惊世之作被国家乃至海外有关部门收藏，经济效益十分可观。总之，甘肃非物质文化遗产资源蕴含着巨大的经济价值，大力发展文化产业，培育新的经济增长点，将会带动甘肃第三产业的大发展，实现甘肃经济社会全面、协调、可持续发展。

曲子戏

曲子戏是流行于我国西北5省区的民间小戏。它源于明清时期的民间俗曲,清末民初在各地形成具有不同风格的地方小戏,如敦煌曲子戏、华亭曲子戏、新疆曲子戏、宁夏曲子戏等,其中敦煌曲子戏已经在民间流传了上千年,至今逢年过节,民间仍有小规模演出。有研究表明,尽管在内容上有所演变,并增加了民间新创作和新的艺术形式,但在已经形成自己风格的敦煌曲子戏中,仍保留有敦煌遗书中的曲子词和曲调,这使敦煌文化的余脉在民间得到了延续。华亭曲子戏在流传地习惯又称"小曲子"、"笑摊"、"地摊子"、"信子腔"等,唱腔属联腔体,由众多的曲牌连缀而成。从内容上分为正剧、喜剧和悲剧。曲子戏在发展过程中又吸取了秦腔、眉户的艺术成分。其演出形式有舞台演出和地摊坐唱两种,其中舞台演出俗称"彩唱",有文武场和服装道具,道白用当地方言,表演要求旦角扭得欢,走得漂,舞蹈轻盈活泼,形象生动,丑角则需幽默诙谐,滑稽伶俐。地摊坐唱俗称清唱,不受演出场地的限制,不需服装道具,只要唱者嗓子好、唱调准、曲调多、板路稳就可以入座献唱。曲子戏剧目题材广泛,多表现神话故事、历史传说及民间社会生活等。

资料来源:《曲子戏》.甘肃.国家名录.非物质文化遗产代表作,中国非物质文化遗产网,http://www.chinaich.com.cn。

第五章 甘肃非物质文化遗产挖掘与保护概况

非物质文化遗产既是历史发展的见证，又是珍贵的、具有重要价值的文化资源。甘肃各族人民在长期生产生活实践中创造的丰富多彩的非物质文化遗产，同全国其他地区一样，甘肃非物质文化遗产的生存、保护和发展也面临着严峻形势，一些非物质文化遗产存在的基础日渐狭窄，一些非物质文化遗产已经消失或者濒临灭亡，因此，加强甘肃非物质文化遗产的挖掘和保护就显得尤为必要，对于弘扬先进文化，保持我省文化独特性与多样性，建设文化大省，增强文化实力，构建和谐社会，加快全面建设小康社会步伐具有战略性意义。

一、甘肃非物质文化遗产挖掘与保护背景

甘肃是文化资源大省，各民族在甘肃长期的生活与生产劳动中创造了风格各异、丰富多彩的非物质文化资源，如天水太昊伏羲祭典、环县道情皮影戏、河西宝卷、临夏砖雕、莲花山花儿会、兰州太平鼓、敦煌曲子戏、甘南佛宫音乐“道得尔”、文县傩舞池哥昼、甘南藏医药、西和县七夕(乞巧)节、兰州黄河大水车制作技艺、秦安小曲、清水道教音乐、泾川西王母信俗、东乡族擀毡技艺、肃南裕固族服饰及民歌、保安腰刀锻铸技艺等，这些活态的文化，不仅构成了甘肃深厚的文化底蕴，也是甘肃文明渊源的承载。伴随着全球经济一体化、科技的迅猛发展和现代化进程的加快，甘肃要实现全面、可持续发展，留住记忆，保护和传承非物质文化遗产，已成为甘肃经济社会发展的重要课题。

1.加强非物质文化遗产挖掘与保护工作是经济、文化全球化一体化

发展的需要。

当今国际社会，随着经济全球化进程的加快和国际交往的日益频繁,逐渐形成强势文化对弱势边缘文化的侵蚀,导致了文化上的趋同和对文化个性的压制,人类形态各异、千姿百态的文化差异正在慢慢消失,许多民族的本土传统文化发生急剧消亡和流变,世界文化的多样性受到了空前的威胁。以世界语言为例,据儿童基金会统计,目前世界上大约有6000种语言,其中2500种正濒临消亡。改革开放以来,现代文化不断带给人们喜悦和情感解放,人们在享受多元文化的同时,一些靠口传心授和行为传承的传统的民族民间技艺受到了巨大的冲击。

在外来文化的冲击下,同全国一样,甘肃传统文化也面临前所未有的严峻形势,传统文化所赖以生存的自然环境和社会环境已发生急剧变化,人们的传统文化意识、价值观念、道德观念、行为方式等出现了多元化,以宣扬美国价值观为核心的因特网、好莱坞影片、麦当劳、西方音乐、街舞、文学等充斥着人们的日常生活,对青少年的影响尤为严重,这使得甘肃原本丰富多彩的民族文化和本土文化日益凋敝,部分原有的社会习俗和原汁原味的文化表现形式渐渐远离人们的视线。一些独特的语言、文字和习俗正在慢慢消亡,大量非物质文化遗产代表性实物和文献资料得不到妥善保护而遭到毁弃,有些珍贵实物资料流失境外的现象时有发生,因此,加强甘肃非物质文化遗产挖掘与保护工作,保持甘肃本土文化的独立性,维护文化的多样性是摆在我们面前的重大历史任务。

2.加强非物质文化遗产挖掘与保护工作是现代化进程加速的需要。

许多非物质文化遗产的濒临失传固然与其自身的特点有关,但由于大部分非物质文化遗产靠口传心授流传,传承的基础比较脆弱,一旦其赖以生存的社会基础发生变化,很容易失传。随着现代社会的快速发展和城镇化进程的加速,农业文明被工业文明取代,人们居住环境、生活习俗、生活节奏、生产方式等发生了变化,文化生态环境也随之发生了巨大变化,与传统农耕文明和游牧文明相适应的非物质文化遗产日益受到现代生活方式的冲击,正逐渐淡出人们的生活,面临着被现代化的历史进程所淹没的危险。

由于非物质文化遗产生存空间(场所)的消失,原有的传统民俗习惯受到严重冲击,并逐渐被同化,再加上受众萎缩、观众流失,年轻人没兴趣学习和传承民间文化,传承人衰老等因素,甘肃大量的非物质文化遗产传承和发展的空间越来越窄,正在慢慢地消亡,许多优秀的非物质文化遗产传承线索正在中断，文化内容日渐萎缩和凋零，一些独门绝技随着老艺人的离世而濒临灭绝。例如我省150余种民间舞蹈，现如今已经消亡和濒临消亡的占35%以上。随着甘肃经济的快速发展，非物质文化遗产挖掘保护工作与商业利益之间的矛盾日益加大，人们往往注重了经济效益，忽视了传统文化的传承；重视商业利益，轻视挖掘与保护工作，随意滥用，过度开发非物质文化遗产现象时有发生，不合理的利用带来严重后果。甘肃有的地区在经济的指挥棒下，打着"保护"的旗号，过度开发，肆意滥用，使非物质文化遗产成了似是而非、不伦不类的东西，少数地区甚至是急功近利，唯利是图，进行超负荷利用和破坏性开发，将某些非物质文化遗产盲目商品化，扭曲原意、滥用、商业性捆帮开发等做法，改变了文化遗产原有的内涵，造成了不良影响，有的人甚至借继承创新之名随意篡改民俗艺术，损害了甘肃非物质文化遗产的原真性。这种对甘肃非物质文化遗产资源进行大量的改造和过度的开发，肆意地改变非物质文化遗产存在的环境，最终导致甘肃许多非物质文化遗产项目面目全非，名存实亡。因而，只有加强非物质文化遗产挖掘与保护工作，才能避免因城镇化、工业化进程的加速而导致甘肃更多的宝贵遗产消亡和大量流失的危险。

3. 加强非物质文化遗产挖掘与保护工作是现代科学技术的迅猛发展的需要。

人类文化的发展始终是同科技进步紧密联系在一起的。科学技术的每一次重大进步，都在不同程度上影响和促进了文化的发展。数字和互联网的广泛运用，大大推动了文化样式和传播方式的创新，精彩纷呈的文化产品，无一不是文化与科技结合的产物。现代高新科技手段，尤其是互联网等新兴传播技术正发挥着即时快捷、覆盖广泛、互联互通的特殊优势，但是，我们也应看到随着数字网络技术的迅速普及，新的技术革命浪潮的兴起为消费者提供了新的视觉感受，但是人们在热衷于新的文化传播方式给他们带来的兴奋的同时，开始对过去传统的文化传播方式进行改变或遗弃，在不经意或不自然中就开始放弃了原有的文化表现形式和文化空间。

目前，甘肃一些传统的非物质文化遗产项目的文化艺术表现形式和传播方式逐渐被现代高新科技表现形式和传播手段所取代，正慢慢远离人们的生活。例如，运用目前最先进的声、光、电以及多幕投影、幻灯成像、虚拟现实影像、三维动画等现代多媒体技术和手法生动直观呈现文化项目内容，更具感染力和吸引力，而靠传统技艺展示的非物质文化遗产项目则被人们冷落一旁。面对现代高新科技传播手段对传统文化遗产传播方式和内容的冲击，迫切要求加强甘肃非物质文化遗产挖掘与保护工作。

4. 加强非物质文化遗产挖掘与保护工作是文化消费市场日益扩大的需要。

随着物质财富生产日渐呈基本饱和和相对过剩状态，而精神产品生产的规模将不断扩大，以精神产品生产为龙头的新兴产业正在逐步成为新的经济增长点。非物质文化遗产资源的挖掘与保护可以不断满足人们消费结构升级和精神的需求。目前，伴随着甘肃经济的持续发展，收入的增加，人们的消费结构也发生大的变化，即对物质消费逐步减少，而对文化的消费日趋旺盛，文化消费逐步成为人们的主导性的消费，将极大地推动甘肃非物质文化挖掘与保护工作。

近几年，甘肃经济社会有了很大的发展，文化消费群体日益庞大，文化消费市场呈日渐扩大趋势，非物质文化遗产资源的保护性开发和利用将获得较大市场空间。从表5-1可以看出，2010年1月至6月，甘肃农村农民人均现金收入达到1608.91元，比去年同期增长14.19%，收入的增长有力助推了消费支出，农民人均生活消费支出1730.73元，增长6.69%，其中，文化教育娱乐用品及服务为97.05元，占消费总支出的5.61%，同比增长4.89%；同期，城镇居民家庭总收入也有较大幅度增长，达到7015.79元，增长10.70%，城镇居民人均消费性支出为4654.17元，增长9.94%，其中，教育文化娱乐服务为450.93元，占消费总支出的9.69%（高于农村同项指标4.08个百分点），同比增长10.59%（高于农村同项指标5.70个百分点）。文化消费所占比重的不断提高、文化消费市场的扩大为甘肃非物质文化遗产挖掘与保护工作提供了原动力。

表5-1　2010年1—6月甘肃农村、城镇人民生活相关指标统计表

		1—6月（元）	增长（%）
农村	农民人均现金收入	1608.91	14.19
	人均生活消费支出	1730.73	6.69
	文化教育娱乐用品及服务	97.05	4.89
城镇	城镇居民家庭总收入	7015.79	10.70
	城镇居民人均消费性支出	4654.17	9.94
	教育文化娱乐服务	450.93	10.59

注：本表根据甘肃省统计信息网相关数据制作。

二、甘肃非物质文化遗产挖掘与保护现状

甘肃历史悠久，文化底蕴深厚，非物质文化遗产项目多，环县道情皮影、庆阳香包、灵台灯盏头戏、天祝藏族民歌、甘谷脊兽、兰州青城古民居、肃南裕固族服饰与民歌、甘南南木特藏戏、临夏莲花山花儿会、洮岷花儿、河西贤孝等构成了甘肃特有的文化魅力。在文化多元化的今天，挖掘、保护甘肃非物质文化遗产，延续中华艺术精神，显得尤为重要和必要。目前，甘肃非物质文化遗产普查、申报、保护、宣传、展演等传承工作逐步步入正轨，全省非物质文化遗产保护体系框架基本形成，非物质文化遗产保护工作取得显著成效。

1.政府在非物质文化遗产保护中的主导地位得到较大程度的发挥。

非物质文化遗产是先辈创造并传承下来的宝贵精神文化财富。近几年，省委、省政府和各级文化部门重视非物质文化遗产挖掘与保护工作，把非物质文化遗产的挖掘与保护工作列入重要议事日程，将非物质文化遗产保护工作作为特色文化大省的重要举措来抓。2003年以来，建立了省非物质文化遗产保护工程组织领导机构，2004年，省政府印发了《甘肃省民族民间文化保护工程实施方案》，启动“民族民间文化保护工程”，成立了甘肃省民族民间文化保护工程领导小组和甘肃省民族民间文化保护工程部门联席会议制度。为了加强对非物质文化遗产保护提供专业咨询和理论指导，还建立了甘肃省民族民间文化保护工程专家委员会。各市(州)、县(区市)也相继成立了各级民族民间文化保护工程领导小组和专家委员会，明确各部门的职责，形成了相关部门齐抓共管的工作格局，确保甘肃非物质文化遗产保护工作的顺利进行。与此同时，全面启动全省范围内组织开展非物质文化遗产资源普查和建档工作，全省形成了非物质文化遗产普查保护网络。2008年底，甘肃省非物质文化遗产保护中心成立，负责甘肃非物质文化遗产的抢救、挖掘、保护、研究和管理，之后，各市(州)、县(区市)也都相继成立了相应的非物质文化遗产保护中心，目前，省、市(州)、县(区、市)、乡(镇)四级非物质文化遗产保护体系已经建立，促进了工作的全面展开。

为了加强对甘肃非物质文化遗产保护、继承和弘扬，进一步促进我省的非物质文化遗产保护工作。省财政从2005年开始，非遗保护专项经费列入年度财政预算，每年安排150万元专项保护资金重点用于非物质

文化遗产项目的普查及交流展示、珍贵实物的征集、队伍培训和重点项目建设以及对各市州县区非物质文化遗产保护工作的扶持等，各市、州也都不同程度的落实了挖掘与保护经费，极大地推动了我省非物质文化遗产挖掘抢救、传承利用。截至目前，甘肃各级政府累计投入挖掘与保护经费1000多万元，国家也对甘肃53个国家级项目先后投入500万元，为甘肃非物质文化遗产的挖掘、保护工作提供了强有力的资金支持。同时，全省非物质文化遗产普查工作也取得新进展，基本摸清了甘肃非物质文化遗产的现状。据统计，到2009年，甘肃共普查出非物质文化遗产项目4133项，其中民间文学815项，民间美术314项，民间音乐260项，民间舞蹈268项，戏曲113项，曲艺89项，杂技60项，手工技艺744项，生产商贸习俗75项，消费习俗243项，人生礼俗262项，岁时节令182项，民间信仰342项，民间知识80项，游艺及传统体育竞技220项，医药类29项，其他10项，这些普查资料反映了甘肃非物质文化遗产的丰富性，为我省非物质文化遗产的挖掘与保护工作提供丰富的第一手资料。

2.非物质文化遗产保护申报项目工作取得较大成效。

在甘肃丰富的非物质文化遗产资源中，许多民间艺术在国内独一无二，有着独特的民族地方特色。甘肃各级文化部门在非物质文化遗产普查工作的基础上，认定了一批保护责任单位和传承人，启动了非物质文化遗产保护项目申报工作，且成效显著。目前，河西宝卷、肃南裕固族民歌、天祝土族格萨尔、庆阳唢呐艺术等53项非物质文化遗产入选国家级非物质文化遗产保护名录（见表5-2）。灯盏头戏、阿肯弹唱、夜光杯雕、甘谷脊兽制作技艺、灵台县皇甫谧针灸术、拉扎节等264个项目入选省级保护名录，市（州）级非物质文化遗产名录有811项，县（市、区）级非物质文化遗产名录有2422项，几乎所有的县（区）都建立了非物质文化遗产保护名录，我省已初步建立起国家级、省级、市级、县级四级保护名录体系，花儿、陇剧、环县道情皮影戏、庆阳香包刺绣、保安族腰刀锻制技艺、敦煌曲子戏等一大批历史悠久、文化内涵丰富、独具甘肃特色的非物质文化遗产得到了有效保护，许多濒临失传的民间艺术越来越为人们所了解和熟知。此外，2009年，“花儿”被联合国正式列入“人类非物质文化遗产代表作名录”，成为我省唯一一个世界级非物质文化遗产项目，极大地提升了甘肃在国内外的影响力。另外，环县的道情皮影被文化部确定为首批保护重点项目，平凉灯盏头戏、甘谷脊兽、定西洮岷花儿、甘南南木特藏戏等10项被省政府确定为首批甘肃省民族民间文化保护试点项目。我省还通过命名艺术之乡、文化生态保护区加强对非物质文化遗产的挖掘与保护工作。甘肃庆城县(刺绣)、镇原县(剪纸)、通渭县(书画)、临洮县(花儿)、会宁县甘沟驿镇(剪纸)、武威市凉州区四坝镇(攻鼓子)、卓尼县洮砚(雕刻)、皋兰县(太平鼓)被文化部正式命名为"中国民间文化艺术之乡"。环县被中国民俗学会命名为"皮影之乡",兰州被中国烹饪协会确定为"中国牛肉拉面之乡"。非物质文化遗产挖掘与保护工作取得的成效,充分显示了甘肃非物质文化遗产的独特魅力,大大增强了甘肃文化的公信力。

表5-2 甘肃的国家级非物质文化遗产项目

类别		名称
第一批		兰州鼓子、永登高高跷、河西宝卷、肃南裕固族民歌、花儿、格萨(斯)尔、唢呐艺术、曲子戏、道情戏、皮影戏、兰州太平鼓、贤孝、庆阳香包绣制、夜光杯雕、临夏砖雕、保安族腰刀锻制技艺、兰州黄河大水车制作技艺、太昊伏羲祭典
第二批		东乡族传统文学米拉尕黑、天祝华锐藏族民歌、甘南藏族民歌、清水道教音乐、传统舞蹈、凉州攻鼓子、武山旋鼓舞、舟曲县多地舞、卓尼县巴郎鼓舞、武都高山戏、秦安小曲、东乡族毛纺织及擀制技艺、天水雕漆髹饰技艺、庆阳窑洞营造技艺、卓尼县和岷县的洮砚制作技艺、永昌县"卍"字灯会、泾川县西王母信俗、庄浪县"高抬"、肃北蒙古族服饰、肃南裕固族服饰
第三批		岷县巴当舞、通渭小曲戏、河州平弦、裕固族传统婚俗
扩展项目	第一批	秦腔、河西宝卷、文县池哥昼(傩舞)、永靖七月跳会(傩舞)、哈萨克族阿依特斯、甘南藏族唐卡、庆阳剪纸、甘南藏医药、雕漆技艺
	第三批	曲子戏、女娲祭典、剪纸

3.非物质文化遗产挖掘与保护基础设施建设有了一定进展。

近年来，甘肃非物质文化遗产挖掘与保护工作的开展，加快了非物质文化遗产保护基础设施建设的步伐。为改善基层保护机构的工作条件，自2007年以来，甘肃省各市(州)、县区分别配备了电脑、打印机、照相机、摄像机等必要的设备。建立项目保护基地是非物质文化遗产挖掘与保护工作的重点之一。目前，我省在非物质文化资源丰富，特色鲜明、具有广泛群众基础的乡村，建立和命名了一批非物质文化遗产项目传承保护基地，如“兰州太平鼓”(皋兰黑石乡大横村)、“兰州黄河大水车”(水车博览园)和“永登高高跷”三个保护基地已建成并发挥作用，岷县二郎山还被文化部命名为“中国花儿传承基地”，“非遗”项目在此长期开展传承、研究、展演、人员培训等活动，有利于促进甘肃非物质文化遗产保护工作的健康发展。

此外，还建成了中华始祖伏羲园、文溯阁《四库全书》藏书馆、省博物馆新展览大楼、兰州牛肉拉面博物馆、环县皮影博物馆、山丹农耕民俗展览室、金城关文化风情园以及高台、永靖、东乡等县的民俗陈列馆、博物馆，陇南的高山族传习所等一批重点文化基础设施，为甘肃非物质文化遗产挖掘与保护传承工作创造了良好的条件和发展机遇，其中金城关文化风情园现已成为展示民俗文化的窗口和展示兰州非物质文化遗产的平台，园区内的兰州秦腔博物馆、非物质文化遗产陈列馆已开馆迎客，兰州彩陶博物馆正在筹建中。兰州秦腔博物馆是全国第一个秦腔博物馆，在西北地区产生了广泛的影响；非物质文化遗产陈列馆是目前国内唯一一家非遗保护的专业性陈列馆。这些场馆集展示、展演、传承保护、研究发展等功能为一体，采用了实物陈列、场景再现、多媒体等现代化手段，多视觉、全方位地呈现甘肃非物质文化遗产的多姿多彩，使观众深切地感受和领略甘肃非物质文化遗产的深厚底蕴和非凡魅力。馆内还专门设立了兰州剪纸传习所、兰州泥塑传习所、兰州刻葫芦传习所等。

另外，省内各地文化设施陆续开工，如投资2500万元的庆阳市民俗文化博览馆工程、斥资1.054亿元的黄河剧院重建工程、金昌市文化中心建设工程、金城第一戏楼建设项目、酒泉市建设的甘肃丝绸之路博物馆、临夏州民族博物馆建设项目以及陇南市图书馆、博物馆、文化馆3馆项目等，都在如火如荼地建设中。全省各地村级文化活动中心的建立以及筹备中的“兰州市非物质文化遗产保护网站”，也为甘肃非物质文化遗产挖掘与保护工作奠定了基础。

4.丰富多彩的非物质文化展演活动蓬勃开展。

非物质文化遗产具有活态性，体现在物质载体中的精神内涵只有通过人们的语言与行为表现出来，只有这样，非物质文化遗产的生命力才能真正体现出来。各种节庆活动是甘肃非物质文化遗产挖掘与保护项目成果集中展示和传承的平台。多年来，甘肃高度重视非物质文化遗产的活态再现工作。在深层次的挖掘、整理、提升、包装优秀的节目基础上，通过举办各种文化活动，向社会各界充分展示了甘肃非物质文化遗产挖掘和保护成果。目前，甘肃非物质文化展演活动蓬勃开展，推出了《大梦敦煌》、《敦煌韵》等一批舞台艺术精品工程和精品剧目；形成了甘肃省民族民间文化艺术节、兰州黄河风情文化周、春节文化庙会、天水伏羲文化旅游节、平凉崆峒文化旅游节、庆阳香包民俗文化节、武威天马国际文化旅游节、甘南香巴拉旅游节等一批特色文化展演品牌。这些大型文化展演活动已肩负起了抢救、发掘、保护、宣传、展演非物质文化遗产的重任，尤其是"春节文化"活动，目前已成为全省弘扬传统文化，集中展示甘肃各地非物质文化遗产保护项目的重要窗口，被誉为甘肃人的"非遗节"。在每年一届的春节文化活动上，通过文字图片、实物、现场表演等方式全面集中展示甘肃丰富多彩的非物质文化资源，让人们在充分享受非物质文化遗产的人文魅力和精湛艺术的同时，也充分反映了甘肃对非物质文化挖掘保护和传承的成果。另外，每年一次的"文化遗产日"成为大规模、大范围宣传甘肃非物质文化遗产的重要平台。据不完全统计，从2006年以来，"文化遗产日"期间，全省组织各类展演活动800余场次，活动现场观众达300多万人次。

此外，甘肃的非遗项目还积极参与省内外举办的各种活动，太平鼓和高高跷分别两次获得成都国际非遗节展演活动的最高奖——太阳神鸟奖；被誉为"中华鼓王"的皋兰县太平鼓还曾应邀参加了北京奥运会开幕式仪式前表演并获得极大成功，环县道情皮影剧团为申报联合国非物质文化遗产进京演出，受到热烈欢迎。丰富多彩的文化展演活动，显示了甘肃非物质文化遗产的独特魅力，提高了社会认知度，有力地宣传了我省非物质文化遗产保护工作，增强了公众保护非物质文化遗产的意识，激发了人们对非物质文化遗产的兴趣和热情，并自觉参与到挖掘与保护的行动中来，极大地推动了甘肃非物质文化遗产保护工作的顺利开展。

5.非物质文化遗产逐步走向市场化、产业化。

近年来，甘肃在发展非物质文化遗产事业的同时，一些有条件的文化企业发挥优势，创新机制，通过商业运作，将非物质文化遗产资源转化为文化资本，变文化优势为经济优势，大力发展文化产业，取得突出成效。上世纪90年代，西北笑星张保和创作了脍炙人口的兰州方言《夸兰州》系列快板，一时间风靡大西北，开了用兰州方言进行现代文艺创作的先河，之后，相声演员王海又创作了大批兰州方言相声作品，其幽默率真的表演产生了巨大的社会效益和经济效益，与此同时，《兰州老街》、《老柿子树》等兰州方言话剧的诞生，对兰州方言的产业化开发利用也起到了积极的推动作用。

传统文化艺术品制作也进入了发展的“快车道”，朝着基地化、规模化、园区化、产业化、品牌化的方向发展。被誉为“黄土地上的一朵奇葩”的甘肃庆阳香包的产业化是一个成功的例子。庆阳开发以香包为代表的民间艺术产品，促进富于地方特色的民间艺术产业的形成，已见成效。据统计，庆阳目前已形成了1万多个生产户，39个生产基地，110多家企业，15万多人的从业队伍，年生产香包900多万件(套)，年销售收入3亿多元。天水雕漆、临夏砖雕、兰州刻葫芦、洮砚等制作和销售方面也已初具规模，其中兰州刻葫芦远销英、德、日、美等国，成为兰州出口的传统工艺品之一，每年出口在万枚以上。花儿、太平鼓、高高跷也已开始走上依托市场，自主发展的道路，尤其是永登高高跷已经走出了乡村，开始在城市的大舞台上展示风采，获得可观的收益。这些非物质文化遗产项目的市场化运作在创造可观经济效益的同时，也获得了显著的社会效益。

甘肃还把非物质文化遗产挖掘保护与发展地方特色旅游相结合。目前，黄河水车、羊皮筏子已成为甘肃重要的文化旅游项目，酒泉夜光杯、保安族腰刀、水车制作、太平鼓制作、刻葫芦、香包、剪纸等文化产品走向文化旅游市场，非物质文化产品和项目展演吸引了大批游客，不仅对甘肃非物质文化遗产保护起到了积极的推动作用，而且促进了甘肃旅游业的发展，实现社会效益和经济效益的双丰收。

6.传统戏曲舞蹈的挖掘与保护出现新气象。

甘肃戏曲以其悠久历史和独特风格让人们领略了民间传统文化艺术的博大精深，不仅国内有关学者重视研究，而且还引起了许多外国学者的浓厚兴趣，进一步助推甘肃传统戏曲文化的挖掘与保护。据《甘肃省文化艺术研究资源库》项目资料显示，目前，甘肃有17个地方剧种、60多个民间曲艺曲种、300多个剧目，曲目从汉唐时期至上世纪90年代的唱词文本420多种。以秦腔为例，秦腔是我国最古老的剧种，被誉为我国戏曲的“鼻祖”,也是西北地区标志性文化符号。2006年,秦腔被列入第一批国家级非物质文化遗产名录。2005年9月,兰州被中国戏剧家协会命名为“中国秦腔发展基地”,同时确定兰州为“中国秦腔艺术节”常设举办城市,表明国家对甘肃在秦腔艺术挖掘保护和传承发展工作的肯定。至今,兰州已连续四年举办了秦腔艺术节,进一步确定了甘肃在中国秦腔界的地位。为了充分开发利用秦腔文化资源,进一步扩大其在全国的影响力,从2007年开始,秦腔博物馆正式向全国征集文物等相关物件,目前,兰州已征集到的文物资料、实物有12类600余件,现存历代秦腔剧本3000多本,其中很多都是绝版。2010年全国第一个秦腔博物馆已开馆迎客,同时,《秦腔传统折子戏》丛书(全套12本)也正式出版,这对保护秦腔遗产、传承秦腔文化起了重要的作用。

花儿是甘肃唯一一个世界级非物质文化遗产项目,甘肃岷县作为花儿分支——“洮岷花儿”主要流行地,已经开始挖掘整理保护“花儿”。岷县是“联合国民歌考察基地”、“中国花儿传承基地”,“洮岷花儿”被列为甘肃省民族民间文化第一批保护工程试点项目。岷县利用政府资金扶持政策,建立了“洮岷花儿”歌手和花儿传人的认定和培训机制,鼓励花儿的传承与传播,并邀请联合国教科文组织等的专家学者来岷县实地考察。另外,与秦腔并称为“姊妹花”的戏曲下二调,过去人们大多不了解的青城小调等,这些曲调流传于兰州地区,其独特的演唱艺术鲜为外界所知,经艺人与爱好者多方挖掘后,引人瞩目。在民间流传极广的兰州鼓子是一种拥有悠久历史的兰州独有的民间曲艺形式,也是非常值得珍视的地方曲艺遗产。近年来,甘肃的专家、艺人与好家对兰州鼓子进行了全面的挖掘研究,仅曲牌就整理出200多个,传统的鼓子词已多达1000多个段子,为全国戏曲之最,进一步助推甘肃传统戏曲文化的挖掘与保护工作。

近些年,甘肃社会各界对民间舞蹈保护的关注程度逐渐提高,民间舞蹈挖掘与保护成效显著,其中受到政府部门重视和积极扶持的舞种迅速发展壮大,如秦安拉花舞、凉州舞狮、凉州攻鼓子、武都高山秧歌、赤格尔咒乌、永靖拉花大秧歌、苦水高高跷、合作手鼓舞、夏河卓舞等20余种民族民间舞蹈十分活跃,常在各类民间活动中担纲主角,标志着甘肃传统戏曲舞蹈挖掘与保护工作迈上了一个新的台阶。

三、甘肃非物质文化遗产挖掘与保护中存在的问题

随着甘肃城市化、工业化、现代化进程的加快,一些有历史、文化价

值的非物质文化遗产的珍贵实物和资料遭到毁弃或流失。近年来,甘肃在非物质文化遗产挖掘与保护方面做了大量的工作，并取得了显著成绩,许多优秀的民间文化得到了有效挖掘和保护,但是挖掘与保护工作形势仍十分严峻,面临许多问题和困难,主要有:

1.保护意识淡薄。

非物质文化遗产与物质文化遗产共同承载着人类社会的文明,是世界文化多样性的体现。政府在“非遗”保护中扮演了重要角色,但非物质文化存活于民俗民情中,因此,群众才是文化遗产真正的主人,如何唤醒群众的民间文化自觉性是“非遗”保护的根本。目前,广大民众关心和支持非物质文化遗产挖掘与保护的意识仍不强,全社会还未形成人人参与非物质文化遗产保护和发展的良好的社会环境和舆论氛围。部分干部、群众和部门的领导对“非遗”保护的重要性认识不够,认识不到非物质文化生存环境的日益恶化,认识不到传统民间文化属于“不可再生资源”,不少人认为非物质文化遗产保护工作是政府和文化部门的事情,因而处于观望状态,缺乏保护的紧迫感、责任感和使命感。而一些地方重申报、重开发、轻保护的现象比较普遍,少数地区仍存在对非物质文化遗产进行超负荷利用和破坏性开发的现象,保护文化遗产还没有成为人们的一种自觉追求。

另外,全省各县区保护工作进展不平衡,与各个县区重视不够有关,个别县区的相关单位和工作人员保护意识相对淡漠，没有完全认识到非物质文化遗产的重要价值，认为挖掘与保护非物质文化遗产只花钱不会赚钱,其工作可有可无,工作中存在着积极性不高,保护工作不细致、不深入、不全面,成效不显著,档案资料、传承人、宣传工作等没有专人负责等问题,普查、申报、保护、宣传、展演等保护和传承工作没有真正落到实处。

2.管理不规范。

甘肃非物质文化遗产内容丰富,涵盖面广,挖掘和保护工作量大,需要有专门的工作机构来负责,而我省管理尚不健全,管理体制不顺,管理层次总体偏低,有的地方机构重叠,职能交叉,与实际的挖掘与保护工作不相适应。一些部门轻管理的现象普遍存在,很多与非遗项目相关的道具、服装、人员目前还处在分散管理的状况,没有活动的时候一些道具就闲置在院落。如对甘肃地方风味名吃的保护,缺少专门的机构对配方、制作工艺进行保护,对风味名吃的登记、挂牌、宣传等工作做得不实,尤其对甘肃老字号统一挂牌,督促各老字号注册专用商标,鼓励其扩展经营等方面缺少举措，导致甘肃非物质文化遗产挖掘与保护受到极大的限制，工作不得法、不全面、不深入。

另外，甘肃有些地方把申遗当宣传工具和面子工程，在一定程度上存在着"重开发，轻管理"的现象，适合挖掘与保护工作实际的整体性、有效性的工作机制尚未建立，某些领域的非物质文化遗产保护和挖掘缺少统一协调。此外，与非物质文化遗产管理相配套的地方性法规、保护制度也不健全，而现有的一些政策法规又缺乏实施细则，在实际工作中缺乏可操作性，这些都严重影响着非物质文化遗产的管理工作，其结果是甘肃拥有丰富的文化资源，却未能得到有效的挖掘和保护，或未有效地实现产业化，或产业化程度较低。因而，无法产生巨大的经济效益和社会效益。

3.缺乏经费支持。

经济发展水平制约着文化的发展。2009年甘肃GDP增速为10%，但经济总量仍然偏低。甘肃地处西北偏远地区，属于经济欠发达省份，经济基础薄弱，财政收入偏低，这就大大限制了经济对非物质文化遗产挖掘与保护的支撑力度。非物质文化遗产的普查、保护、研究、宣传、开发需要大量的经费支持，受经济条件的制约，甘肃财政经费比较困难，因而，投向非物质文化遗产挖掘与保护领域的经费十分有限，一些具有浓郁地方特色的非物质文化遗产项目由于经费不足甚至没有经费，难以得到及时地挖掘与保护。

多年来，经费不足一直是制约我省非物质文化遗产挖掘保护工作的"瓶颈"。目前，甘肃非物质文化遗产挖掘与保护缺乏必要的投入，诸如项目保护、资源普查、设备购置、人才培养、队伍建设等各方面都需要必要的资金保障，由于经费缺乏，大多数文化馆只能维持人员的人头经费，用于抢救与保护非物质文化遗产的经费相当匮乏，面对一些濒危的民间非物质文化束手无策，专项业务无法正常开展。例如，出版非遗丛书、拍摄及光碟制作经费缺乏，影响非物质文化遗产项目的宣传；开发和利用缺乏经费，产业化开发、经营的局面还没有真正形成，非物质文化遗产经济价值无法实现；普查专项经费困难制约了普查建档工作的深入全面系统细致规范的开展，尤其是对重点项目的抢救工作无法开展；专业研究基地建设经费困难，没有传习、研究、展示阵地，无法有效开展传承活动，致使一些非遗项目后继乏人；对外展演活动经费困难，非物质文化遗产项目无法正常参与展演；传承人开展传承活动的补贴不能及时发放，挫伤了他们开展传承工作的热情和信心。

总之，资金短缺使非物质文化遗产挖掘、保护、宣传、展示、开发、研究等活动能力下降，影响非物质文化遗产挖掘与保护工作的正常开展。此外，甘肃非物质文化遗产社会融资的渠道又不畅通，民营资本进入程度低，多元化投融资体系尚未形成，总之，资金来源渠道比较单一，影响非物质文化遗产的传承与发展。

4.基础设施建设滞后。

近年来，由于社会经济的快速发展和现代文明的冲击，甘肃一些非物质文化正在逐渐消失，其中一个重要的原因就是基础设施不健全，尤其缺乏集非物质文化档案馆、艺术精品收藏展览馆、资源网络库、民族民间艺术展示、学术研究、人才培训等功能为一体的非物质文化项目展示中心。甘肃非物质文化遗产挖掘与保护工程是一项专业性、技术性较强的工作，而现有的一些非遗展厅装修、图片拍摄、实物征集、道具复制、表演场景再现、多媒体购置、有关档案陈展等建设因缺乏资金困难重重。省、市级档案的规范化建设缓慢，四级保护网络建设不规范，且缺乏系统性。一些非物质文化展演活动无集中固定的演出场所，有些演唱活动场所狭小且简陋，缺乏必要的演出设备。总之，基础设施建设的严重滞后，进一步加速了甘肃非物质文化遗产的消亡。

四、甘肃各地非物质文化遗产挖掘与保护动态

甘肃省是一个多民族省份，各族人民在长期的生产生活实践中，孕育了绚丽多彩的非物质文化遗产，香包刺绣、面塑砖雕、社火傩戏、祭祀礼仪、皮影木偶、花儿对唱、唐卡腰刀、高跷鼓舞等民间民俗文化，是甘肃特有的文化魅力的典范，构成中华民族文明的重要文化宝库。近几年，甘肃各地非物质文化遗产挖掘与保护工作进展顺利，成绩显著。

1.兰州非物质文化遗产挖掘与保护工作硕果累累。

兰州市委、市政府高度重视民间文化艺术的传承和发展，从2007年开始，将“非遗”保护专项经费列入年度财政预算，每年安排100万元专项资金重点用于非物质文化遗产项目的普查及交流展示、珍贵实物的征集、队伍培训和重点项目建设等。

兰州非物质文化遗产普查工作也取得新进展。据统计，到2009年7月底，走访传承人484人，调查项目数218个，文字记录100余万字，照片12489张，录音142小时，摄像记录178.2小时，已经收集实物资料212件，已经登记的实物资料1245件，文字资料31册，音像资料285盒，电子资料

411.5(G),其他8件,这些普查资料为兰州非物质文化遗产的挖掘与保护工作提供丰富的第一手资料。

非物质文化遗产挖掘与保护基础设施建设有了一定进展。目前,兰州在传统文化特色鲜明、具有广泛群众基础的地区建立四个国家级非物质文化遗产项目保护基地,其中“兰州太平鼓”(皋兰黑石乡大横村)、“兰州黄河大水车”(水车博览园)和“永登高高跷”三个保护基地已建成并发挥作用,“兰州鼓子”的保护基地作为非物质文化遗产陈列馆的组成部分目前也已建设完成。如今,金城关文化风情园现已成为展示民俗文化的窗口和展示兰州非物质文化遗产的平台,园区内的兰州秦腔博物馆、非物质文化遗产陈列馆已开馆迎客,兰州彩陶博物馆正在筹建中,其中,兰州秦腔博物馆是全国第一个秦腔博物馆,而非物质文化遗产陈列馆是目前国内唯一一家“非遗”保护的专业性陈列馆。此外,丰富多彩的非物质文化展演活动蓬勃开展。每年举办的黄河风情文化周、春节文化庙会、兰州水车节、农民艺术节、社火进城以及其他大型文化展演活动已肩负起了抢救、发掘、保护、宣传非物质文化遗产的重任。

2.天水非物质文化遗产资源丰富多彩。

天水是羲皇故里,是中华民族、华夏文明的主要发祥地之一,在五千年中华文明光辉灿烂的历史中,积累了极其丰厚的文化宝藏。在这片古老的土地上,天水有享誉世界的伏羲文化、大地湾文化、秦早期文化、三国古战场文化、石窟文化五大文化,蕴含着丰富的非物质文化,伏羲祭典、民间故事、史诗、社火小调、小曲、地方戏剧、曲艺、皮影、剪纸、刺绣、印染、造纸、雕漆、雕塑、雕刻技艺以及存在于民间的节庆礼仪等,天水特殊的民族民间文化在全省乃至全国都有极其重要的影响和地位。如天水的雕漆源远流长、历史悠久、工艺独特;甘谷的脊兽被省上确定为第一批民族民间文化保护试点工程。此外,天水软木画、蛋雕、根雕;武山鸳鸯玉雕,甘谷香包、刺绣、剪纸,清水庞公石雕等闻名中外;源于上古祭祀的天水夹板、武山旋鼓、秦安蜡花舞以及有着浓郁地方特色、世代相传下来的天水秧歌、秦安小曲、甘谷唢呐、武术等等也都闻名遐迩。目前,天水共有5项入选国家级非物质文化遗产名录,22项入选省级第一、第二批非物质文化遗产名录,反映了天水非物质文化遗产资源的丰富性。

3.甘南非物质文化遗产中洋溢着民族风情。

甘南是一个多民族的地区,在长期的历史发展中,各民族在特有自然和社会经济条件下形成了具有自己鲜明特色的传统习俗,形成了绚丽多姿的民族风情。甘南各民族节日多姿多彩，藏历新年是藏族人民隆重的节日，此外，娘乃节、香浪节、调牛节、采花节、朝水节、望果节等也是藏族人民主要的节日。开斋节、圣祀节、古尔邦节等是回族人民主要的节日。过年、庙会、浪山等是土族人民主要的节日。春节、元宵节、清明节、端午节、中秋节等是汉族人民主要的节日，丰富的节日活动集中地反映了甘南各民族的民俗民情，同时，也说明甘南非物质文化资源中洋溢着浓郁的民族风情。

4.陇南将灾后“非遗”保护工作纳入整体工作中。

陇南政府高度重视非物质文化遗产挖掘与保护工作，将陇南非物质文化遗产挖掘与保护纳入当地经济社会发展规划，纳入陇南文化建设的总体工作部署之中。截止2009年，全市非物质文化遗产普查活动共搜集到707项非遗线索，并逐项建立了档案。目前，陇南共有136项县级非物质文化遗产项目，69项市级非物质文化遗产项目，19项省级非物质文化遗产项目，3项国家级非物质文化遗产项目，入选省级和国家级名录的数量名列全省前茅。两年来，陇南积极开展非物质文化遗产挖掘与保护灾后恢复重建工作，争取到了灾后恢复重建传习所21个、民俗博物馆7个，以及数据库建设和珍贵实物征集等项目，涉及建设资金1.9亿多元，如今传习所、民俗博物馆正在陆续开工建设，为陇南的非物质文化遗产挖掘与保护工作顺利开展奠定了基础。

5.平凉非物质文化遗产挖掘与保护工作稳步推进。

2004年以来，按照国家、省上的部署和安排，平凉市对全市非物质文化遗产进行了全面普查和挖掘整理，落实保护措施，收集整理各类资料，建立健全数据库。在此基础上，邀请专家反复审议，确定保护项目，分类制作文本，积极进行申报，保护和申报工作取得了一定成效。平凉市的泾川“西王母信俗”、“庄浪高抬”项目被列入第二批国家级“非遗”保护名录；崇信“陇东民歌”、“崆峒派武术”、“平凉纸织画工艺”、华亭“安口陶瓷制作技艺”被列入第二批省级保护名录，对平凉“非遗”挖掘与保护工作起到有力地推动作用，尤其以庄浪县非物质文化遗产挖掘和整理、保护工作最为突出。为了有效地保护地方非物质文化遗产资源，庄浪县专门成立了庄浪县非物质文化遗产保护小组，并制定了《庄浪县民族民间文化保护工程实施方案》、《庄浪县非物质文化遗产保护工作普查方案》，组织开展非物质文化遗产保护名录的整理和申报工作，充分挖掘、整理，对庄浪县的竹编、刺绣、钩绣以及对南湖眉户等9个种类的非物质文化遗产进行了全面普查、确认、登记、立档,建立了庄浪县非物质文化遗产保护名录,使木雕、马尾荷包、庄浪皮影等一大批独具当地特色的非物质文化遗产得到有效保护。

6.武威非物质文化遗产保护体系逐步健全。

为了保护好非物质文化遗产,武威建立了较完善的非物质文化遗产保护体系。目前,武威有武威宝卷、凉州贤孝、攻鼓子、华锐藏族民歌等4项非物质文化遗产进入国家级保护名录,凉州贤孝、武威宝卷、凉州攻鼓子、华锐藏族民歌、土族格萨尔等15项进入省级保护名录,有11类30项进入市级保护名录,140项进入县区级保护名录,市、县区两级保护名录体系初步形成。与此同时,武威非物质文化遗产传承人保护工作也取得积极成效,其中1名被文化部确定为国家级非物质文化遗产凉州贤孝的项目传承人,3名被省文化厅确定为省级非物质文化遗产项目传承人。此外,结合节庆日,举办了形式多样的大型宣传展示活动,营造了浓厚的遗产保护氛围。2010年攻鼓子获得第八届中国民间艺术节金奖。

7.张掖非物质文化遗产挖掘与保护工作特色鲜明。

近些年,张掖不断加大非物质文化遗产挖掘与保护力度,公布了县级首批保护名录177项,整理出版了《金张掖宝卷》、《裕固族民间故事》、《甘州小调选编》、《临泽民歌》等一批非物质文化遗产书籍、音像资料、光盘。目前,肃南裕固族自治县、民乐县、山丹县、临泽县的非物质文化遗产挖掘与保护工作成绩突出。

肃南加大对传统文化的搜集整理工作力度,先后采录、整理民歌300多首,民间故事120余篇(段),史诗10余篇(段),历史文化资料70余篇(段),谚语800余条,谜语700余条,东西部裕固语词汇10000多条,征集民族文物500多件。为有效保护裕固族非物质文化遗产,还撰写出版了《裕固族民间文学三集成》、《尧乎尔文化》、《中国少数民族民歌肃南裕固族自治县卷》、《裕固之歌》等书籍、杂志和稿件。开展《裕固族民歌及民间歌手音视档案》、《裕固族人生礼仪申报音视资料》的采录、制作工作。创编了《迎亲路上》、《裕固族婚礼》、《裕固山乡彩虹飞》、《裕固·天籁》等多个不同风格的民俗舞蹈、大型广场舞及音舞诗画。举办中国少数民族语言文字抢救与保护项目试点——裕固族语言调查培训班、原生态民歌大赛等活动。组织编写了中小学裕固族传统文化乡土教材,并在幼儿教学中开设了裕固族语言课。此外,肃南裕固族自治县文化局还获全国非物质文化遗产保护先进集体称号。

民乐县文化部门在挖掘整理非物质文化遗产资源的基础上，推出了民乐民歌、手工刺绣、根雕、木塑画等一批民间工艺美术文化产品，为4位民间艺人评定了高级艺术师职称，这是该县有史以来民间艺人首次获得的艺术职称，以此激发各类艺术人才创作民间艺术的热情。

近年来，山丹县扎实有效地开展非物质文化遗产保护工作，在抢救、整理、保护民族民间文化方面做了大量工作，成立了非物质文化遗产保护中心和非物质文化遗产评审委员会，出台实施《山丹县非物质文化遗产保护实施方案》，组织开展非物质文化遗产的摸底、整理、发掘和评审。先后组织开展了两次普查工作，共搜集整理民间故事200多篇、民歌150多首、拍摄照片800多张、录制音像资料40多盘、收集山丹宝卷20多卷，以及刺绣、剪纸、农耕和民用器具等民俗实物500多件。举办保护非物质文化遗产专题文艺演出、民俗实物展览等活动，宣传普及非物质文化遗产及其保护工作，形成了保护非物质文化遗产的良好舆论氛围。

临泽县为确保非物质文化遗产保护工作扎实开展，下发了《关于进一步加强非物质文化遗产保护工作的安排意见》、《临泽县非物资文化遗产名录申报评定管理暂行办法（草案）》等指导性文件，成立了非物质文化遗产保护工作联席会议、专家咨询委员会等工作机构，进一步明确了相关单位的工作责任，初步建立起了县级非物质文化遗产名录体系和重点保护项目传承体系，成立了非物质文化遗产普查工作小组，有效地保护了本地的非物质文化遗产。

8.庆阳市民间艺术产业不断壮大。

近年来，庆阳市依托丰富的民间文化资源，开发以香包、刺绣、皮影为代表的民间艺术产品，促进富于地方特色的民间艺术产业的形成，并已见成效。如今，庆阳已经将香包、刺绣、皮影等民俗产品发展为绿色支柱产业。庆阳通过香包节与民族传统节日端午节的有机结合，政府的策划组织，庆阳民间艺术产业在发展中有望成为全国民间民俗文化艺术的大荟萃。截至2009年11月，庆阳香包民俗文化产业已经形成110多家企业，39个生产基地、86个营销公司、15万多人的香包、刺绣生产大军，产品达20多个大类，5000多个品种，年生产900多万件，远销全国56个大中城市及美国、日本、欧盟、东南亚、港澳台等20多个国家和地区，年销售收入3亿元。2008年9月被文化部命名为“国家文化产业示范基地”。

为加强非物质文化遗产挖掘与保护工作，庆阳市还组建政府和民间两个系统的抢保队伍。在专家指导下，展开全面的普查、征集工作。录像、录音、文字记录和实物采集等多种办法共用，建立文化信息数据库。另外，加强对民间文化研究的资金投入，举办具有浓郁本土文化的研讨会，如镇原的王符研讨会、合水的古代石造像研讨会、正宁民俗研讨会、环县的抢救保护皮影民俗文化遗产研讨会。

9.临夏州非物质文化遗产保护工作成效明显。

为抢救、挖掘、整理、保护民族民间文化，大力弘扬优秀传统文化，临夏回族自治州对非物质文化遗产进行科学规划，建立非物质文化遗产保护工作联席会议制度，组织各级专业人员对境内民歌、民间故事、曲艺、文学、风俗、语言等文化资源开展普查登记，并运用数字化、信息技术等现代科技手段，将没有文字记录的作品进行整理、发掘、记录，制作濒危项目、重点代表作保护项目音像资料，建成科学、规范的非物质文化遗产保护档案资料数据库，先后编辑出版了《临夏回族自治州民族民间文化系列丛书》、《河州花儿研究》、《河州说唱艺术》、《清真名食谱》、《中国少数民族古籍总目提要·东乡族卷》和《保安族卷》等多部珍贵的专业作品。在加强保护管理工作的同时，临夏以一年一度的"四月八"松鸣岩花儿会、"六月六"莲花山花儿会等民间传统活动为平台，开展城乡联合、群众联动的农村文化活动。东乡族自治县由政府出资组建东乡拔棍表演队，在传统节会活动中表演本民族传统体育项目。永靖县成立傩文化艺术团，并开办傩舞傩戏表演培训班，活跃群众文化生活。和政县、康乐县、临夏县、积石山保安族东乡族撒拉族自治县均注重民俗文化场馆建设，组织民间艺人开展交流培训活动，为民族民间文化的传承发展注入了生机和活力。

临夏州还建立了国家级、省级、州级、县(市)级四级保护名录。2006年以来，莲花山和松鸣岩花儿会、河州贤孝、临夏砖雕、保安腰刀锻制技艺等5项列入国家第一批非物质文化遗产名录；永靖七月跳会、东乡族擀毡技艺、米拉尕黑列入国家级第二批非物质文化遗产名录，东乡族、保安族口头文学等11项为甘肃省第一批非物质文化遗产名录，和政秧歌、河州北乡秧歌、河州平弦、临夏穆斯林建筑艺术等7项为第二批省级非物质文化遗产名录。州政府先后公布永靖县傩舞傩戏、临夏雕刻葫芦、河州小唱、河州水磨磨面技艺等90项为非物质文化遗产名录，临夏非物质文化遗产焕发出独特的艺术魅力。

10.定西非物质文化遗产挖掘与保护工作有序展开。

定西这块甘肃腹心的陇中灵壤，风土淳厚，文化蕴涵深远，拥有古老多彩的民间艺术，如陇中皮影、社火、小曲、盐技、棺绘、纸艺、烹饪、剪纸、石雕、砖雕、碧玉雕、洮砚雕、漳绣、洮绣，构成了定西特有的非物质文化遗产。2004年以来，非遗普查和挖掘与保护工作扎实有序，有条不紊地向前推进，取得了阶段性成果，境内的洮砚、彩陶工艺品加工、岷州皮影、巴当舞、民间说唱文学“宝卷”等历史悠久的民间民俗文化得到抢救和保护，并建立了较完善保护体系。

以岷县为例，岷县已建立相对完备的五级名录，其中有世界级名录1项，国家级非物质文化遗产名录2项，省级非物质文化遗产名录8项，市级非物质文化遗产名录27项，县级非物质文化遗产名录32项，公布省级非物质文化遗产代表性传承人16名，国家级非物质文化遗产代表性传承人2名。通渭县获得“中国民间文化艺术之乡”称号，通渭民间文化艺术丰富多彩，全县有民间文学、民间美术、民间舞蹈、民间戏曲等十大类1980项。2009年，岷县按照重点项目、重点地区、重点人员优先普查的原则，非物质文化遗产保护工作取得了显著的成效。据统计，通过挖掘整理，目前，岷县现有非物质文化遗产项目12大类83项，摸清非物质文化遗产项目线索94条，挖掘并发现项目传承人210人，拍摄各类照片830张，录像资料30盘1800分钟，记录普查日志3.2万字，普查笔录11本20万字，征集民俗实物6大类834件，收集整理非物质文化遗产相关资料12大类80万字，整理制作岷县非物质文化遗产项目区域分布图(12类64项)，并且建立岷县非物质文化遗产普查项目管理数据库，共输入项目12类83项，为继承和弘扬优秀民族文化遗产奠定了坚实的基础。

11.酒泉高度重视非物质文化遗产挖掘与保护工作。

至2009年，全国性的非物质文化遗产普查工作全面结束，酒泉共收集到普查线索448条，普查非物质文化遗产项目16类378项，征集实物共16大类3575件，非遗传承人(老艺人)905人，整理出各类档案48盒，光盘33套，编纂文字资料9册计120万字以上，基本摸清了酒泉市非物质文化遗产的主要类别、存在形态、传承脉络和濒危状况，为挖掘与保护工作奠定了扎实的基础。目前，酒泉市有5项“非遗”项目列入国家级非物质文化遗产名录，11项“非遗”项目列入省级名录，16类164项列入市级名录，16类303项列入县级名录；15人被确定为省级“非遗”代表作传承人，标志着酒泉市国家、省、市、县四级非遗保护名录体系建立。

以肃北蒙古族自治县为例，随着国家非物质文化遗产挖掘与保护工程的不断深入，肃北县坚持“保护为主、抢救第一、合理利用、传承发展”方针，成立了肃北县非物质文化遗产保护小组，制定了《肃北县民族民间文化保护工程实施方案》、《肃北县非物质文化遗产保护工作普查方案》，积极组织开展非物质文化遗产保护名录的挖掘整理和申报工作，使雪山蒙古族服饰、马头琴制作、马上用具等一大批非物质文化遗产项目得到有效保护。

12.嘉峪关市非物质文化遗产挖掘工作步入快车道。

嘉峪关地处古丝绸之路交通要冲，东西方文明在这里交汇，草原文化和农耕文化在这里交融，嘉峪关具有独特的地域文化。2007年底，市文化馆组织人员深入农村，对三镇17个行政村进行了全面的摸底调查，市非遗办对“非遗”普查中发现的线索进行整理汇总，并进行了综合分析，初步掌握了全市非物质文化遗产的种类、数量和分布状况。2008年，在第三个非物质文化遗产宣传日期间，举行嘉峪关市非物质文化遗产表演，并将这些非物质文化遗产表演项目在以后的旅游旺季坚持展演。同年，为促进当地非物质文化遗产的有效保护，嘉峪关市人民政府办公室批转了市文化广播电视局关于嘉峪关市非物质文化遗产保护工程实施方案。

2009年，为进一步摸清嘉峪关市非物质文化遗产的家底，嘉峪关市人民政府办公室批准了嘉峪关市非物质文化遗产普查方案。经过工作人员全面细致的普查，共搜集到线索59项，共整理出10项具有较高历史和文化价值的遗产提交市专家委员会议评审，市非物质文化遗产保护第二次专家委员会暨首批市级项目评审会召开，确定嘉峪关民间故事传说、嘉峪关民间小调、嘉峪关烤肉串烤制技艺、嘉峪关石砚制作工艺、大轱辘车制作工艺、嘉峪关地蹦子6个项目为嘉峪关市第一批市级非物质文化遗产项目，同年，正式建立了市级保护名录体系。2010年，嘉峪关民间故事传说、嘉峪关民间小调、嘉峪关石砚制作工艺、嘉峪关地蹦子4个项目通过专家委员会评议，实现了嘉峪关市省级项目零的突破。

13. 金昌市民间人士积极投入到非物质文化遗产挖掘与保护工作之中。

民众广泛参与非物质文化遗产的挖掘与保护工作是源头性、基础性、根本性的保护方式。金昌市非物质文化保护过程中，民众参与非物质文化遗产保护的积极性被充分调动，涌现出了一些典型代表。当地俗称“大调”的永昌地方眉户戏在上世纪六七十年代前人人能哼唱两句，现在却少人问津，尤其是年轻人更少有人知道永昌还有自己的戏曲。为了保护祖宗遗留的戏曲精粹，使其免于失传。永昌县城关镇金川西村农民鲁富年和一些志同道合者成立了城关镇民间戏曲协会，开始了艰苦地挖掘、保护地方戏曲工作。他们根据线索寻找老艺人,然后根据老艺人的唱腔、口述整理出唱词、再谱上曲。至2006年,他们已经挖掘地方戏40个,完整整理出的戏曲有4部,即《小放牛》、《两亲家》、《下四川》、《鳏夫哭坟》,并对这4部戏进行编排,2006年8月份,第一辑《永昌戏曲精粹》正式出版。此外,永昌县文化馆馆员王君明和退休干部赵兴虎历时十年对金昌地区民间俗曲、曲谱、地方小戏进行挖掘整理,十年间遍访民间艺人百余人、收集各种手抄本、组织艺人演唱、现场录音、记谱,并就词曲上存在的谬误多渠道进行求证。在市、县有关部门的支持下,耗资12万元的《金昌俗曲》、《金昌小戏》正式出版,这两本专著共收集流行于金昌地区的民间俗曲300余首,地方小戏68个,曲谱78首,编写中基本保持了非物质文化遗产的原生态,具有较高的传唱、学术和历史价值。另外,热心民间文化遗产挖掘、保护与研究的何登焕老人在退休后的十年间,搜集编录了《永昌地方小戏》戏剧集、《永昌宝卷》宝卷集、《金昌民间故事》民间故事集、《永昌圣容瑞象寺》文史故事集等民间文学100多万字。金昌市民众的参与有力的推动了本市的非物质文化遗产保护工作。

14.白银市非物质文化资源为旅游业提供强有力支撑。

白银市委、市政府高度重视发展本市旅游业,把黄河文化旅游业确定为"十一五"期间全市"八大支柱产业"之一。特色文化游是白银旅游产业体系的一个重要支点,丰富而独具特色的非物质文化遗产为特色文化游提供了有力支撑。白银非物质文化资源主要包括为以下几个方面。一是丰富的民俗文化。主要包括古琴、民间器乐、民歌、道教音乐、说唱音乐、秦腔、眉户、皮影戏、黄河小调、民间社火小曲、背鼓子、拉花、跑旱船、跳鼓、舞狮、春节社火、打铁花、火链球、神社火、滚灯。二是久远的习俗。主要包括岁时习俗、庙会、婚嫁、丧葬、寿诞、庆生。三是富有特色的民间艺术。主要包括剪纸、刺绣、手工编织、蛋雕、砖雕、木雕、石雕、彩陶、羊皮筏子、黄河水车等。丰富的非物质文化资源使白银市特色文化游蕴含巨大的发展潜力。白银充分认识非物质文化遗产的价值,促进文化同旅游地有机结合,使非物质文化资源向旅游产品转化,打造特色更加明显的文化旅游业,为白银旅游业的大发展提供强有力的支撑。

兰州鼓子

兰州鼓子是形成并主要流行于甘肃兰州地区,用兰州方音表演的曲艺形式,相传甘肃农村流传的以唱【打枣歌】和【切调】为主的“送秧歌”形式流入兰州后以清唱方式表演,形成兰州鼓子,时在清代中晚期。清末民初兰州鼓子又受到北京传来的“单弦八角鼓”和陕西传来的“迷胡子”(眉户)等的影响,艺术上进一步定型。其表演形式为多人分持三弦、扬琴、琵琶、月琴、胡琴、箫、笛等坐唱,走上高台后由一人自击小月鼓站唱,另有多人用三弦、扬琴、琵琶、月琴、胡琴等伴奏。兰州鼓子唱腔的音乐结构属于曲牌联套体,常用的唱腔曲牌有【坡儿下】、【罗江怨】、【边关调】等四十余支。长期以来,兰州鼓子主要由业余爱好者演唱,职业艺人很少,王义道、曹月儒、唐江湖、马东把式、张国良、卢应魁等是早期比较有名的兰州鼓子唱家。其传统节目内容极为广泛,既有历史故事和民间传说题材的中长篇,也有咏赞景物和喜庆祝颂的短段。广受听众欢迎的节目有“闺情曲”和“英雄曲”两类,前者如《别后心伤》、《拷红》、《莺莺饯行》、《独占花魁》等,后者如《武松打虎》、《林冲夜奔》、《延庆打擂》等,也有一些反映消极出世思想的作品,以《红尘参透》、《渔樵问答》等最为典型。20世纪40年代中期,热心兰州鼓子的爱好者李海舟(1907—1983)组织了“南山学会鼓子研究会”,调查保存了不少兰州鼓子的艺术资料。中华人民共和国成立后,兰州鼓子开始走上高台,出现了一些新节目,代表性的有《杨子荣降虎》、《夺取杉岚站》、《劫刑车》、《韩英见娘》等,知名演员有段树堂、王子英、张麟玉、王雅录等。

资料来源:《兰州鼓子》.甘肃.国家名录.非物质文化遗产代表作,中国非物质文化遗产网,http://www.chinaich.com.cn。

第六章 甘肃非物质文化遗产挖掘与保护的重点任务

甘肃非物质文化遗产是甘肃本土文化的重要组成部分,它见证了甘肃鲜活的传统文化的价值,成为确认文化地域的一种标志。挖掘与保护甘肃非物质文化遗产是一项复杂的系统工程,需要站在全局的高度,对非物质文化遗产的挖掘与保护做出战略性的建构,以此推动甘肃非物质文化遗产挖掘和保护工作的良性发展。

一、正确处理好甘肃非物质文化遗产挖掘与保护工作中的主要关系

甘肃是少数民族的集聚地,其悠久的历史和独特的地理位置,使甘肃积淀了独特而丰富的非物质文化遗产。个性十足和独具特色的非物质文化遗产使甘肃拥有巨大的文化发展潜力,更是甘肃经济发展取之不尽、用之不竭的重要资源。挖掘与保护好甘肃的非物质文化遗产必须处理好以下几种主要关系:

1.处理好原生态和多样化的关系。

非物质文化遗产挖掘与保护的最终目的就是实现非物质文化遗产的传承,因此,在非物质文化遗产的挖掘与保护工作中必须坚持原生态,突出多样化。坚持原生态就是保留非物质文化遗产中本质的、原汁原味的成分,保证时间、场所、仪式等具有规定意义的外在形式固定,体现其精髓的内容与形式不被扭曲、篡改,最大程度的尊重历史,保持原貌和本真。突出多样化,就是非物质文化遗产挖掘和保护过程中,要强调一切从实际出发,因地制宜,不搞单一的保护和利用模式。非物质文化遗产内涵

的丰富性,决定了其挖掘保护和开发方式也应当是多样的。在日益走向多样化的当今社会，需要多元的文化来满足个人和群体的文化需求。甘肃的非物质文化遗产作为中华文明的结晶,是我国传统文化的重要组成部分,是文化多样性的生动体现,其挖掘与保护、开发与利用也应是多样化的。尊重文化多样性的特性,但其前提就是保持原生态,保留甘肃非物质文化遗产的原貌和本真。比如,大获成功的我国原生态舞蹈《云南映象》,就是在坚持原生态的理念下编排和设计,把不易于表演的非物质文化遗产融入舞蹈,突出了非物质文化遗产表现形式的多样化。

2.处理好挖掘保护和合理利用的关系。

非物质文化遗产面临生存危机和其不可再生性决定了应把非物质文化遗产的挖掘放在第一位。"挖掘"就是要把埋藏在特定地域、特定群体的传统文化的表现形式和文化空间弄清楚,做到心中有数。"保护"是对传统文化元素进行保留,免遭流失。"合理利用"是在保护基础上的进一步实践,是对传统文化的创造性应用和发扬光大。良好的挖掘会使非物质文化遗产内容和形式更加丰富，有效地保护能够很好的维护和强化非物质文化遗产内在的生命力。非物质文化遗产的挖掘保护与合理开发利用是相辅相成的,挖掘保护是合理利用的前提,挖掘与保护的目的是为了更好的利用，而合理利用又是为了更好地保护好非物质文化遗产。

挖掘保护是目的,合理利用是手段,贯彻"保护为主、抢救第一、合理利用、传承发展"的方针,坚持挖掘保护和合理利用相结合的原则,非物质文化遗产中有条件的,促使文化资源转化成为文化生产力,通过产业化的手段寻求传承与传播的市场空间，并借市场化的机会扩大影响,吸引资金,反过来支持非物质文化遗产获得更好地保护,使非物质文化遗产的挖掘保护工作上水平、上台阶。事实上,有些非物质文化遗产的合理利用本身就是一种活态保护和挖掘,因此,坚持边发掘保护、边开发利用,在保护中合理利用,以保护带动利用,以合理利用促挖掘保护。

在有效保护的前提下合理利用，防止对非物质文化遗产的误解、歪曲和滥用,反对两种错误立场。一方面片面地保护,不允许任何开发利用,把非物质文化遗产束之高阁,藏在"保险箱"中。一些人为了保护非物质文化遗产本真性,过于强调保护与合理利用之间的对立面,认为非物质文化遗产"一开发就死"。另一方面,不做任何保护的开发利用,最终导致文化资源的破坏与毁损,其结果是不可能有持久的开发。坚持"以人为本”，反对“以钱为本”，不仅要挖掘保护，而且还要合理利用，即所谓“充分挖掘保护，适度利用”，在保护好的前提下，合理利用，使之为人类服务，找出一条保护与合理利用相结合的双赢路子，这样既保护了非物质文化遗产，又为非物质文化遗产营造良好的存活环境和土壤，既可以带来可观的经济效益，又可以得到更多的资金用于非物质文化遗产的保护和挖掘，实现甘肃非物质文化遗产挖掘保护和合理利用的共赢和良性互动发展。

3.处理好继承和发展的关系。

非物质文化遗产挖掘与保护的真正目的在于文脉的延续，优秀文化的再创造。文化在长期的发展演变过程中，既有基本的积淀，也有不断的变异，特别是非物质文化遗产，积淀是相对的，变异则是绝对的。在挖掘与保护非物质文化遗产的过程中，既要立足于对传统文化原汁原味的科学继承，又要对传统文化进行发展使其服务于当代先进文化建设。过分强调文化保护的原汁原味，有可能导致固步自封和抱残守缺，而过分强调文化发展的与时俱进，也可能导致文化本真性的丢失。非物质文化遗产随着生产生活的发展而不断地演变，但是其精神内涵却不断的被挖掘和提升，在吐故纳新中不断地创新。通过对传统文化内涵的深刻继承，来寻求创新与发展的途径。审慎甄别甘肃非物质文化遗产项目的文化属性，对那些具有文化交流、传承价值，但不一定或者不能体现市场价值和产业价值的优秀民族民间文化艺术，尽可能完整的传承文化内涵，保持非物质文化遗产的生成环境不被污染，另外，还需在发展中顺应文化发展规律和市场机制，在保护、发扬、创新的基础上，提升甘肃传统文化的资源价值，按照取其精华，去其糟粕，推陈出新的方针，对甘肃非物质文化遗产进行积极有效的创新发展，只有这样，甘肃非物质文化遗产才能变成生生不息的财富。

4.处理好整体性和持久性、综合性的关系。

整体是指事物的各内部要素相互联系构成有机统一体及其发展的全过程。非物质文化遗产是由历史长河中不同时段的生产生活实践积淀而成，与特定的时代、环境和时代精神等局部要素息息相关，正是这些要素的有机结合，才形成非物质文化遗产的丰富性并使得非物质文化遗产灼灼生辉。比如，文学、舞蹈、音乐、美术等文艺元素和唱、念、说、打等表演动作的综合才形成让人留恋忘返的戏曲。以兰州市红古区别具一格的民间小调为例，其优美令人心醉的唱腔，再配以二胡、笛子、三弦、扬琴、梆子等乐器的综合伴奏，这些要素的综合形成了独特的红古民间小调。非物质文化遗产缺少任何一种元素，其艺术魅力就会大打折扣，自身所具有的欣赏、娱乐、教育等多种功能的发挥就会受到影响，它就是不完整的。因此，甘肃非物质文化遗产的抢救与保护必须从整体着眼，坚持整体保护的原则，打破地区分割，相互协调，达到完整意义上的保护效果，优秀文化传统才能得以完整传承和发展。

此外，在挖掘与保护非物质文化遗产实践中，坚持持久性也更加具有现实意义。非物质文化遗产是传统文化的长期积淀和世世代代生生不息的流传，注重持久性就是对非物质文化遗产的挖掘与保护工作要延续不断，长久地坚持下去，杜绝非物质文化遗产挖掘与保护中的短期行为。

另外，要将综合性保护原则贯穿于甘肃非物质文化遗产挖掘与保护的全过程。首先，在甘肃非物质文化遗产挖掘与保护要素方面，从重视保护单一要素，向同时重视保护多种要素的综合性文化空间发展，从只重视文化遗产的“点”、“面”保护向同时重视“大型文化遗产”和“线性文化遗产”保护方向发展。其次，在甘肃非物质文化遗产保护人群和方式上，从重视专家保护、政府保护到同时重视民众保护、社会保护相结合的方向发展，从过去重视“静态保护”向重视“静态保护”和“动态保护”相结合的方向发展，为甘肃非物质文化遗产的挖掘与保护工作奠定坚实的基础。

二、甘肃非物质文化遗产挖掘与保护方式选择

处理好非物质文化遗产挖掘与保护工作中的主要关系，必须有具体可行的措施与之相配套，这些措施就是甘肃非物质文化遗产挖掘与保护中的方式方法选择。非物质文化遗产挖掘与保护中需处理好的几种关系（或遵循的基本原则）与可操作性很强的方式方法相互配合，前者指导具体方式方法，方式方法具体落实基本原则，共同推动甘肃非物质文化遗产挖掘与保护工作。甘肃非物质文化遗产内容丰富多彩，表现方式多种多样，再加上不同的地域、不同的生存环境、不同的群众基础决定其挖掘与保护方式的不同。尊重甘肃非物质文化遗产传承规律，既要继承传统，又要结合时代特色，既要借鉴国内外挖掘与保护经验，又要具有甘肃本土特点，积极探索甘肃非物质文化遗产挖掘与保护的主要模式和方式方法。

1.健全保护名录体系。

通过建立代表作名录来保护非物质文化遗产是国际通行的做法。为

了使非物质文化遗产的保护具有操作性，就必须建立非物质文化遗产名录制度。通过制定评审标准并经过科学认定，进一步充实和完善国家和省、市、县区四级非物质文化遗产保护名录体系，并按照分级保护、分类实施的原则，确定分级保护项目和单位(或个人)。首先，按标准文本详尽全面地完善申报文本、音像资料、图片、实物、传承人谱系，对珍贵、濒危、有价值的民族民间文化，积极申报，争取列入世界级和国家级保护名录。其次，进一步完善省、市、县级非物质文化遗产保护名录评审标准，严格评审工作，确保那些具有重大历史、文学、艺术和科学价值的甘肃非物质文化遗产进入各级名录体系，予以保护。

2.开展非物质文化遗产展演活动。

开展非物质文化遗产展演活动是对非物质文化遗产活态性保护的重要方式。一是对非物质文化的相关实物，尤其是典型器物进行展示。依托甘肃各级文化活动中心、展示中心、博物馆、文化馆、图书馆等公共文化设施，积极开展非物质文化遗产的展示，使其成为解读甘肃灿烂历史文化和民族民俗风情的主要平台。比如，对民间美术中的绘画、雕塑、工艺建筑的展示；对民间音乐中的乐器、剧本、曲谱、戏服、古戏台的展示；对民间手工艺的工具和机械制作以及农畜产品加工、锻造等进行展示。特别要充分利用各种现代科技手段，通过光、影、声集合演示非物质文化载体中蕴含的包罗万象、千姿百态的内容。邀请民间艺人现场演示，通过他们精湛的技艺，让人们领略到甘肃民间工艺巧夺天工的永久魅力。另外，建立具有甘肃地方特色和民族特色的非物质文化遗产博物馆或民俗博物馆。二是在甘肃非物质文化遗产积淀深厚、传统文化特色鲜明且保持较完整、具有广泛群众基础的乡、村组织开展各种演出活动，将甘肃非物质文化遗产活生生地展现在观众面前，让人们领略到甘肃民间艺术美轮美奂的强大生命力，切身感受甘肃非物质文化遗产的迷人魅力，以吸引越来越多的人自觉参加到甘肃非物质文化遗产的挖掘与保护工作中来。

3.开展传习活动。

以传承人为中心，以非物质文化遗产传承基地建设为支撑，广泛深入的开展传习活动。一是建立科学的非物质文化遗产传承机制，鼓励和支持甘肃非物质文化遗产项目代表性传承人开展传习活动，积极参加非物质文化遗产项目宣传、展览演示、授徒传艺、教育培训、研讨交流等活动，促使甘肃非物质文化遗产挖掘与保护工作不断推向深入。二是甘肃各级政府及相关部门为传承人开展传习活动提供必要的传习活动场所，给予适当的经费资助，确保甘肃优秀的非物质文化遗产有效传承。

4.建立资源数据库。

建立资源数据库是非物质文化遗产保护的一种有效形式。随着时间的推移，传统方法保存下的非物质文化资源正在逐渐消亡，传统的文化资源管理模式已无法适应目前检索资料的需求，迫切要求建立一套科学高效的文化资源保护管理系统，即应用数字化手段和网络优势，将甘肃的非物质文化资源从纸质文本变成电子文本。结合甘肃文化信息资源信息共享工程建设，在全面普查的基础上，运用数字化、信息化的高科技手段，以文字、图片、录音、录像等形式对全省四级名录项目以及国家级、省级项目代表人资料进行收集、整理、存储管理，真实、系统和全面记录甘肃各类非物质文化遗产资源，建立一个完整系统的、统一的、可转换的甘肃非物质文化遗产资源数据库系统（数据库存储系统、著录系统、数据处理整合系统、检索系统、备份系统及数据库的安全及共享等），使之成为保护管理、宣传展示、检索服务、学术研讨和旅游参观的重要场所，既有利于专家、学者、研究人员、工作人员更好地保护和利用甘肃非物质文化遗产资源，又利于普通大众参观学习、传承，让甘肃的非物质文化遗产“文脉”生生不息。

5.建立文化生态保护区（村）。

建立文化生态保护区（村）就是对非物质文化遗产项目进行原生态和整体性保护。目前，甘肃文化生态保护区仍处于起步阶段，需采取措施，在非物质文化遗产积淀深厚、传统文化特色鲜明且保持较完整、具有广泛群众基础且有特殊保护价值的社区、乡村或特定区域划为文化生态保护区，开展创建民间传统文化之乡（村、社区）活动，有计划地进行动态的整体性保护。如以丰富多彩的香包、刺绣、剪纸、皮影戏等民间艺术为主要内容，建立庆阳民间民俗文化生态区，以玛曲弹唱、藏民族文化为内容，建立甘南州草原藏族文化生态区。此外，将甘肃文化生态保护区（村）与甘肃各地的历史文化名城保护、古村落文化资源和民族地区文化资源保护工程相结合，建立科学系统地活态保护体系。总之，确立文化生态保护区，对原生态文化浓郁的区域进行动态的长期性保护，将有利于全面、集中、立体地展示甘肃优秀的非物质文化遗产项目，促进甘肃文化保护工作与经济社会的协调发展。

6.编印发行出版物。

编印出版书籍也是非物质文化遗产传承保护的重要方式之一，是为了恢复我们远古的记忆、留住手艺，为保护濒临消亡的非物质文化遗产的一项文化工程。甘肃非物质文化遗产资源中有许多是古老的民间文学艺术，对于这些民间文学艺术，我们可以通过著作权制度来加以保护，通过用文字、图片、录音等方式固定下来，编印出版学术专著刊物、宣传画册、光盘和资料专辑等，给后人留下可供研究的全面、系统的非物质文化遗产的翔实资料。近几年，我省先后编辑出版了《庆阳香包》、《大师祁秀梅》、《甘肃省国家级非物质文化遗产名录项目图文集》、《甘肃省非物质文化遗产普查资料汇编》等。随着甘肃非物质文化遗产资料的整理、出版工作的开展，必将为全省非遗项目的深入研究和科学保护起到一个积极的促进作用。

7.立法保护。

非物质文化遗产保护有很多方式，立法保护才是最根本的保护方式。完善法律法规是有效保护和利用非物质文化遗产的重要保证，否则，非物质文化遗产挖掘与保护工作就很难实施。在立法思路上，可以参照专利法，制定传统知识保护条例；参照著作权法制定民间文艺保护条例；参照商标法、地理标志制度和反不正当竞争法，制定传统名号保护条例等。积极推动相关法律法规的立法进程。全省各市、县(区)结合当地实际情况，制定本市、县(区)非物质文化遗产保护的办法规定，积极为甘肃非物质文化遗产挖掘与保护工作提供法律保护支持。

总之，非物质文化遗产属于精神产品，对于非物质文化遗产资源的保护不一定只采取单一的保护模式，在很多时候，静态保护与动态保护相兼顾，双重或多重的保护模式也许更有利于挖掘、保护甘肃非物质文化遗产资源。通过各种手段和方式方法让甘肃非物质文化遗产活起来、动起来，以非物质文化遗产的魅力增强人们的文化认同，培养人们对传统文化的文化自觉，使人们自觉加入到甘肃非物质文化遗产的挖掘与保护工作中来。

三、甘肃非物质文化遗产挖掘与保护的重点任务

甘肃非物质文化遗产体现了甘肃各民族特有的思维方式、心理结构和审美观念等，而非物质文化遗产的挖掘与保护是一项复杂的工作，在实际工作中不能“眉毛胡子一把抓”，要体现浓郁甘肃特色，抓住重点项

目，以点带面，使全省非物质文化遗产的挖掘与保护工作走上可持续的发展道路。

1.填补空白的国家级非物质文化遗产类别。

甘肃是文化资源大省。根据甘肃省非物质文化遗产的普查结果可以看出，甘肃非物质文化资源已涉及《中国非物质文化遗产普查手册》中十六大类。从类别上看，空白较少，基本上涵盖了非物质文化遗产的所有类别，但总量不够，这同我省极其丰富的文化底蕴是不相符的。从普查中获得的27075条非物质文化遗产项目线索来看，这些非遗项目线索分布在甘肃14个市（州）86个县（市、区），基本涵盖了普查手册中的16大类，下一步应该采取措施，组织力量，继续对非物质文化遗产进行深入调查、鉴别真伪、组织申报，不断丰富我省四级非物质文化遗产名录体系内容，填补甘肃国家级非物质文化遗产项目类别。

2.丰富和完善现有的非物质文化遗产项目内容。

被列入各级保护名录的甘肃非物质文化遗产是人们认识甘肃历史发展、多元文化的鲜活方式和手段，这些非物质文化遗产生动展现了先民们的生存状态、生产习俗、生活风貌、伦理观念等，反映了当时的社会形态、自然环境、宗教信仰等，这些非物质文化遗产包含丰富的民俗、历史、民族、宗教、科教、文化等信息，需要我们不断地发掘完善，使其原生的、本来的、真实的历史原貌得以展现，遗存的全部历史文化信息得以解读。已经挖掘出的国家级和省级以及市、县区级非物质文化遗产都是甘肃在历史进程中形成的游牧文化与农耕文化两大特色鲜明区域文化的见证，是甘肃敦煌文化、丝绸文化、黄河文化、伏羲文化、民族和民间民俗文化生动而具体的再现，反映了甘肃人文底蕴的深厚。以雄浑豪放的兰州太平鼓为例，通过不断挖掘，发现兰州太平鼓的节奏多是“三七点”，因地域的差异其文化内涵和表现形式存在差异。兰州太平鼓除了祭祀祈福、庆祝丰收的文化内涵外，还是古代军屯遗俗的见证。乱劈柴舞作为兰州太平鼓的一种表现形式，服饰道具更加花样翻新、奇形怪状，体现了藏族、蒙古族等民族的融合。随着人们求真求实的无止境追求，甘肃非物质文化遗产项目的原生态面貌将会更加鲜活的展现出来，项目内容将不断丰富和完善。

3.培育特色和优势文化产业。

甘肃非物质文化遗产积淀深厚、传统文化特色鲜明，需要对内容丰富的非物质文化遗产进行梳理和挖掘，认真研究和分析其潜在的经济价值进行开发，对那些既能显示甘肃文化特色又有经济产业开发价值、市场开发前景广阔的非物质文化遗产，在有效保护的前提下，加大具有市场属性的非物质文化遗产项目的市场化运作力度和步伐，将非物质文化遗产优势转化为经济优势与产业优势，积极培育特色文化产业、壮大优势文化产业，充分展示甘肃非物质文化遗产的独特魅力，促进非物质文化遗产挖掘保护与甘肃经济社会建设协调发展。

(1)特色演艺业。多年来，甘肃文化演艺业已形成了自己独特的艺术表演风格和特色，尤其是打“敦煌”文化牌，创造了一系列文艺演出精品，具有发展支柱文化产业的强势。进一步挖掘我省非物质文化遗产内涵，以黄河文化、丝路文化、敦煌古典文化、西部民族风情文化和民族民俗文化为背景，壮大特色演出业，丰富舞台表演艺术品种，使文艺演出精品成为重要的境内外演出品牌。继续提升《丝路花雨》、《大梦敦煌》、《敦煌韵》、《山月》等舞台表演精品的水平，大力开辟国内外演艺市场。继续挖掘豫剧、陇剧、花儿剧、兰州鼓子、兰州太平鼓舞、环县皮影戏等地方特色艺术的资源潜力，创造出一批新的艺术表演剧目；加强演出中介服务网络建设，推行演出经纪人制度。鼓励民间演出，促进民间演出的繁荣；深化国有文化演艺团体的改革，优化文化资源配置，建立有规模、有实力、高水平的文化演艺集团。

(2)特色加工业。传统的手工艺技能，是非物质文化遗产的重要样式。甘肃民间传统工艺技术资源丰富，其中不乏“身怀绝技者”。通过对甘肃传统手工艺技艺的整理、研究、挖掘，我们不难发现老祖宗传下来的特有技术和技能所制作的产品(如工艺品、生活品)，仍然具有广阔的市场，仍然能为我们带来巨大的经济效益。一是大力开发甘肃地区的各类具有甘肃特色的传统文化技艺产品，特别是要围绕黄河石、刻葫芦、庆阳香包、天水雕漆工艺、保安腰刀、敦煌文物复仿制等文化制品，把这类文化产业做大做强。二是优化文化品制造业的结构，提高文化品的科技含量，扩大文化制造品的消费市场。大力引进和吸收国内外先进文化品的制造技术，创造出一批适应现代城乡居民消费，并能打开国内外文化市场的新产品。此外，还要继续挖掘民族民俗文化资源，生产出一批反映各地民俗特色和民族特色的艺术品和文化用品，并不断挖掘新的产品品种、研究提高现有产品品质，使产品品种多样化、类型丰富化。同时，进一步规范兰州隍庙、金城关风情区等各市州非物质文化遗产保护区的展示、经营行为。

(3)特色旅游业。甘肃地处黄河文化、丝路文化、民族民俗文化等多种文化的交汇点,非物质文化遗产丰富,成为甘肃重要的旅游资源。加大非物质文化遗产资源同旅游的结合度。抓住全省加快旅游建设的机遇,设计开发系列非物质文化遗产产品,打造非物质文化遗产品牌,开拓非物质文化遗产旅游项目,建设非物质文化遗产旅游景区等。再次,促进非物质文化遗产展演活动的开展。以兰州市为例,金城关文化风情区已成为展示非物质文化旅游特色的窗口,正在形成品牌效应。作为展示兰州非物质文化遗产的平台,充分发挥兰州秦腔博物馆、兰州非物质文化遗产专题博物馆、兰州彩陶博物馆和榆中兰州牛肉拉面博物馆以及省博物馆、市博物馆等博物馆的旅游资源优势,开展各种形式的体现兰州风土民情、文化表演、文化工艺制品等展示活动,使旅游者充分感受到兰州独特的地域文化。此外,为增强旅游节会和日常旅游的文化氛围,还应有组织的开展丰富多彩的民俗民间文化现场表演。

(4)特色餐饮业。饮食文化是甘肃文化的重要组成部分,因而在今天,仍然还有许多值得我们挖掘散落于各处的传统厨艺。以省会兰州市为例,从兰州清汤牛肉面、酿皮子、臊子面、油炒粉、猪脏面、兰州热冬果、甜醅、灰豆子、软儿梨、白兰瓜、兰州百合、兰州大板黑瓜籽等风味名吃中,培育和壮大各具特色的兰州餐饮业。例如,兰州清真餐饮的代表---牛肉面,依托品牌优势,继续做强做大牛肉面产业,把兰州打造成全国的兰州牛肉拉面技术研发中心、行业技术质量标准制定中心、从业人员技能培训和输出中心、原辅料加工供应中心、连锁经营推广中心,形成集科研开发、技术培训、生产加工、物流配送、连锁经营为一体的覆盖全国的兰州牛肉面产业体系。

临夏砖雕艺术

临夏砖雕是临夏县一种传统的建筑装饰雕刻。临夏砖雕源于秦汉，是当时民间木雕技艺的延伸。明、清两代是临夏砖雕的兴盛时期，1949年后曾一度冷落，近二十年又得以复兴。砖雕成品主要用来装饰寺、庙、观、庵及民居中的深宅大院，一般用于天井、山墙、影壁、廊心壁、丹墀、台阶、下槛、墀头、须弥座、屋脊等处，雕刻题材可分自然景物、社会生活及富有民族特色的装饰纹样等几类。在发展过程中，临夏砖雕吸收了木雕、石雕、玉雕等雕刻艺术的手法，同时注意将传统国画、书法、印章、诗文的艺术表达形式与砖雕手法融会贯通起来，形成多元性的艺术特征，既保留着特有材料所呈现的质朴和简约，又呈现出多样化的艺术特征。

临夏砖雕的工艺主要分为捏雕和刻雕两种。捏雕先捏塑各种造型，后入窑焙烧，制作脊兽、套兽、宝瓶等多用此法；刻雕在土窑绵砖上用刀雕刻，建筑物中的墙饰、台阶等多用此法。刻雕的工艺包括打磨、构图、雕刻、细磨、过水、编号、拼接安装、修饰等八道程序，制作工具有折尺、锯子、刨子、铲、錾、刻刀等，其中铲、錾和刻刀又随工艺要求分轻重、大小、长短、刃口宽窄薄厚数种。其雕刻技法主要有阴线刻、凹面线刻、凸面线刻、浅浮雕、高浮雕、镂空式透雕等种类。现在临夏砖雕的主要传承人有周敬德、绽学仁等。

资料来源：《临夏砖雕艺术》.甘肃.国家名录.非物质文化遗产代表作，中国非物质文化遗产网，http://www.chinaich.com.cn。

第七章　甘肃非物质文化遗产挖掘与保护中的人才问题

人是生产力中最活跃的因素。面对甘肃纷繁复杂的非物质文化遗产挖掘与保护工作，人的智慧与创新，往往发挥着最关键的作用，人才是我们做好非物质文化遗产挖掘与保护工作的信心所在。

一、甘肃非物质文化遗产挖掘与保护人才队伍建设现状

人才是非物质文化遗产挖掘与保护工作中的关键。为了继承和弘扬优秀传统文化，多年来，甘肃在非物质文化遗产挖掘与保护人才队伍建设方面做了大量工作并取得显著成绩。

1.非物质文化遗产保护队伍日渐发展壮大，人员素质显著提高。

首先，各级项目代表性传承人队伍不断壮大。各级项目代表性传承人是甘肃省非物质文化遗产挖掘和保护的宝贵财富，对传承人的保护是做好非物质文化遗产保护工作的基础性环节，是非物质文化遗产保护工作的核心和关键。近年来，甘肃对非物质文化遗产技艺技能艺人进行摸底调查、登记、认证。如今甘肃非物质文化遗产代表性传承人队伍日渐发展壮大，其中国家级项目传承人33人，省级传承人298人、市、县级项目传承人近600人，尤其是文化部公布第三批国家级非物质文化遗产项目传承人中，甘肃有22人入围“非遗”项目传承人，与往届相比，这次我省入选的人数明显增多，出现“井喷”现象，与第二批国家级非物质文化遗产项目传承人相比，增长了266.67%。另外，从2002年至今，庆阳市由中国民俗学会、中国民间工艺美术学会和甘肃省、庆阳市的相关学会、协会命名了400多名民间艺术大师、民间艺术能手，这是庆阳民间艺术的人才库。正宁县全县

从事香包生产的6178户，1.24万人，刺绣能手200多人，国家省市民间艺术大师39人。再以永登县为例，目前，永登县非物质文化遗产挖掘和保护工作走在兰州市前列，其中培养“非遗”艺术骨干人才达200余人，形成老中青结构合理的表演队伍。总之，甘肃从国家到省、市、县四级传承人保护队伍的形成和发展壮大，有效地推动了甘肃非物质文化遗产保护传承和发展。

其次，甘肃“非遗”专业工作者队伍素质不断提升。从2006年开始，省文化厅举办了全省非物质文化遗产普查工作、非物质文化遗产保护名录申报等各种形式的培训班，有力提升了专业保护工作者队伍的素质。据统计，2004年以来，全省共组织了省、市、县各级相关培训和辅导300多期，培训人员共计近万人次。同时，省上积极争取文化部和国际非物质文化保护中心的培训机会，大批非物质文化遗产挖掘与保护人员得到了培训，工作能力和综合素质得到提高。

总之，甘肃从事非物质文化遗产保护工作队伍的日渐发展壮大，人员综合素质的提高，极大地推动了甘肃非物质文化遗产挖掘与保护工作的开展。

2.代表性传承人传承的积极性明显提高。

传承人是非物质文化遗产的重要承载者和传递者，他们掌握着非物质文化遗产的丰富知识和精湛技艺，是非物质文化遗产活态传承的代表性人物。随着政府对非物质文化遗产挖掘与保护宣传力度的逐步增强，非物质文化遗产在全社会越来越受到尊重，代表性传承人的社会地位日益提高。2008年，甘肃制定了《甘肃省非物质文化遗产项目代表性传承人认定与管理办法》，对传承人的认定、管理、权力和义务做了明确规定，政府还在生活上对传承人给予关怀、照顾，在经济上给予资助，发放补助金，设立传习所，传承人在传承中面临的实际困难逐步得以缓解。比如，从2007年开始，兰州市政府对4个市级传承人，根据城乡差别每月补助300元到400元不等的保护津贴，并不断增加传承人补贴人数，鼓励他们带徒授艺，开展传习活动。针对非遗群众性表演项目，兰州市政府还采取每场1000元到3000元不等的演出补贴，激发了广大民间艺人传承非物质文化的热情。据不完全统计，兰州现在能够正常开展传习活动的“非遗”项目占市级“非遗”项目的80%以上。另外，甘肃省环县对80名年满60岁的皮影艺人每月按档发放200元至600元不等的补贴。此外，还运用法律的形式保护传承人的知识产权和合法权益，传承人传承非物质文化遗产的积极性明显提高。由于各级政府的支持和资助，极大地提高了传承人的责任感和使命感，为甘肃非物质文化遗产的有效传承提供了保障。目前甘肃多数“非遗”项目能够利用农闲时间定期或不定期地举行传习演出活动。

3.社会人员参与度逐步提高。

在实践中，省、市、县（区）各有关部门注重发挥社会人才的作用，积极吸收社会人才参与到非物质文化遗产的普查、挖掘和保护工作中，社会人才在缓解非物质文化遗产保护相关部门人力不足方面发挥了重要作用。由于非物质文化遗产挖掘与保护工作的专业性与复杂性，省、市、县（区）也都建立了专家委员会，吸纳在非物质文化遗产挖掘与保护方面具有一定造诣的专家参与论证、评审保护工程试点项目等，为非物质文化遗产挖掘与保护工程提供专业咨询和业务指导。另外，在非物质文化遗产挖掘与保护的实践过程中，通过开设非遗宣传、讨论专栏，刊登研究文章，吸引一些热心非物质文化遗产保护事业、具有一定专业基础的社会人员积极参与非物质文化遗产挖掘与保护工作。社会人员对非物质文化遗产挖掘与保护的社会关注度和参与度逐渐提高，进一步助推了甘肃非物质文化遗产保护传承与研究工作。

二、制约甘肃非物质文化遗产挖掘与保护人才队伍建设的困难和问题

人才制约是当前和今后一个时期甘肃非物质文化遗产挖掘与保护工作中最根本的制约因素。非物质文化遗产挖掘与保护是一项全新的、专业性较强的工作。甘肃非物质文化遗产涵盖面广，挖掘与保护工作量大，需要大量具备相关专业知识和高度工作热情的专业工作人员和社会人才，但甘肃非物质文化遗产挖掘与保护人才队伍建设中存在着许多问题，人才的数量和质量不高、分布不合理、结构不合理、人才浪费和人才流失等现象普遍存在。主要体现在：

1.专业保护人员数量不足，素养有待进一步提高。

在甘肃非物质文化遗产保护队伍逐渐发展壮大让人兴奋的同时，保护队伍建设的不足同样令人担忧。总体上看，甘肃非物质文化遗产保护专业人员数量不足，知识储备不够，人才的知识结构和人员分布不均等问题普遍存在。

一是甘肃非物质文化遗产专业人员总量不足，具体表现为省、市（州）、县（区市）、乡（镇）四级非物质文化保护中心多数无独立编制和专

业工作人员，甘肃各地落实机构和编制的县区仅占1%左右。往往使非物质文化遗产挖掘与保护工作陷入盲目、被动和无序之中。现有人员分布不均，有专业技能的人才大量集中在省内条件较好的文化事业单位，而基层和乡村文化单位专业人员相对匮乏，尤其是基层文化单位，专业工作者多为兼职，具体表现在各县区缺乏专职普查人员，现有的普查人员大多身兼数职或为临时抽调人员，工作缺乏长远规划、统一安排，他们大多缺乏专业知识和相应的工作能力，特别是摄录、记谱、音像资料制作人员极为匮乏，使许多资料征集后不能有效得到开发、保护和利用。更为严重的是，现有的省、市(州)、县(区市)非物质文化遗产保护中心在各级文化馆加挂牌子的建设模式，造成人员岗位不固定，不利于甘肃非物质文化遗产挖掘与保护工作的开展。

二是专业人员知识结构不合理。非物质文化遗产挖掘与保护工作内容涉及民俗学、宗教学、法学、经济学以及音乐、美术、数字化多媒体等多学科、多方面的知识，涉及专业门类众多，且专业性较强，综合素质要求很高，而现有文化单位专业人员所学专业比较单一，知识结构也以专业基础知识和技能为主，而兼有多学科知识的人才，尤其是熟悉非物质文化遗产保护工作、懂经济、善管理、会经营的复合型人才十分匮乏。另外，还缺乏从事网络建设专门人员和专业的理论人才、研究人员。培训是提升人员素质的有效途径，但现有的培训对非遗保护工作者的专业素养和理论提升有用但是提升空间是有限的。现有工作人员业务不精、专业素养不够等问题，使他们在面对复杂的挖掘与保护问题往往表现出力不从心，疲于应付，再加上理论的欠缺阻碍了实践的步伐，影响非物质文化遗产挖掘与保护工作的深入。

三是一些文化部门和单位的领导人员缺乏战略思维，不能摆正文化建设的位置，认为文化建设应当为经济建设和政治建设让道，等经济建设搞好了，文化建设自然就上去了。在实际工作中表现为对非物质文化遗产挖掘与保护工作漠不关心，不给予必要的经费支持，甚至违背财政制度，挪用非物质文化遗产挖掘与保护专项资金。总之，非物质文化遗产挖掘与保护专业人员的缺少，极大地限制和影响了挖掘和保护工作地深度开展。

2.传承人不足和老龄化现象严重。

非物质文化遗产主要靠口传心授，言传身教，因而，掌握着独门绝技的传承人是非物质文化遗产项目传承的主体，是非物质文化遗产挖掘与

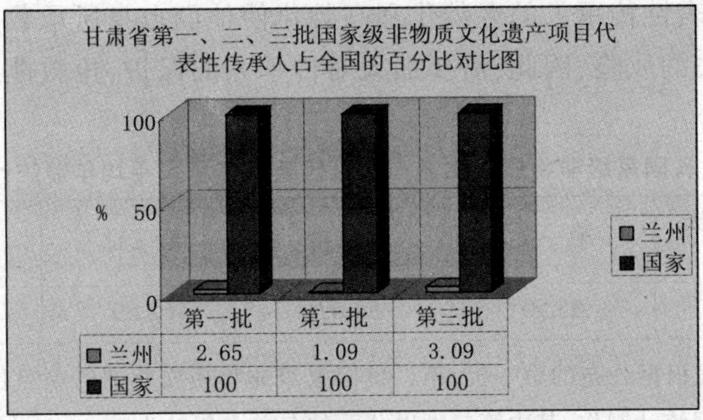

图7–1

保护中的核心资源和关键，是我省非物质文化遗产挖掘与保护工作的宝贵财富。离开了传承人，非物质文化遗产的挖掘与保护就无法进行。

长期以来，甘肃非物质文化遗产项目传承人严重不足。从全省来看，由图7–1可知，甘肃省国家级非物质文化遗产项目代表性传承人在第一批、第二批、第三批中占全国的比例分别为2.65%、1.09%、3.09%，这与我省悠久的历史，作为文化大省所拥有的丰富多彩、博大精深的非物质文化遗产的现实极其不符。另外，传承人老龄化现象严重。从全省来看(见表7–1)，国家级非物质文化遗产项目代表性传承人的平均年龄分别为65.50岁、54.67岁、62.59岁，总体平均年龄为61.71岁。从兰州市来看，以省级项目兰州太平歌为例(见表7–2)，从传承谱系来看，兰州太平歌目前传至第四代，第一代和第二代传承人都已离世，第三代传承人共有5人，有3人健在，平均年龄为82岁，第四代传承人共有5人，3人健在，平均年龄为63.7岁，随着传承人的相继离世，一些项目面临着“人亡技失”的危险境地。以兰州鼓子为例，如今兰州会唱鼓子的艺人约有400余人，且70%~80%的是60岁以上的老人。具体讲，安宁区兰州鼓子第一代传承人已经离世，第二代传承人共有10人，健在2人，平均年龄为84.5岁，第三代共有传承人21人，都健在，平均年龄为63.2岁，目前传至第四代，传承人只有1人，传承人老龄化和高龄化现象日益严重。从县区来看，以安宁区的2项非物质文化遗产各代代表性传承人为例，从传承谱系来看，以区级项目刺绣为“点”(见表7–2)，刺绣目前传至第五代，第一代和第二代传承人都已离世，第三代传承人共有1人，虽健在但已91岁高龄，第四代传承人共6人，平均年龄为59.8岁。另一项区级项目剪纸目前传至第三代，第一代共2人，一人健在，71岁，第二代共7人健在，平均年龄为56.8岁。

可见，甘肃非物质文化遗产项目代表性传承人的年龄多为中老年人,我省代表性传承人的老龄化和高龄化使他们自身所承载的绝艺面临着人去技失的风险,因此,需要加大对传承人的保护,抢救性地传承他们的技艺。

表7-1　甘肃省国家级非物质文化遗产项目代表性传承人平均年龄统计表　单位:岁

批次 平均	第一批	第二批	第三批	总体
平均年龄	65.50	54.67	62.59	61.71

注:本表根据公布的第一批、第二批国家级非物质文化遗产项目代表性传承人名单相关数据统计制作,其中第三批以公示的名单中年龄为准。

表7-2　安宁区非物质文化遗产项目各代代表性传承人相关资料对比表　单位:人

项目名称	第一代	第二代			第三代			第四代			第五代		
		总数	健在	健在均龄	总数	健在	健在均龄	总数	健在	健在均龄	总数	健在	健在均龄
兰州鼓子	4	10	2	84.5	21	21	63.2	1	1	36			
兰州太平歌	2	5	0	0	5	3	82	5	3	63.7			
兰州狮舞(安宁堡)	1	5	0	0	5	2	70.5	7	7	43.1	20	20	16.4
兰州狮舞(沙井驿)	1	5	1	73	3	3	68.3	4	4	42	6	6	31.2
兰州狮舞(沙井驿)第六代											9	9	20.3
刺绣	1	1	0	0	1	1	91	6	6	59.8	1	1	32
剪纸	2	7	7	56.8	2	2	38						
兰州棺木彩绘	5	1	1	70	4	4	50	5	5	39			

注:兰州鼓子(国家级)、兰州太平鼓舞(国家级)、兰州太平歌(省级)、狮舞(区级)、刺绣(区级)、剪纸(区级)、棺木彩绘(区级)等7项为安宁区非物质文化遗产保护的主要项目,其中,兰州太平鼓舞由于统计方法的原因,无法进行列表。剪纸第一代传承人共两人,现今,有一人健在,71岁,其余项目第一代传承人均已离世。

3.非物质文化遗产继承人极度匮乏。

高超、独特的非物质文化遗产需要代表性传承人口传心授给继承人,继承人的潜心研究有助于推动非物质文化遗产发扬光大。然而,在现实中,甘肃非物质文化遗产继承人匮乏已是不争的事实。受多元文化的冲击和经济利益的驱使，再加上非物质文化遗产的市场逐渐萎缩，愿意继承和学习“非遗”技能的年轻人越来越少，这是造成甘肃非物质文化遗产传承堪忧的重要因素。

以非物质文化遗产工作做得比较好的兰州市安宁区为例，从传承谱系来看，国家级项目兰州鼓子代表性传承人目前健在的有24人，其中中年8人，青年2人，占总数的41%；省级项目兰州太平歌中年传承人1人，青年传承人断档，仅占16%。区级项目刺绣中年传承人3人，青年传承人1人，占50%，从以上数字可以看出，中青年继承人匮乏，尤其是青年传承人匮乏，甘肃非物质文化遗产的挖掘与保护工作前景堪忧。我省世界级非物质文化遗产“花儿”同样面临着青黄不接的窘境，据花儿皇后苏平讲，当地过去几乎人人会唱花儿，而现在花儿歌手只有千余人，且除了集会歌手们才能凑到一起交流学习外，此外，再没有相识的机会，更别说发觉培养新人了。

从地处偏远地带的陇南市武都区国家级非物质文化遗产项目“武都高山戏”来看，高山戏传承人在经历了昔日的辉煌后，现在面临着进退维谷的尴尬境地。从表7-3可知，历史上，以鱼龙镇为中心，高山戏在群众中有广泛群众基础，承继人层出不穷，所以产生了众多的代表性传承人，尤以20世纪20年代和30年代出生的人为代表；在20世纪40年代和50年代出生的人身上，高山戏承继人开始出现衰微，其表现为代表性传承人人数开始出现下降。以20岁左右达到承继人年龄来推算，因20世纪40年代和50年代出生的人处于饥荒、“文革”等特殊时代，承继人衰微如果情有可原的话，20世纪60年代出生的人处于改革开放的大好时代，然而高山戏并没有随着改革的春风而呈现繁荣，20世纪60年代出生的代表性传承人出现断代；在物质富裕而思想浮躁的今天，高山戏承继人更是缺乏成长的群众土壤，不过，可喜的是高山戏并没有从此销声匿迹，在70后中不断涌现代表性传承人，让我们感到一丝欣慰。

表7-3 武都高山戏代表性传承人状况统计表

姓名	出生年月	技艺特征	住址	身体状况
李佩英	不详	编导，曾创作剧目《王强卧冰》等	隆兴乡王家坝	已故
王兴国	不详	《争状元》	隆兴乡蛇崖村	
杨怀清	1921	1956年11月，进省城演出传统高山戏《咸阳讨债》	鱼龙镇杨坝村	已故
杨守基	1929			
杨守忠	1935			
卯安娃	1932			
王海生	1932			
卯世彩	1932			
杨守金	1934			
尹执川	1930	曾编写过《武松打虎》等高山戏故事	鱼龙镇上尹村	已故
尹维新	1943	编写、配乐、导演、移植《夺队长》等剧目	鱼龙镇上尹村	常年有病身体差
尹文忠	1952	曾编导、创作剧目《王强卧冰》等	鱼龙镇上尹村	已故
张社琴	1956	演员，演出《赶会》等许多优秀剧目	鱼龙镇张湾村	较差
尹社宝	1957	演员、擅长高山戏“把式舞”的表演等	鱼龙镇上尹村	较好
尹利宝	1979	编导、琴师、高山戏理论研究者，与尹维新合作《齐上阵》等剧目	鱼龙镇上尹村	较好

4.从事非物质文化遗产的社会人才不足。

非物质文化遗产的挖掘与保护需要社会人才的广泛参与，活跃于甘肃各地的各类民间协会，吸纳和培养了大量的民间艺术人才，对甘肃非物质文化遗产的传承发挥了重要作用，但是，社会人才还没有得到有效整合，社会人才的积极性还没有得到充分发挥。比如，作为非物质文化遗产生存土壤的乡镇和社区还没有建立非物质文化遗产挖掘与保护志愿者队伍，现有的民间协会的数量不足，且社会人才的积极性还没有得到充分发挥，特别是那些活跃在广大民众中间的民间艺术家、各行各业的能工巧匠、文化传人等社会人才、民间人才的潜能还未被充分发掘出来，对这些宝贵资源开发还缺乏相应的激励机制。

另外,传统上承担繁荣基层文化,丰富群众精神生活的各类民间团体在新的时代背景下,不仅没有活跃起来,反而一步步走向衰微。以陇南市为例,陇南市武都区高山戏在历史上每年正月前后有必然演出的良好习俗,这其中,高山戏业余剧团的繁荣功不可没,高山戏发源地鱼龙镇,在1985年以前,全镇30多个自然村有高山戏业余剧团23家,发展至今天,仅剩上尹村一家业余剧团勉强维持。

三、加强甘肃非物质文化遗产挖掘与保护人才队伍建设的主要措施

人才资源是第一资源,人才发展是根本的发展,人才优势是真正的优势。非物质文化遗产挖掘与保护是一项长期、复杂和艰巨的系统工程,工作量大面宽,专业性强、技术要求高,需要一批素质高、业务精、责任心强,对民族民间文化有浓厚感情和热情的专、兼职工作队伍,形成非物质文化遗产抢救、保护、研究和管理的人才队伍,因此,要把加强队伍建设放到首要位置,大力实施人才发展战略。

1.树立正确的人才观。

树立包容性、广博性和开放性的人才观,充分调动各级各类人员的积极性,使其潜力得以充分发挥,积极投身于全省非物质文化遗产的挖掘与保护工作。

一是坚持人才优先。在非物质文化遗产挖掘与保护工作中确立人才优先发展的地位,摆正人才发展与非物质文化遗产挖掘与保护工作的位置关系。把人才工作落实到甘肃非物质文化遗产挖掘与保护工作的发展规划、工作部署、地方立法和重要政策上,做到人才资源优先开发、人才结构优先调整、人才投入优先保证、人才制度优先创新,以人才优先发展为甘肃非物质文化遗产的挖掘与保护工作提供先决条件。

二是坚持以用为本的原则。要把最大限度的发挥各类人才的作用作为人才工作的根本任务。以用好用活人才、提高人才使用效能为中心,把人才的使用贯穿到非物质文化遗产挖掘与保护工作的各个方面、各个环节。建立健全有利于人才充分发挥作用的政策体系和体制机制,培养形成有利于人才全面履行职能的社会环境,积极为人才干事创业和实现价值提供机会和条件。

三是以改革创新精神推动人才工作与时俱进。把服务非物质文化遗产的挖掘与保护作为人才工作的根本出发点和落脚点，进一步解放思想，不断深化改革，以改革创新精神推动人才工作与时俱进，破除一切束缚人才发展的思想观念，确定人才队伍建设和人才工作体制机制，开发和配置人才资源。从甘肃非物质文化遗产挖掘与保护的实际出发，积极探索人才工作新思路，大胆提出人才发展新举措，努力创新人才工作机制，逐步形成与甘肃非物质文化遗产挖掘与保护工作相适应的人才培养开发、评价发现、选拔任用、激励保障等各项环节相互衔接的充满活力的人才发展机制。

2.以教育培养为基础，大力加强人才资源能力建设。

人才资源能力建设是人才发展的主题，而教育培养是人才资源能力建设的基础，因此，着眼于人才总量的增长和人才素质的提高，树立大教育、大培训观念，在提高全省人民文化自觉意识的基础上，重点培养非物质文化遗产挖掘与保护人员的学习能力、实践能力，着力提高人员的创新能力，为甘肃非物质文化遗产挖掘与保护人才不断涌现和充分发挥作用奠定基础。

(1)大力发展教育事业，积极推进素质教育。

增加教育投入，改善教育条件，大力发展教育事业。首先，贯彻落实甘肃非物质文化遗产保护的相关政策，鼓励支持优秀非物质文化遗产进学校、进课堂，研究制定我省非物质文化遗产中长期教育计划。制定实施甘肃省非物质文化遗产青少年传承教育活动实施方案，在青少年中大力开展非物质文化遗产保护知识的宣传、教育和普及，增强青少年对全省优秀传统文化的认知度，丰富中小学生的校外文化生活。其次，充分发挥高校作为甘肃非物质文化遗产挖掘与保护人才培养重要基地的作用。鼓励高校调整学科和专业结构，支持甘肃地区的高等院校开设非物质文化遗产保护专业，培养专业人才。支持在全省非物质文化遗产项目传习所、文化企业建立实践基地，创新人才培养模式，重点培养非物质文化遗产挖掘与保护急需的理论与实践兼备的通才，建立高等教育同甘肃非物质文化遗产挖掘与保护工作人才需求相适应的有效机制，

(2)全面开展教育培训，建设终身教育体系。

加强非物质文化遗产挖掘与保护各类人员的培养和继续教育工作，建立多层次、多学科、多渠道的科学完善的非物质文化遗产保护工作人才培训体系，为非物质文化遗产挖掘与保护工作提供人才保障。

一是在全社会进一步树立终身学习的观念，鼓励人们通过多种形式和渠道参与终身学习，建立广覆盖、多层次的教育培训网络，推动学习型单位、学习型社区建设，营造“人人崇尚学习、全民参与学习”的良好氛围，构建终身教育体系。

二是制订非物质文化遗产保护工作人才教育培训短期计划和中长期规划，有计划地分层次地教育培训文化遗产挖掘与保护所需的各类专业人才，尤其教育培训一支专、兼职结合的非物质文化遗产挖掘与保护工作队伍。

三是扩大培训范围。把专业保护工作者、传承人以及热心非物质文化遗产挖掘与保护的社会人员均纳入培训范围，按照推进科学发展的要求，遵循人才成长规律，实施专业保护工作者知识能力素质提升工程，实施传承人专业知识丰富和更新工程，开展热心非物质文化遗产挖掘与保护工作社会人员的知识普及工程。此外，加大对非物质文化创意策划人才、管理人才、营销人才的培养步伐。丰富培养方式，拓宽培训渠道，加大培训力度。按照政府主导、单位自主、个人自愿的原则，开展教育培训。整合教育培训资源，广泛依托高等院校、政府培训机构、社会培训力量开展培训，尤其充分利用科研院所、高等院校的人才优势和科研优势，采取课堂讲授、函授、远程教育等多种形式，分级、分批、分期对非物质文化遗产挖掘与保护工作相关的人员进行教育培训，培养一批在搜集、整理、承传、保护非物质文化遗产方面的专门人才，造就一支热爱民族民间文化、具有奉献精神的高素质传承人和社会人才，不断壮大非物质文化遗产保护工作队伍。

四是完善基础设施建设。加强人才培训的信息化建设，建立联通市、县区、乡镇、村的继续教育网络，抓好远程终端教育和家庭教育上网工程等，带动人才培养、培训、继续教育工程的现代化，使人才能够获得快速、便捷、及时、先进的培养教育。

3.大力培养造就千万计的各级各类人才。

坚持以人为本，造就一批热爱民族民间文化、专业技术精湛、业务素质过硬、乐于奉献、年龄和专业结构合理的非物质文化遗产挖掘与保护工作者队伍，使甘肃非物质文化遗产挖掘与保护工作走上依靠人才、依靠人的素质的科学轨道上来。

(1)不断提升专业保护工作者素质。

围绕提高战略决策能力、前瞻能力、团队建设能力、管理变革能力、综合知识技术能力等，不断提升专业保护工作者素质。

一是不断改善人才知识结构，完善能力素质评价标准。加强对专业保护工作者的政治理论、专业知识和技能、法律知识、管理知识、经济知识等的系统培训，并逐步调整人才的专业和技能结构，使专业保护工作者既有深厚理论功底，又有丰富实践经验，既有本专业知识，又有相关专业技能的通才，建立起一支政治强、业务精、善管理的专业工作队伍。另外，积极同非物质文化遗产挖掘与保护工作做得比较好的地区开展合作交流，通过派出去、请进来和举办定期或不定期培训班等形式，不断提高现有人员的工作能力和业务水平。此外，逐步建立符合甘肃实际的专业保护工作者能力素质评价标准，以适应甘肃非物质文化遗产挖掘与保护工作的需要。

二是调整人才的行业和城乡分布，改善人才布局。采取措施为基层培养和输送各类文化人才，为在农村、基层和艰苦地区从事非物质文化遗产挖掘与保护人才提供待遇上的优惠，鼓励人才向基层、向农村流动，造就一支高素质的基层文化工作队伍。

三是实施聚才工程，积极引进文化人才。大量引进各类非物质文化遗产挖掘与保护、传承与发展方面的文化人才和专业技术人才，形成人才优势互补的良好局面。正确处理引进人才与引进智力的关系，采取灵活多样的人才柔性流动政策，按照“不求所有，但求所用”的原则，不拘一格引才引智。鼓励以短期聘用、人才兼职、技术引进、合作研究、技术指导等方式，大力引进非物质文化遗产挖掘与保护紧缺急需的高层次人才智力，做到引才与引智紧密结合。此外，积极引进各类适用文化产业人才，尤其是引进大批具有开拓性和创新型、懂经营、善管理、精业务且熟悉艺术规律的复合型人才，为非物质文化遗产挖掘与保护工作提供强有力的人才支撑。

四是造就一支专业的理论研究人才，推动项目的传承和深度开发，为挖掘和保护工作提供业务指导和信息服务，为非物质文化遗产挖掘与保护工程储备人才。

(2)发展壮大传承人队伍。

非物质文化遗产活态传承的特性决定了挖掘与保护非物质文化遗产最核心、最关键、最紧迫的工作是做好传承人的保护工作。非物质文化遗产传承人是非物质文化遗产的传承主体，发展壮大传承人队伍是非物质文化遗产挖掘与保护工作的重中之重。没有了传承人，非物质文化遗产也将随之消失，即所谓“人亡艺绝”。

一是推动传承人认定的规范化。积极推动《甘肃省级非物质文化遗产项目代表性传承人认定与管理办法》(讨论稿)的讨论通过，推动市县级非物质文化遗产项目代表性传承人认定与管理办法尽快进入各级政府的议事日程。广泛深入发掘非物质文化遗产项目代表性人物，继续作好对非物质文化遗产传承人的认定、报批、命名、授予称号等工作，推进各级各类项目代表性传承人认定的规范化，不断扩大传承人队伍，这样不仅有利于提高传承人的社会地位和影响，广泛宣传他们的艺术成就，还会让更多的人认识非物质文化遗产的价值，进一步推进非物质文化遗产的保护工作。

二是做好传承人的扶助工作。对列入各级名录的非物质文化遗产代表作的传承人在政策上给予重点扶持，采取命名、表彰奖励、资助扶持等方式，特别是对非物质文化遗产项目持有人和民间手艺传习人给予生活上的补贴，并不断提高补贴范围和补贴标准等，鼓励代表作传承人(团体)进行传习活动，参加各种类型的宣传、展演活动，展示技艺，提高技能，资助、支持他们以各种方式带徒授艺，开展教学、交流等活动，培养接班人，确保甘肃优秀的非物质文化遗产项目的传承发展。另外，为传承人开展传习活动提供必要的传承场所，充分调动传承人的传承积极性和艺术创造力。

三是维护好传承人的权益。制定完善的法律、法规和政策措施，形成一整套对传承人合法权益予以保护的完整规则，使传承人的劳动在全社会得以尊重，让传承人拥有恒产和恒心，使他们产生投资非物质文化遗产的信心、置产的愿望和创业的动力。

四是培养创新型传承人。创新是文化的本质特征，培养创新型传承人是非物质文化遗产传承和发扬光大的根本动力。首先，推动传承人传承思想解放。摒弃保守自发的传统观念，树立开放自觉的现代理念。非物质文化遗产传人所怀有的绝技、绝艺，体现了传承人的灵性、智慧，内含传承人太多的心血、汗水和独特的情感，这些技艺是他们祖辈及自身在社会上立足的资本，往往属于特定的家族或者为某一特定的人群所拥有，为了能够使自身的权益得到延续，往往规定有严格的传承条件，比如传男不传女、传内不传外等。随着社会的转型，传承环境发生变化，传承的群众基础萎缩，传统的传承条件造成传承面过窄的弊端日益凸显，有许多非物质文化遗产因此灭失。为了使饱含自身特殊情感的非物质文化遗产的薪火代代相传，永不熄灭，传承人应该解放思想，摒弃保守的传统观念，树立开放发展的思想，站在传承人类宝贵的优秀文化的高度，使自己的传承思想同变化了的时代和传承环境结合起来，冲破那些已经不符合实际的“习惯思维”，用发展变化的观点创造性的改造传承的现实客观世界。其次，推动传承人艺术表现内容和表现形式方式的创新。随着社会的交替和现代传媒的发展，人们的审美趣味是在发展变化的，政府应当引导传承人正视这种变化，着手研究和改革非物质文化遗产传承的表现内容和方式形式等，按照“旧中有新，新中有根”的原则，树立“破与立”的胆略，“革与创”的气魄，“闯与干”的精神，不断改革所反映的题材；探索非物质文化遗产同市场的有机结合，在内容上，作品中不仅有传统题材各种民俗的表现，还有新时代新生活的典型情节，在传统基础上不断有新的发展；探索非物质文化遗产同现代科技的结合，比如戏剧同动漫的结合等，以创新焕发非物质文化遗产的魅力，吸引观众，培养繁荣的市场。通过创新传承的方式方法，能够破解非物质文化传承中传承面过窄、群众基础丧失等不利因素，使非物质文化遗产的传承这条河流奔腾不息。

(3)大力培养后继人才。

保护传承载体，就是加大对中青年传承人的培养，改变民族民间艺术队伍后继乏人的现状，避免濒危非物质文化遗产的传承断线。

一是探索非物质文化遗产后继人培养同职业教育相结合的新模式。探索建立政府主导、财政补贴、职业院校为基础，学校教育同社会实践并重的非物质文化遗产后继人培养工程。此外，对学艺者采取助学、奖学的鼓励方式，以培养更多的后继人才。

二是加大人才成长的“生态保护区”建设。人才的培养不是孤立的，人才成长的良好土壤是人才培养根繁叶茂的关键。社区和民众是非物质文化遗产挖掘与保护人才成长的天然土壤，因为基层社区和民众的日常生产生活正是非物质文化演绎与发展的舞台和素材，是非物质文化遗产的涵养源。离开基层社区和民众，非物质文化遗产的挖掘与保护将是无源之水，无本之木，必将是“空壳化”。首先，思想上高度重视社区和民众的作用。联合国教科文组织《保护非物质文化遗产公约》中曾指出：“承认各社区，尤其是原住居民、各群体，有时是个人，在非物质文化遗产的生产、保护、延续和再创造方面发挥着重要作用，从而为丰富文化多样性和人类的创造性作出贡献”，“在开展保护非物质文化遗产活动时，应努力确保创造、延续和传承这种遗产的社区、群体,有时是个人的最大限度的参与,并吸收他们积极地参与有关的管理”。可见,社区和民众才是非物质文化遗产的涵养地。其次,通过政策的宣传与引导,不断增强民众对优秀传统文化的认同, 增强民众对非物质文化遗产的挖掘与创造的积极性。对民众的生产生活方式、风俗习惯、宗教信仰等保持最大程度的包容,尊重劳动人民的主体创造地位。

(4)整合社会人才资源。

一是活跃民间艺术团体。多年来,民间艺术团体对于非物质文化遗产的传承和人才培养等方面做出了积极的贡献。大力贯彻实施《文化部、财政部、人事部、国家税务总局关于鼓励发展民营文艺表演团体的意见》,本着鼓励、引导、扶持的原则制定配套政策,在市场准入、审批手续、艺术创作、人才培养等方面出台具有操作性的措施,为活跃民间艺术团体打造一个良好环境,使那些蕴藏在民间的民间艺术家、能工巧匠、文化传人能够充分展示自己的才华。在条件成熟的民间艺术团体中间建立协会,维护民间艺术团体的合法权益,引导民间艺术团体的规范发展。

二是探索建立健全志愿者队伍建设长效机制。第一,要健全招募机制。拓展招募渠道,充分利用网络、手机短信等新媒体,逐步建立起既有长期项目招募,又有短期项目的临时招募,既有应急式招募,又有储备式招募的多种方式相互补充的招募工作机制。第二,要健全管理机制。建立完善层级管理、活动管理等制度,明确志愿者的职责,保证志愿者服务活动规范有序开展。第三,健全激励机制。建立一套志愿者服务经历的认可、表彰等方面的相关政策及激励体系,引导更多的社会公众参与非物质文化遗产的挖掘与保护。第四,健全保障机制。建立志愿者培训阵地,定期对志愿者进行培训。同时,建立健全组织协调、资金筹措等项目保障机制,使志愿者服务工作有章可循、持久开展。

4.不断优化人才发展环境。

为甘肃非物质文化遗产挖掘与保护工作中的各级各类文化人才提供良好的服务,以事业感召人才,以环境吸引人才,以服务凝聚人才,努力营造鼓励人才干大事、支持人才干成事、帮助人才干好事业的社会环境。

(1)努力营造尊重劳动、尊重知识、尊重人才、尊重创造的社会环境。采取有效措施,在全省上下努力形成关心人才、理解人才、爱护人才、支持人才的社会氛围,创造有利于人才发展的社会环境。

一是大力加强人才宣传工作。大力宣传党和国家的人才政策、人才战略，大力宣传人才强省战略，大力宣传优秀人才的事迹和人才工作的先进经验，开展以人才表彰奖励为内容的评优创先工作，在全社会牢固树立人才资源是第一资源的观念，形成"尊重劳动、尊重知识、尊重人才、尊重创造"的良好风气，营造有利于各类人才脱颖而出和充分发挥作用的社会氛围。

二是积极营造有利于人才潜心研究和创新的社会环境。积极探索新形势下做好人才工作的规律，不断创造和优化有利于各类人才成长和发挥作用的政策环境、工作环境、学术环境、人际环境和生活环境。探索、建立和实施科学的人才能力绩效评价体系，克服考核过于频繁、过度量化的倾向。总之，营造见贤思齐的社会环境，鼓励创新、容许失败的工作环境，待遇适当、无后顾之忧的生活环境，公开平等、竞争择优的制度环境，使科研人员把更多的精力放在研究、创新、创业上，充分发挥人才作用，真正做到人尽其才，才尽其用。

(2)构建有利于人才发展的平台。首先，努力拓展人才发挥作用的空间。根据建设特色文化大省的内在要求，加大非物质文化遗产的挖掘与保护力度，加快场馆建设、传承基地建设，打造文化品牌，立足项目开发，提升城市软实力等，为人才提供发展条件。其次，大力扶持人才创新创业。根据国家实施的人才创业扶持计划，从甘肃实际出发，开展知识产权质押融资、创业贷款等业务，支持知识产权、技术等作为资本参股，利用税收优惠、财政贴息等手段创办文化企业。再次，加强人才创新创业平台建设。通过培育非物质文化旅游景区、建立非物质文化遗产产业基地等，为人才发展提供载体，构建有利于人才发展的平台。

洮砚制作技艺

漫长的中国文化历史长河中,经过数千年时光和实践的筛选,甘肃卓尼的挑砚,以其坚润的石质,绚美的色泽和独特的工艺脱颖而出,与广东肇庆的端砚,安徽歙县的歙砚,并称为中国的三大名砚。

洮砚石料产于甘肃卓尼县洮砚乡境内的洮河流域区内,历史上属洮州管辖,石料又濒临洮水,故称洮砚。洮砚历史悠久,在宋初就闻名于世,历代作为贡品而显赫于当时官庭或权贵之书房中。洮砚石质细润坚实,泼墨如油不损毫,书写流利生辉,有"鸭头绿"、"柳叶青"、"鷴鹈血"等名贵品种,绿色中含有条纹,形成变化万端的云水。洮砚雕刻工艺精巧,匠心独运,雅致大方。洮砚经砚工精心设计,继承了带盖、透雕的传统工艺,以龙凤、花卉、山水、人物为纹样,用地方名胜景物图案或书法篆刻为雕饰,加之古钟、古鼎、古琴、古钱等为外形,经艺人精雕细刻,或山水、人物,或翎毛花卉,或名人诗句镌于砚首砚面,既玲珑剔透,又古朴典雅,浑然一体,起到了造型典雅又实用的完美效果;不但用者如意称心,且陈之案头不失为兴神悦目之雅物,再配以精制锦锻,木胎大漆雕填,核桃木素面的砚盒,图文并茂,精妙绝伦。

资料来源:《砚台制作技艺(洮砚制作技艺)》,江西文明网,http://data.jxwmw.cn,本文对原文进行了改动。

第八章　甘肃非物质文化遗产挖掘与保护的政策设计

为促进甘肃非物质文化遗产挖掘与保护工作的顺利进行，甘肃也出台了一些有利于优秀民间文化挖掘、保护、传承的政策，但总体上看，政策措施滞后。在全球经济一体化、科技迅猛发展和现代化进程加快的严峻形势下，必须重新设计和不断完善有关非物质文化遗产挖掘与保护政策，促使政策在甘肃非物质文化遗产挖掘与保护中起导航和促进作用。

一、制定甘肃非物质文化遗产挖掘与保护政策的原则

1.坚持经济建设与文化建设相结合的原则。

中国特色社会主义事业是经济、政治、文化、社会全面发展的事业。缺乏文化繁荣的发展是片面的发展、是竭泽而渔式的发展，违背全面协调可持续发展规律，不符合科学发展观的要求。在制定甘肃非物质文化遗产挖掘与保护政策中，要正确认识经济与文化的关系。一方面，文化是经济的助推力；另一方面，经济的发展为文化更加繁荣奠定物质基础。坚持以经济建设为中心，大力开展非物质文化遗产的挖掘与保护，弘扬甘肃优秀传统文化，建设中华民族共有精神家园，不断增强民族凝聚力和创造活力，丰富广大人民群众的精神文化生活。非物质文化遗产挖掘与保护的根本目的在于传承优秀传统文化，促进整个社会的协调发展，因而，在制定非物质文化遗产的挖掘与保护政策时，要与当地的经济发展结合起来，尤其是甘肃在“十二五”规划中，应当高度重视非物质文化遗产的挖掘与保护工作，将非物质文化遗产的挖掘与保护同甘肃经济社会

总体规划结合起来，统筹考虑，科学安排。在年度计划中，要把非物质文化遗产挖掘与保护作为重要内容，落实在相关的政策中，特别要把非物质文化遗产挖掘与保护经费列入财政预算，确保各级财政相关支出增长幅度保持在较高水平。

2.坚持立足当前，着眼长远的原则。

非物质文化遗产的珍贵性、濒危性和不可再生性决定非物质文化遗产挖掘与保护工作必须立足当前；非物质文化遗产的系统性与复杂性决定非物质文化遗产挖掘与保护工作不可能一蹴而就，必须着眼长远。立足当前就是在制定甘肃非物质文化遗产挖掘与保护政策时，着力解决观念淡漠、保障经费不到位、挖掘与保护队伍建设滞后、对传承人保护不充分等迫切需要解决的问题，使珍贵、濒危的非物质文化遗产得到有效挖掘抢救，保证甘肃非物质文化遗产的传承与发展。着眼长远就是制定甘肃非物质文化遗产挖掘与保护政策时，树立非物质文化遗产保护、传承、利用和发展的整体观念，注重落实建立非物质文化遗产挖掘与保护机制、宣传推广机制和资源合理利用机制，建立起比较完备的非物质文化遗产保护制度和保护体系等方面的条款，使非物质文化遗产的挖掘与保护政策适应全面建设小康社会的要求，有利于促进甘肃经济社会全面协调发展和人的全面发展。

3.坚持市场运作与政府调控相结合的原则。

非物质文化遗产作为文化的重要组成部分，其呈现形态按照其内容分为政治属性、文化属性、市场属性和产业属性。在非物质文化遗产挖掘与保护政策的制定过程中，区分非物质文化遗产的四种形态，对于政治属性和文化属性明显的，市场属性和产业属性显著不足的非物质文化遗产加大财政支持力度，保证其传承发展。对于市场属性和产业属性明显的非物质文化遗产，主要依靠市场来调节，以品牌运作和产业开发，激活和促进非物质文化遗产的传承。政府的作用更多地体现在政策的制定和布局的调整，对其进行鼓励、支持、引导，保障其健康的发展方向。总之，通过市场运作和政府调控的良性互动，形成甘肃非物质文化遗产挖掘与保护工作蓬勃发展的良好局面。

4.坚持保护与开放交流相结合的原则。

非物质文化遗产具有脆弱性，因而保持原生态和保证文化安全的需要使得加强非物质文化遗产的保护具有重要意义，但是，非物质文化遗产作为全人类的共同财富，需要增强对外开放交流，维护世界文化的多样性，彰显中华文化魅力，增强中国文化影响力。在制定甘肃非物质文化遗产挖掘与保护政策时，坚持保护与开放交流相结合的原则，充分发挥政府制定政策的调控作用，防止出现一味强调开放交流，造成甘肃非物质文化遗产浪费、流失、破坏等盲目做法，又要防止一味强调甘肃非物质文化遗产的原生态，拒绝任何形式的文化交流与合作，只有这样，才能保证甘肃非物质文化遗产开发利用的规范有序。

5.坚持从本地实际出发，突出特色的原则。

从本地实际出发，就是我们想问题、办事情要把客观存在的实际事物作为根本出发点。它要求我们一定要根据客观存在的事实，来决定我们的主观思想和行动，使主观符合客观，这是我们做好工作的起码要求。在制定甘肃非物质文化遗产的挖掘与保护政策时，同样要求一切从本地实际出发，实事求是。坚持从本地实际出发，突出特色原则，有利于创造性地贯彻执行国家的方针政策。国家在全面调查研究的基础上，制定非物质文化遗产挖掘与保护的相关政策措施，这些政策措施是针对全国情况制定的。但是由于各地经济发展水平不一，再加上非物质文化遗产具有地域性，所以，对于某个地方行之有效的非物质文化遗产挖掘与保护政策，对于其他地方可能就不适用，硬要套用某种模式可能就会造成削足适履。因此，要把国家非物质文化遗产挖掘与保护的政策措施真正地应用到实践中，需要在坚持国家相关指导思想的基础上，创新方式方法，而方式方法的创新必须坚持一切从实际出发，按照甘肃本地人力、财力、地域特点等因素进行思考、探索，在非物质文化遗产的挖掘与保护方面才不会"东施效颦"，制定出具有甘肃本地特色的非物质文化遗产挖掘与保护政策。

二、甘肃非物质文化遗产挖掘与保护政策的主要导向

挖掘和保护好甘肃非物质文化遗产资源，必须以完备的政策体系作保障。对现有的有关政策进行整合，对其中不适应甘肃非物质文化遗产挖掘与保护的内容进行清理、修正，在此基础上，尽快制定出台大量的尚处空白的挖掘与保护政策。我们对甘肃制定非物质文化遗产挖掘与保护政策提出以下导向性建议：

1.完善财政金融政策。

绝大部分的非物质文化遗产属于个性化的艺术创造，其挖掘与保护需要政府提供必要的经费支持。我省经济在"十一五"以来取得较大发

展，为非物质文化遗产的挖掘与保护提供了巨大的经济支持。近年来，我省和大多数市州、县市区将非物质文化遗产保护专项经费列入年度财政预算。但是，在非物质文化遗产挖掘与保护的经费保障方面仍有不足。比如，一些市州县区对非物质文化遗产挖掘与保护的重要性认识不足，在财政有限的情况下，优先考虑物质上的脱贫致富，没有把非物质文化遗产的挖掘与保护经费列入当地财政预算，经费投入严重不足，甚至没有经费投入。再加上资金来源渠道比较单一，从事非物质文化遗产挖掘与保护工作面临一些实际的困难。

为了全面实施非物质文化遗产挖掘与保护工程，需要完善财政金融政策，包括税收优惠、土地优惠、多元投融资、金融信贷、文化基金、财政保障、招商引资等方面的政策，使甘肃非物质文化遗产挖掘与保护尽快突破资金“瓶颈”，并形成长效机制。

一是要严格保证财政投入。把非物质文化遗产挖掘与保护的专项资金列入各级财政预算，并且随着财政收入的增长增加专项经费投入。

二是成立非物质文化产业挖掘与保护基金。设立基金的目的在于营造良好的环境，激活民间投资，引导社会资本进入。完善社会捐赠和赞助政策措施，调动机关、企事业单位、社会团体及海内外个人投资挖掘与保护文化遗产的积极性，形成政府、社会、个人多渠道投资挖掘与保护非物质文化遗产的新格局。

三是开展生产性保护。对于具有产业属性的非物质文化遗产，坚持在挖掘与保护中进行生产，在生产中进行挖掘与保护，给从事非物质文化遗产挖掘与保护的企业降低成本，营造良好环境。首先，政府应当设置文化产业扶持资金。采取贷款贴息、项目补贴等方式，引导社会资本进入该领域，提升企业自主创新能力和市场竞争力。其次，建立对中小企业信贷担保基金。我省大多数从事非物质文化遗产挖掘与保护的企业是盈利模式不明确的中小企业，其本身缺少有形资本，金融机构因对其无形资产难以评估，认为其还款来源不明确等原因而不愿贷款。靠个人品牌从银行获得金融支持也有一定难度。因而，建立对中小企业信贷担保基金可以有效解决中小企业融资难的问题。再次，在税收等方面采取扶持政策。建议区分非物质文化遗产挖掘与保护企业的不同种类，确定不同的税额，并出台针对不同非物质文化遗产产品的差别税率，尤其是对市场竞争力较弱的文化产品，或免征、少征、缓征，或先征后退。

四是各级文化部门与各个项目保护责任单位签订项目保护责任书，

项目所在地文化主管部门作为资金使用的监管单位,对每笔资金使用进行严格监管,使有限的经费与项目保护和责任单位和责任人紧密结合起来,真正做到经费落到实处,专款专用,严禁截留或挪用,促使甘肃非物质文化遗产的有效传承。

2.落实智力支持政策。

非物质文化遗产的挖掘与保护是一项专业性和技术性较强的工作,这就需要充分发挥甘肃各级各类高校、科研院所等机构的智力库作用,为甘肃非物质文化遗产的挖掘与保护提供智力支持。对甘肃非物质文化遗产挖掘与保护工作中面临的一系列重大理论和实践问题进行既立足当前又着眼中长期的研究,破解挖掘与保护中的重大矛盾和难题,把思路转化为战略规划和政策建议,从而直接为党委、政府提供既具有理论思维基础、又满足实践需求的高水平决策咨询产品。

按照人才第一、不拘一格的发展理念,为文化人才制定优惠的户籍、引进、待遇、退离、教育、培训政策和科学的考核指标体系,打造优秀人才脱颖而出和人尽其才的政策环境。为了很好的落实智力支持。

一是要组建智囊团。充分发挥我省社科文化界人才济济的优势,选择各学科学术道德好,既有深厚的专业知识功底又有丰富实践经验的专家组成智囊团, 为制定全省非物质文化遗产挖掘与保护方面的政策法规、规划等提供智力支持和技术指导,并参与非物质文化资源的调查、项目评审等工作,为甘肃非物质文化挖掘与保护工作保驾护航。

二是围绕挖掘与保护开展研究。首先,加强基础理论研究和学科建设。充分发挥智囊团专家学者的作用,加强对非物质文化遗产挖掘与保护的科学思想和创新精神、促进非物质文化遗产保护事业发展的政策和措施、国内外非物质文化遗产保护的先进理念与实践经验地研究,为甘肃非物质文化遗产的挖掘与保护工作提供思想理论基础和科学决策依据。其次,加强应用性研究。选择具有典型性的地区和企业建立非物质文化遗产调研基地,在认清省情的基础上,有针对性的设置课题,研究问题。树立深入实践、融入社会、进入市场的研究思维和价值取向,在甘肃非物质文化遗产挖掘与保护的实践中发现问题、研究问题,实现同党委、政府的决策咨询需要直接对接。

三是建立健全咨询制度。建立健全研究成果及时报送、反馈制度;建立健全党委政府常规咨询与应急咨询相结合的制度,确保重要决策中都有智囊团的声音。

3.推行交流与合作政策。

非物质文化遗产是动态的，流淌于人类历史的长河中，并在人们的享受中不断传承、创新与发展。采取措施，积极地推进非物质文化遗产挖掘与保护的交流与合作，有利于展示甘肃非物质文化遗产挖掘与保护取得的成绩，展现甘肃非物质文化遗产的独特魅力，实现优秀传统文化与文明成果的“美美与共，世界大同”；同时有利于寻找自己的差距，吸收别人在非物质文化遗产挖掘与保护方面的成功经验，因为“他山之石，可以攻玉”。

一是要积极参加非物质文化遗产挖掘与保护的相关节会。积极精心准备参展作品，向国内外、省内外展示甘肃非物质文化遗产的迷人魅力；积极主动推介甘肃非物质文化遗产项目，寻求资金与技术合作等。

二是要争取举办和积极参加理论交流会。就甘肃非物质文化遗产挖掘与保护问题积极开展理论探讨、学术交流和信息沟通是十分必要的，这样有利于我们在非物质文化遗产挖掘与保护的实践中不断更新观念，改进措施，进一步推动甘肃各地的非物质文化遗产挖掘与保护工作。

三是大力吸引国内外人员来甘肃学习、考察、研究非物质文化遗产，深化他们对甘肃传统文化的认知，并将甘肃优秀的民间文化传递到国内外，他们是甘肃优秀传统文化的宣传使者，有利于促进甘肃非物质文化遗产的交流与发展。

四是激活民间交流。文化交流的真正活力在微观层面、在民众中间，甘肃各级政府要千方百计激活民间交流。认真落实国家关于鼓励、支持民间团体和个人进行文化交流的相关政策，为甘肃民间非物质文化遗产挖掘与保护的交流营造良好环境。

4.强化文化安全政策。

在非物质文化遗产挖掘与保护的过程中强调维护国家文化安全问题是一项重要的战略任务。一方面受“民族的就是世界的”的思想影响，非物质文化遗产被过多地赋予普遍性和世界性，其国家性、地域性被淡化，导致国家的文化安全受到威胁。另一方面随着经济全球化进程的加快和国际交往的日益频繁，逐渐形成强势文化对弱势边缘文化的侵蚀，同全国其他地区一样，甘肃某些非物质文化遗产也面临文化空间被挤压，甚至被外来文化灭绝的危险。另外，从国际上看，文化资源作为一种经济资源，已经出现了一股掠夺潮。近些年，西方一些人进入我省少数民族地区大肆搜集民间文化资源，然后打着知识产权的旗号，向甘肃民族地区倾销文化产品，获取高额利润。为保障国家文化安全，需要不断强化文化安全政策。

一是要加大宣传教育。宣传任何文化都具有地域性、民族性，倡导文化的多样性，尊重文化多样性的特性。通过多种渠道，教育大家热爱自己本民族、本地区的文化，增强保护甘肃本区域内文化的安全意识。

二是清理整顿文化流通市场。依法严格把握文化市场准入条件，规范甘肃非物质文化产品经营和收藏行为，坚决打击非法交易，严厉打击盗窃、走私等违法犯罪行为，严格执行非物质文化出入境的相关规定，加大监管力度。加强国际间的合作，加大对流失海外的甘肃民间文化资源的追索力度。

三是健全知识产权相关法律法规。借鉴国外和外地成功经验，加大对甘肃非物质文化遗产实物和资料，技艺、技术秘密等保护力度。

四是在文化交流与文化产权贸易中采取必要的措施防止外来文化的泛滥与侵蚀，阻止甘肃非物质文化资源向海外流失，保持文化产权贸易的平衡。在开展同国际文化交流与合作中，尤其是在同国外科研、文化机构和专家学者进行联合调查、考察挖掘时，增强文化安全意识，防止别有用心的人采取各种手段达到不可告人的目的。

5.健全法律法规政策。

在甘肃非物质文化遗产挖掘与保护的过程中，法制建设的步伐滞后，尚不能与非物质文化遗产挖掘与保护工作相适应。目前，甘肃尚未出台非物质文化遗产挖掘与保护的法规规章，挖掘与保护工作缺乏刚性要求。为适应甘肃非物质文化遗产挖掘与保护的需要，运用科学发展观所体现的马克思主义立场、观点、方法，分析甘肃非物质文化遗产挖掘与保护所面对的情况和问题，建立健全有关法律法规。非物质文化遗产挖掘与保护法律法规是一个动态和开放的体系，需要不断地建立和完善非物质文化遗产挖掘与保护法律法规，尤其在国家、省、市、县各级政府有关抢救与保护非物质文化遗产法律法规尚不健全的现实下，加快我省非物质文化遗产相关法律法规建设更具有现实性。在甘肃非物质文化遗产挖掘与保护中建立起科学的发现、评估、认定、保护、管理、利用等法规规章体系，使甘肃非物质文化遗产挖掘与保护工作有规可依、有序进行、有责可追。

首先，加快立法进程。加强甘肃非物质文化遗产挖掘与保护法规规章条例的制定及完善配套法律法规规章条例的立法工作。积极推动甘肃省非物质文化遗产保护办法、非物质文化遗产重要项目的认定及管理、非物质文化遗产代表性传承人认定及管理办法、非物质文化遗产生态保护区认定及管理办法、创建民间艺术之乡认定及管理办法、非物质文化遗产资源保护、开发和利用管理办法及其他相关法规规章的立法进程。

其次,维护法制统一。加强法规和规章的清理工作,维护社会主义法制的统一。尤其加大贯彻《法规规章备案条例》的实施力度,严防一些地方以“红头文件”的形式对法律法规规章作出变通,损害法制统一性的做法。

西王母信俗

泾川，是世世代代炎黄子孙们向往迷恋的西王母发祥圣地。有着内涵丰富的历史价值、科学价值和文化价值的“西王母信俗”是中华民族文化宝库中最珍贵的精神财富之一,是泾川人民在漫长的农耕生活及其习俗中形成而又世代相承的以酬神娱人为主,以西王母文化为载体,含有历史、宗教、民俗、礼仪、节庆、工艺、技能、商贸等诸多文化内容,极具鲜明地方特色的民俗文化活动。

“西王母信俗”(典礼)自宋开宝元年(968年)农历3月20日在回山西王母祖庙(始建于西汉元封年间,公元前107年左右)举行第一届起,至今已传承了1040届。典礼按道场、朝觐、祭坛和采圣水4个固定程序进行。每逢农历3月20日西王母典礼之日,泾川人几乎是倾城出动,每届西王母典礼都有来自海内外的侨胞以及美国、英国、日本等民俗研究者组成声势浩大的西王母朝团前来朝觐。典礼规模宏大壮观,山上山下、人山人海,最多时竟达8万之众。西王母信俗具有促进中华民族文化认同,增强社会凝聚力,增进民族团结和社会稳定的作用,是文化交流的重要纽带。

资料来源:《民间信俗(西王母信俗)》,江西文明网,http://data.jxwmw.cn,本文对原文进行了改动。

第九章 甘肃非物质文化遗产挖掘与保护对策建议

甘肃非物质文化遗产是甘肃历史进程中的珍贵见证，是各族人民智慧与文明的结晶，是连接地域感情的纽带，是维护文化多样性和创造性的需要，是促进甘肃经济社会发展的基础和前提。加强甘肃非物质文化遗产挖掘与保护不仅是维护甘肃地域文化身份的基本依据，而且是社会可持续发展的必然要求。

一、加强甘肃非物质文化遗产挖掘与保护的现实意义

甘肃地区历史悠久，在历史长河中，勤劳智慧的先民，不仅创造了大量的物质文化遗产，而且创造了丰富的非物质文化遗产。但是，当前非物质文化遗产资源面临开发建设的破坏、社会变迁的压力、生存环境的威胁。因此，挖掘和保护好非物质文化遗产，对于继承和发扬优秀传统文化，实现文化的可持续发展具有重要的意义。

1.挖掘与保护非物质文化遗产有利于增强地域凝聚力。

所有的当代文化都建立在传统文化基础之上。一个地区的非物质文化遗产往往蕴藏着传统文化的最深的根源，保留着形成该地区文化的原生态状况以及特有的思维方式、想像力和文化意识，是地域精神文化的重要标志，承载着一个地区、一个民族或族群文化生命的密码，它是最能够实现地区凝聚力的一种精神力量。挖掘和保护非物质文化遗产是为了让非物质文化遗产所体现的精神内涵得到继承和发展，优秀的传统文化得到延续，民族精神得到弘扬，民族的文化认同感不断增强。

甘肃非物质文化遗产是各族人民在长期的历史发展过程中创造的，丰

富多彩，源远流长，是中华民族的根基和重要组成部分，是甘肃人思想意识、行为方式的历史沉淀，是甘肃人延续发展的思想基础和内在精神动力，是甘肃精神和情感的重要载体和源泉。对于甘肃来说，这些多姿多彩的非物质文化遗产不仅是一笔财富，更是甘肃人不可缺少的精神家园，成为维系甘肃各民族情感上的纽带。开展甘肃非物质文化遗产挖掘与保护工作，就是对甘肃文化、甘肃精神的有效保护和有力弘扬，它可以重新唤起我们的记忆，激发甘肃人的自豪感，增强甘肃地区文化凝聚力和向心力。

2.挖掘与保护非物质文化遗产有利于促进和谐文化建设。

建设和谐文化，就是要培育和谐精神，倡导和谐理念，在全社会形成共同的理想信念和道德规范。非物质文化遗产中蕴含着大量的和谐思想以及行为规范，本身就是一个和谐文化系统。甘肃的非物质文化遗产含有大量美好向善的和谐文化因素，在历史上为甘肃和谐文化的形成和发展做出过重要的贡献，同样，它也是我们今天落实科学发展观，建设和谐甘肃的重要思想资源。非物质文化遗产资源是和谐文化建设所独具特色的文化资源，充分认识非物质文化遗产挖掘与保护在建设和谐文化、构建和谐甘肃中的价值，让古老而鲜活的非物质文化遗产在今天的和谐文化建设中发挥重要作用。从这个意义上说，挖掘与保护非物质文化遗产是建设文化甘肃的重要基石，是增进社会和谐的重要途径。

3.挖掘与保护非物质文化遗产有利于保护文化的多样性，传承历史文明。

就像生物多样性对维持生态平衡那样必不可少，人类的文明(即文化生态)的平衡依赖于文化多样性的存在。处于不同地域、不同地理环境、不同历史经历的非物质文化遗产具有不同的文化特性，其表现形式异彩纷呈、多种多样，共同构成人类文化多样性的重要组成部分。丰富多彩的非物质文化遗产是文化多样性的生动体现，挖掘与保护非物质文化遗产的核心内容就是传承历史文明，保护和维护文化的多样性。

甘肃是一个民族聚集区，民族的多样化带来文化的多样化和生活风俗的丰富多彩。甘肃非物质文化遗产是中华民族知识体系中一部分非常重要的宝贵财富，它凝聚着甘肃的历史记忆，传承和承载着甘肃传统文化的重要内容，它是甘肃历史的一种见证和甘肃文化的一种重要载体，蕴藏着珍贵的文化“基因”，体现了甘肃人的传统理念、审美个性和文化精神。加强非物质文化遗产挖掘与保护让甘肃人更好地了解自己悠久的历史、灿烂的文化，就是延续不断代的传统文化体系，保护甘肃的历史文脉,使甘肃优秀本土文化源远流长;加强非物质文化遗产挖掘与保护就是捍卫文化的多样性和差异性,保持甘肃浓郁丰厚的民族民间文化的独特性,就是培植甘肃文化的根基,让甘肃的文化基因得以传承发展和发扬光大,使甘肃文化充满传统神韵和魅力。

4.挖掘与保护非物质文化遗产有利于培育文化品牌。

文化品牌对于提升文化影响力,实现文化的可持续发展具有积极的意义。甘肃非物质文化遗产蕴含着甘肃人某些特有的精神价值、思维方式、想象力和文化意识,体现着甘肃人的生命力和创造力。由于非物质文化遗产蕴含着丰富的文化因子和素材,所以它能够创造出体现地方独特风格和优秀价值观的文化产品和服务,有利于培育文化品牌,促进非物质文化遗产的挖掘与保护工作。甘肃已产生了一些驰名的文化品牌,有闻名全国的兰州牛肉面、甘肃民族民间文化艺术节、西部花儿(民歌)邀请赛、春节文化庙会、黄河风情文化周等一批具有浓郁地方特色、家喻户晓的文化品牌,已成为弘扬特色文化,宣传、展示甘肃非物质文化遗产成果的载体和重要平台。进一步挖掘与保护好甘肃非物质文化遗产,可以充分发挥甘肃非物质文化遗产的资源优势,挖掘甘肃非物质文化遗产的价值,有利于培育特色文化品牌和优秀文化品牌,彰显甘肃地域文化特色,以独有的特色文化来提升甘肃文化软实力,培育新的经济增长点,促进甘肃文化与经济更好更快发展。

二、促进甘肃非物质文化遗产挖掘与保护的对策

非物质文化遗产是一种世代相传、反映群众生产生活状态和思维方式的民族民间文化,它既是一个地方历史文化渊源的见证,也是体现地方文化特色的重要形式,是文化软实力的象征。挖掘与保护甘肃非物质文化遗产,是保持我省非物质文化的独特性和多样性,增强文化软实力,加快全面建设小康社会步伐的一项重要战略措施。

1.加强组织领导,完善非物质文化遗产保护工作机制。

非物质文化遗产挖掘与保护是一项浩大的工程,需要社会各界的配合与支持,非物质文化遗产挖掘与保护工作又是一个新的文化工作领域,需要各级党委、政府、文化部门对非物质文化遗产保护工作的高度重视,建立起比较完备的、符合甘肃省情的非物质文化遗产挖掘与保护体系和工作机制,使珍贵、濒危并具有历史、文化和科学价值的非物质文化遗产得到有效保护,并得以传承和发扬。

(1)充分发挥政府在挖掘与保护中的主导地位。非物质文化遗产的保护是一项长期而又繁重的工作任务,它已成为新时期文化工作的重要组成部分。坚持政府主导,社会积极参与配合,统筹协调,形成整体工作合力,共同开展甘肃非物质文化遗产挖掘与保护工作。遵循“政府主导、社会参与、长远规划、分步实施、明确职责、形成合力”的原则,充分发挥甘肃各级政府职能部门的主导作用,思想上高度重视,强化措施,狠抓落实,切实将甘肃非物质文化遗产保护工作提上议事日程,纳入各级领导责任制,做到由政府出面统一领导,统一规划,统一推广,为甘肃非物质文化遗产挖掘与保护工作提供有力保障。

(2)加强组织领导。加强组织领导是非物质文化遗产挖掘与保护工作取得实效的根本保证。紧紧依靠党委、政府,由文化部门牵头,各有关部门密切配合,建立非物质文化遗产保护工作联席会议制度,统一协调甘肃非物质文化遗产保护工作, 切实加强对文化遗产保护工作的领导。按照省非物质文化遗产保护领导小组的部署,统一有序推进。各市州、县(区) 组织成立相应的非物质文化遗产保护工作领导协调机构, 成立市(州)长、县(区)长亲自挂帅,以文化部门为核心,有关部门联手协作,以传承人为主体的非物质文化遗产挖掘保护体系网络, 进一步明确责任,明晰任务,形成甘肃非物质文化遗产保护工作网络的新格局,确保工作的有效衔接和全面铺开。

(3)建立健全职责明确、分工合作、运转协调的非物质文化遗产挖掘与保护机制,使非物质文化遗产挖掘与保护工作走向科学化、规范化和法制化。甘肃的非物质文化遗产能否顺利进行,关键在于强化工作机制。与时俱进,建立符合省情、符合甘肃非物质文化遗产挖掘与保护特点的体制、机制。采取党委决策领导、政府大力推进、文化部门牵头负责、有关部门联手协作、社会力量支持资助、社群广泛参与的管理和参与体制。完善省、市(州)、县(区)、乡镇对非物质文化遗产保护的四级投入机制。落实机构和人员编制。从长远发展和常态保护的角度出发,争取落实非物质文化遗产保护工作机构和人员编制, 以充实挖掘与保护工作人员。建立充分调动传承人的积极性和艺术创造力的激励机制。如设立奖励专项基金, 奖励对抢救与保护非物质文化遗产做出突出贡献的团队和个人,完善文化创意人才的评价制度,形成多层次多形式的奖励机制。加强对优秀传承人的关注、支持与保护,对列入全省各级名录的非物质文化遗产代表作,可采取命名、授予称号、资助扶持等方式,鼓励代表作传承人

(团体)进行传习活动,使非物质文化遗产代表作的传承后继有人。充分发挥专家的作用,建立甘肃非物质文化遗产保护专家咨询、研究机制和检查监督制度。此外,建立甘肃非物质文化遗产项目经费管理机制、社会监督参与机制和非物质文化遗产资源合理利用机制等,以推进甘肃非物质文化遗产挖掘与保护工作的开展,为甘肃非物质文化遗产挖掘与保护工作奠定坚实的基础。

2.加强对非物质文化遗产的理论研究,继续做好普查工作。

普查摸底工作是非物质文化遗产挖掘和保护工作中的关键环节和基础性工作。长期以来,甘肃的非物质文化遗产处于自生自灭状态,而现在已经掌握的资料又有很多需要补充完善的方面。据不完全统计,目前,全省非物质文化遗产普查后登记在册的项目线索有27075多条,更多条项目线索有待进一步落实,此外,还存在有些项目现有的资料零散,体系不完整等问题。非物质文化遗产普查工作是一项系统工程,其点多、线长、面广,因而,需要社会各界的重视、支持与配合。非物质文化遗产挖掘与保护的主要力量在全省各级政府文化职能部门领导下的群众艺术馆、文化馆和文化站。严格遵循"保护为主,抢救第一,合理利用,继承发展"的工作方针,深入调查,彻底摸清全省非物质文化遗产的家底。

(1)深入做好非物质文化遗产普查挖掘工作。在"全面摸底、重点普查"工作思路指导下,组建摸底班子,由省非物质文化遗产中心牵头,各市(州)、县(区)文化部门负责实施,分地区、分类别制订普查工作方案,采取各种手段,深入基层,开展对甘肃非物质文化遗产全方位、立体式的现状调查,通过拍摄音像资料,召开座谈会,与民间艺人交朋友,走访民间老艺人等多种方式收集素材,全面了解掌握甘肃非物质文化资源的种类、数量、形态、蕴藏情况、分布地域、历史沿革、传承范围、传承脉络、生存环境、保护管理、传承和开发利用现状和存在的问题,比较详尽地考证项目所在区域和地理环境、人文背景、历史渊源、传承谱系、文化价值、文化特征等,有计划、分步骤地作好搜集、整理工作,做好抢救和挖掘工作。在普查过程中努力做到四个结合:即资源普查与项目申报相结合;田野调查与实物征集相结合;传承人员管理与项目传承活动相结合;资料收集、建档与研究、利用相结合。

另外,引入现代科技,创新非物质文化遗产普查工作的手段和方法。在普查中,积极运用现代科学技术研究发掘传统技艺、保存录像、录音、图片、文字记录等,对非物质文化遗产进行真实、系统和全面的记录,把甘肃非物质文化遗产的保护和传承工作提高到一个新水平。建立省非物质文化遗产保护资料数据库，开设甘肃省非物质文化遗产保护网站，促进非物质文化遗产资源向数字内容转移，推动甘肃非物质文化遗产保护工作信息化进程，为甘肃非物质文化遗产普查工作提供现代科技支持。

(2)建立健全甘肃非物质文化遗产研究机构，加强非物质文化遗产科学认定、保存、传承、开发利用的研究。充分发挥甘肃各类文化单位、高校、科研机构等的作用，对非物质文化遗产的重大理论和实践问题进行研究，积极推进民间协会和社团组织非物质文化遗产研究工作，推出一批研究成果，逐步形成甘肃非物质文化遗产挖掘与保护的理论体系，为指导非物质文化遗产保护工作提供思想和理论支撑。

3.制定和完善政策法规，建立起甘肃非物质文化遗产挖掘与保护的法律保障体系。

立法保护文化遗产是当今发达国家的成功经验和普遍采用的做法，也是最有效的保护手段之一。政府出台相关的政策、法规是挖掘和保护非物质文化遗产的关键所在。充分发挥政府在政策制定方面的特殊功能，加强非物质文化遗产保护的法律法规建设，及时研究制定有关政策措施，使甘肃非物质文化遗产挖掘与保护工作有法可依，逐步走向制度化、规范化、科学化。

(1)加快推进立法进程，健全法规体系。依法保护非物质文化遗产是各级政府义不容辞的责任。加快非物质文化遗产保护法律法规建设步伐，为甘肃非物质文化遗产挖掘与保护提供法律保障。为使我省非物质文化遗产挖掘与保护工作有章可循，尽快完善、出台《甘肃省非物质文化遗产保护条例》、《甘肃省传承人保护办法》、《甘肃非物质文化遗产专项资金管理办法》等相关的非物质文化遗产保护条例或专项保护法律法规，用立法的形式给传统文化遗产保护加筑一道安全“防护栏”，将非物质文化遗产的挖掘与保护工作纳入法治化轨道，实现甘肃非物质文化遗产挖掘与保护工作有法可依。

(2)出台和完善相关配套政策，加大扶持力度。建立健全对非物质文化遗产的认定、登录、选定、保护等相关可操作的措施。根据甘肃非物质文化遗产各门类项目的各自特点，制定更为具体的有针对性的保护政策和措施，出台有利于甘肃非物质文化遗产产业化的优惠政策，在规划布点、保护项目和发展文化产品上，各级政府给予必要的政策支持，包括市场准入、税收优惠、保证用地、传承人特殊保护等，逐步建立健全以法律法规为基础,各种政策性、规范性文件相配套的比较完备的保障制度,为推动甘肃文化产业健康发展创造良好的发展环境。

(3)加强非物质文化遗产知识产权的保护。从法律上加强与完善知识产权保护制度,对非物质文化遗产的知识、技术、技能进行政策性保护。各级文化、文物、公安、工商等部门积极配合,加大对侵犯知识产权行为的执法力度,坚决抵制和制止任何违反文化遗产保护法律法规的行为,严厉打击各种破坏和非法侵占非物质文化遗产的犯罪活动,营造良好的非物质文化遗产挖掘、保护和传承氛围,维护非物质文化遗产安全,为我省非物质文化遗产挖掘与保护工作保驾护航。

4.拓宽融资渠道,建立多元化的投融资体系。

非物质文化遗产挖掘与保护是一项在人力、物力、财力上需要较大投入的工作,单靠政府财力支持这一渠道,挖掘与保护的效果、力度都会有所削弱。因而,需不断拓宽投融资渠道,打通文化资金和资本市场的通道,逐步形成政府资金引导,金融机构、社会资本共同参与的多元化投融资体系,形成政府、社会、集体、个人多渠道投资非物质文化遗产挖掘与保护的新格局。

(1)加大财政投入力度。只有资金落实,非物质文化遗产挖掘与保护工作才能有保障。进一步发挥财政资金在非物质文化遗产挖掘与保护工作中的主导作用。首先,不断加大财政经费投入。各级政府要将非物质文化遗产挖掘与保护所需经费列入各级财政预算,并随着财政收入的增长,逐年有所增加。设立非物质文化遗产保护专项资金,保证甘肃非物质文化遗产的挖掘和保护工作中普查、展示、研究、传承和民间艺术人才培养等所必需的设备器材和设施得到保障,尤其保障重点和濒危非物质文化遗产项目的经费投入。其次,还需健全管理制度,合理使用,做到专款专用,切实提高非物质文化遗产专项资金的使用效益,为甘肃非物质文化遗产挖掘与保护提供有力资金保障。

(2)放宽市场准入,积极培育多元化投资主体。在非物质文化遗产的挖掘和保护工作中仅有政府财政的投入是远远不够的,还必须拓宽投资渠道,鼓励和允许民间资本进入甘肃非物质文化遗产保护和利用领域。采取措施,积极吸纳民间团体、企业和私人等投资非物质文化遗产项目,从事非物质文化遗产保护事业和发展文化产业,并从财政、税收、投资环境等方面给予优惠支持。

(3)鼓励金融机构参与甘肃非物质文化资源产业化开发,为文化企业开辟贷款绿色通道。对重点企业及项目,由银行建立快速审批机制,优先给予信贷支持,或提供优惠贷款利率。推动建立甘肃非物质文化无形资产评价机制,实现无形资产的有效质押,支持金融机构参与甘肃非物质文化产业发展。进一步完善中小企业融资担保机制,支持社会力量建立风险投资和担保公司,为甘肃文化企业提供融资服务。

(4)设立非物质文化遗产基金,用于重点非物质文化遗产项目的投资和后期奖励等。不断拓宽社会资金筹措渠道,鼓励个人、企业和社会团体对甘肃非物质文化遗产保护工作进行资助。通过广泛吸纳社会捐赠和赞助以及民间资金的投入,形成全社会共同参与保护甘肃非物质文化遗产工程建设的良好局面。

(5)开辟海外融资和股市融资渠道,进一步引导和鼓励社会力量投资甘肃非物质文化遗产项目建设,逐步形成内资与外资相结合的多渠道融资机制。

5.加大宣传力度,培育公众的保护意识。

文化传承是靠广大民众来完成的,对非物质文化遗产挖掘与保护不仅是专业人士的工作,而且是全民性的系统工作。加大宣传力度,创新宣传方式,提高宣传效率,做好珍惜和保护民族优秀文化的宣传教育和组织动员工作,呼吁全社会关注、支持并参与到全省非物质文化遗产的挖掘与保护当中,形成政府主导,社会各界广泛参与的工作局面。

(1)加大对甘肃非物质文化遗产资源及保护工作进行宣传展示的力度。结合实际,采取多种形式,开展文化遗产保护的宣传教育。充分发挥舆论导向作用,通过新闻出版、广播电视、互联网等各种媒体广泛开展非物质文化遗产宣传工作,提高群众对甘肃非物质文化遗产挖掘与保护重要性和紧迫性的认识,引导社会力量进入甘肃非物质文化遗产保护领域,推进文化遗产保护事业的社会化进程。充分利用春节、端午、中秋等传统民俗节日以及各类群众文化庙会、群众文化艺术节、广场文化活动、经贸文化节会、文化遗产日等节会,举办非物质文化遗产的展览、宣传页、广告画、论坛、讲座、培训、交流等系列活动,尤其是配合文化部门,组织开展各类民族民间文化艺术展演、汇演和民俗展示及比赛等群众文化活动,推介甘肃非物质文化遗产项目,大力宣传非物质文化遗产保护工作的重要意义,增强全民保护非物质文化遗产的观念和意识,努力在全社会形成保护非物质文化遗产的良好环境和氛围。

(2)鼓励和支持全省各级各类学校开展优秀非物质文化遗产教学活

动。非物质文化遗产进课堂、进教材、进校园是实现非物质文化遗产挖掘与保护可持续发展的根本举措，也是国外非物质文化遗产保护的成功经验。把民族民间文化艺术纳入到教育体系，这无疑是对非物质文化遗产最好的传承和保护。协同教育部门，将甘肃非物质文化遗产中优秀的、体现民族精神和民间特色的内容纳入大、中、小学教材，开展教学活动，力争让民歌、剪纸、年画等更多的非物质文化遗产走进中小学课堂，让学生们感受传统文化的魅力，增强青少年保护和传承甘肃非物质文化遗产的使命感与责任感。

(3)发挥各级图书馆、文化馆、博物馆、档案馆、科技馆等公共文化机构的职能作用，宣传、展示非物质文化遗产项目，普及非物质文化遗产保护知识。另外，在开展群众文化工作，丰富群众文化生活中，将非物质文化遗产的传播和展示融入其中，采取发放宣传材料、开设专栏、制作图片、悬挂标志、开展相关知识讲座等形式，扩大宣传面和渗透率，提高广大市民“非遗”保护的自觉意识，使热爱、珍视、保存、维护和抢救文化遗产的理念深入人心。

(4)充分发挥工会、妇联、共青团以及行业协会、工商联、企业家协会等组织和群众团体的作用。非物质文化遗产主要生存、活跃在民间，鼓励、号召有关民间组织团体、文化企业积极参与非物质文化遗产挖掘与保护工作，吸引社会各界群众加入到甘肃非物质文化遗产的保护行列，扩大全省非物质文化遗产挖掘与保护的社会参与面。

(5)吸引高等院校和科研机构的有关专家学者积极参与甘肃非物质文化遗产挖掘与保护工作。通过举办各种形式的非物质文化遗产理论研讨会、交流会、专题讲座等学术活动，使人们在活动中受到教育和启迪，从而使参与挖掘、保护甘肃非物质文化遗产工作变成人们的自觉行动，以此推动甘肃非物质文化遗产挖掘和保护工作再上新台阶。

6.整合、合理开发利用非物质文化遗产资源，促使非物质文化产品和服务走向市场。

当今社会，非物质文化遗产的经济价值日益显现。尊重非物质文化遗产内在规律，依托甘肃文化蕴藏十分丰富的资源优势，树立产业化的发展思路，按照市场需求和人们的现实需要，将非物质文化资源与市场结合起来，充分发挥部分“非遗”项目的市场属性，用市场经济的理念来经营甘肃非物质文化资源，走市场化、产业化运作，发展文化产业。

(1) 由专门的机构负责对甘肃非物质文化资源产业化项目进行登

记、挂牌、宣传,鼓励传承人整合资源、统一包装、扩展经营,发展连锁店、专门店等经营方式,逐步形成品牌效应,尤其对甘肃老字号统一挂牌,对配方、制作工艺进行科学整理和保护,最终实现以开发产品促进我省非物质文化遗产传承保护和发展。

(2)建立非物质文化产业基地。为进一步在民间挖掘、抢救和恢复传统的手工艺制作,建立保安腰刀、洮砚、兰州太平鼓、黄河水车等产业基地,对一些非物质文化遗产项目进行产业化生产和推广,扩大生产规模,促使其形成特色文化产业、创意文化产业,不断壮大优势文化产业,实现其经济效益最大化,以满足甘肃人民对文化产品不断增长的需求。

(3)大力发展文化产业。坚持"整合资源、科学论证,合理开发"的工作思路, 对于那些具有市场属性和产业属性的非物质文化遗产保护项目,以市场化开发利用促进非物质文化遗产的挖掘与保护工作。依托甘肃文化资源优势,促使非物质文化遗产与旅游、传媒、会展、文化贸易的有效结合,大力发展文化产业。充分运用我省群众喜闻乐见的非物质文化项目表演形式开拓旅游项目,将非物质文化资源融入旅游产业,增添景区的人文色彩,增强甘肃旅游的吸引力;开发生产非物质文化系列产品,如工艺品、纪念品、影视作品、戏曲、动漫产品、游戏产品等,有组织、有计划地开发一批、发展一批、壮大一批,真正把甘肃非物质文化产品和服务推向市场,做大做强,形成一定的经营规模,让非物质文化遗产在与产业和市场的结合中更好地实现传承和可持续发展,使甘肃非物质文化资源在参与创造物质财富和精神财富的实践中焕发出新的生机和活力,让非物质文化遗产得到最大程度利用,提高文化产业对甘肃GDP的贡献率,助推甘肃经济飞跃发展。非物质文化资源产业化,一方面使非物质文化遗产得以挖掘、继承和发展,另一方面文化产业的发展可以反哺非物质文化遗产保护, 弥补开展非物质文化遗产挖掘与保护工作的经费不足,最终实现"以文养文,以文兴文",促进甘肃非物质文化遗产挖掘与保护工作迈上有序推进、良性循环发展之路。

7.加大创新步伐,提高非物质文化遗产的传承效率。

创新是文化的本质特征,是非物质文化遗产传承和发扬光大的根本动力。非物质文化遗产在继承和保留民间艺术原真品味的同时,创新也是必不可少的。群众喜爱"非遗",认可"非遗"才能起到真正的保护和传承作用,但随着时代的进步,科技的发展,电视、网络等信息技术的普及,人们对一些非物质文化遗产项目的表现内容和手法等要求越来越高,要实现甘肃非物质文化遗产项目和产品的可持续发展,重“新”、求“新”、创“新”是关键。

(1)创意要新。一个成功的文化创意,极有可能带来惊人的收益。顺应时代的要求,创新思维,在甘肃非物质文化项目和产品开发中坚持求新意识,将传统与时尚、民族与现代这些设计理念融于一体,赋予非物质文化遗产新的内涵和功能,使之既具有甘肃区域特色和民族特点,又能够反映时代发展需要,适合现代人的审美要求,使人们易于接受、主动接受、广泛接受。

(2)表现和传输形式要新。充分运用现代先进技术手段改造传统的文化生产经营和传承模式, 推进甘肃非物质文化表现和传输形式升级,不断丰富文化的生产方式和表现形式, 增强甘肃文化产品的表现力,提高文化的生产传播效率。借鉴和汲取国内外优秀的现代艺术形式,在保留“非遗”内涵和本质的同时,对甘肃非物质文化遗产项目的形制、技法、套路、配乐、服饰等方面进行合理的加工与包装,充分利用舞台剧、动漫、音乐、歌舞等不同的创意形式进行深度开发,或与数字网络信息技术联姻,用科技手段强化文化产品的艺术表现,用技术含量提升文化产品的艺术魅力,努力实现技术与艺术的完美融合,实现样式和载体的极大丰富,不断推动传统文化产业改造升级,使甘肃非物质文化遗产保护项目的各种元素,通过群众喜欢的、时尚的、节奏明快的方式体现出来,让非物质文化面向群众,不断满足人民群众的精神文化需求。

(3)推动文化产品的内容创新。为适应现代人文化消费心理的变化,充分挖掘和展示甘肃文化的独特魅力, 适应受众者多样化的文化需求和文化消费习惯,推动非物质文化元素融入现代人的生活,增强甘肃文化产品和服务的表现力吸引力, 以满足不同层次的观众对文化产品和服务的需求,使甘肃非物质文化产品具有更广大的受众面,拥有更广阔的市场。

(4)创新经营模式,多方拓展市场。为适应不同市场情况采取多种经营模式。一是公司加农户模式。以公司为龙头,集设计、生产、收购、销售于一体,实行订单作业,农户加工,批量生产,逐步形成专业化、产业化、产销一体化发展的格局。二是能人带农户模式。由非物质文化遗产项目代表性传承人带头,组织农户开展非物质文化遗产项目展演和工艺品的生产,形成一村一品,各具特色的文化生态村,如香包刺绣村、皮影村、剪纸村、秦腔头帽村等。三是会展团队模式。由政府文化部门或集团公司牵头,组织参加国内各种艺术博览会。

(5)积极发展文化创意产业。创新是打造品牌的核心要素,也是打造具有核心竞争力的产业要素。对非物质文化遗产的产业化发展进行重新的审视和定位,充分挖掘甘肃传统文化与民间艺术资源,对于那些具有市场属性和产业属性的"非遗"项目进行开发,通过对甘肃非物质文化资源进行富有创意的设计、加工、雕琢,大力发展文化创意产业。在继承传统的基础上进行创新,鼓励开发具有产业和市场潜力的传统技艺的文化新产品,拓展服务新项目,创作出贴近群众,贴近生活,贴近时代的新作品,使更多、更新的文化精品不断涌现,创造出良好的品牌效应和产出效益,让甘肃珍贵的非物质文化遗产在新的环境获得新的生命力,项目或产品在创新中延伸和发扬光大。

8.加强合作与交流,实施"走出去"、"请进来"战略。

甘肃非物质文化遗产资源比较丰富,表现形式繁多,不仅有民间文学、民间美术、传统手工艺,还包括民族语言、服饰、饮食、习俗以及民间仪式、节庆、竞技活动等。进一步扩大对外开放,创新思路办法、拓宽途径渠道,形成全方位、多层次、宽领域的文化走出去格局。根据甘肃非物质文化遗产资源的现状、价值和特色,确定重点项目,集中优势,实施"走出去"战略,大力拓展国内外市场,积极参与国内外文化交流活动,并不断扩大甘肃非物质文化遗产文化产品和服务对外交流的范围和渠道。

(1)开拓艺术表演市场。精心组织非物质文化交流展演项目走出境内外,打造一批特色鲜明、影响力强的对外文化交流品牌,扩大国内外的影响力。支持甘肃的艺术表演群体参加省内外大型的节日庆典和全国性交流调演,让更多的甘肃本地非物质文化遗产项目像《丝路花雨》、《大梦敦煌》、花儿、曲子戏、环县道情皮影、兰州太平鼓、高高跷等一批独具甘肃民族特色的品牌逐渐走向全国,走向世界。不断扩大甘肃文化的对外影响空间,增强甘肃文化对外界的感染力和吸引力。

(2)开展文化产品的展览和推介活动。不断拓宽文化产品和服务展示的范围,组织精品文物、工艺、书画等出外巡展和文化产品推介,使甘肃优秀的非物质文化遗产项目走出国门,实现兰州优秀传统文化成果的国际共享。此外,通过请进来的方式,邀请地方学者和国家专家参与考察、研究、开发、推介甘肃非物质文化遗产项目。

(3)推出一批具有甘肃本土特色的工艺品。精选一批代表性的非遗项目,如夜光杯雕、临夏砖雕、保安族腰刀、天水雕漆、洮砚、刻葫芦、香包、剪纸、皮影等工艺品,进行加工、销售、推广。

(4)搭建平台,力争将一些"非遗"活动和项目办成全国性的盛会和基地,扩大社会影响,提高甘肃非物质文化遗产项目知名度,从而刺激甘肃文化产品和服务市场的活跃和发展。

(5)发展外向型文化企业。扶持有能力开展对外交流的表演团体,保证这些表演团体顺利走向海内外文化市场。坚持多管齐下,在推进政府主导的文化交流的同时,积极探索市场化、商业化、产业化的运作方式,发挥甘肃国有文化企业骨干作用, 鼓励非公有制文化企业积极参与,加快培育一批有实力、有竞争力的外向型文化企业,不断提升甘肃文化产品和服务出口的水平,更好地推动甘肃文化走向世界。

(6)积极探索符合国际惯例和市场运作规律的营销方式,推进出口平台和海外营销渠道建设,加大国际文化市场开拓力度,为推进甘肃文化产品和服务出口提供有力保障。

(7)加强甘肃与国内外地区非物质文化遗产行业和单位的合作与交流,并不断拓宽对外交流的新领域、新渠道,进一步促使甘肃的非物质文化挖掘保护工作与世界接轨,提高我省非物质文化遗产挖掘保护、合理利用和管理水平,让更多的甘肃本地非物质文化遗产项目走向世界。

9.制定科学规划,以规划指导挖掘与保护工作实践。

开展非物质文化遗产挖掘与保护工作必须规划先行。非物质文化遗产挖掘与保护规划是先导,坚持先规划后保护,以规划指导挖掘与保护工作。非物质文化遗产挖掘与保护工作涉及的领域众多,内容复杂,覆盖面广,任务艰巨,必须要有一个全面的规划与通盘的考虑,坚持科学规划的原则。甘肃历史悠久,民族众多,非物质文化遗产的种类与形态十分丰富,各种非物质文化遗产项目形成的历史和现实状况复杂,现今的存留状况也不同。另外,我们人力、财力、物力和智力资源有限,如果不能科学规划,分类统筹,区别对待,分步实施,就不可能保证甘肃非物质文化遗产挖掘与保护工作扎实有效地推进。明确非物质文化遗产挖掘与保护工作的地位和重要作用,将甘肃非物质文化遗产挖掘与保护纳入甘肃经济社会发展规划, 纳入甘肃文化建设和新农村建设的总体工作部署之中,通盘考虑,整体筹划。在此基础上,还要制定两个层次的规划:

(1)各市(州)、县(区)、乡镇要分别制定近期和中长期非物质文化遗产挖掘与保护规划,明确总体目标任务、分步实施步骤和挖掘与保护重点,确定具体保护措施,力求较强的针对性和可操作性。针对普查掌握的情况,根据甘肃非物质文化资源的现状、价值和特色,认真分析研究,在科学论证的基础上,抓紧出台甘肃非物质文化遗产保护规划,制定甘肃非物质文化遗产挖掘与保护五年和中长期规划。规划要与甘肃经济社会发展规划相衔接,做到立足长远,循序渐进、分布实施,既提出了长远目标,又有近期工作任务部署,具体到明确挖掘与保护的范围,突出重点项目,进行有计划、有步骤、全方位、立体式的挖掘和保护。

(2) 不同部门要分别制定各自领域的非物质文化遗产挖掘与保护专项发展规划。各市、县(区)、乡村及有关单位和部门根据职责分工,结合各自情况,研究制定有关甘肃非物质文化遗产挖掘与保护的专项规划,特别是传统艺术、民俗风情、地方语言等重点项目更要做好专项规划,并注重规划的可操作性。形成甘肃非物质文化遗产挖掘与保护总体规划和各市、县(区)、乡村相关行业、单位的专项规划相配合。通过制定不同层次、不同类型的发展规划,对甘肃非物质文化遗产挖掘与保护的指导思想、基本原则、奋斗目标、主要任务以及产业布局、保护重点、品牌开发、园区建设、人才培养、发展模式、发展思路和对策等基本问题做出明确规定。发展规划既要宏观指导,突出前瞻性,又要具体实际,重视可操作性,同时根据形势的不断变化,按照发展的要求进行必要的修正、调整,通过制定系统的切合实际的规划指导甘肃非物质文化遗产事业和文化产业的发展。

巴郎鼓舞

土族民间舞蹈。在甘肃省甘南州卓尼县康多乡,每年从正月初八开始,夜幕降临时,当地的土族群众喜欢手提盏盏纸糊的红灯笼,由各村寨汇集到广场上,围绕着熊熊篝火,跳起欢快的巴郎鼓(是土族特有的一种短把鼓)舞,以庆人寿年丰。舞者右手持鼓,左手提灯,在戛尔巴(领舞者)带领下,摇鼓摆灯,边歌边舞。众人先围篝火按顺时针、逆时针方向各绕三圈,舞蹈动作或平缓优美,或幅度很大,有持鼓跳跃、旋转等技巧。舞罢,随口哨声的指挥,节奏渐缓,舞步渐慢,队形变为男女二排,舞者原地扭动,鼓与灯则轻响轻摆。接着男女对唱,其歌词是问答太阳星辰一类之词。歌罢,舞者又摇鼓摆灯围篝火旋转起舞。歌舞如此反复,直至深夜。巴郎鼓舞少则十几人,多则几十人参加。黑夜里盏盏红灯犹如闪闪红星,围绕着明亮的篝火,忽聚忽散,变幻莫测,十分美妙,深受群众喜爱。

资料来源:《巴郎鼓舞》,江西文明网,http://data.jxwmw.cn。

第十章 甘肃非物质文化遗产挖掘与保护典型个案分析

非物质文化遗产问题的实质是在现代社会中如何保护、传承和发展好非物质文化遗产，繁荣非物质文化，让它们在丰富而多元的世界文化中既融合共生又保持自身个性，继续放射出灿烂光芒。由于非物质文化遗产濒危和具有不可再生性，加大对甘肃非物质文化遗产的挖掘、保护、传承具有必要性和急迫性。近些年，甘肃各地按照“政府主导、社会参与，明确职责、形成合力；长远规划、分步实施，点面结合，形成实效”的工作原则，根据自身实际开展了形式多样、内容丰富的非物质文化遗产保护、传承工作，并在某种程度上推动了甘肃非物质文化遗产传承和发展。我们选取了一些在非物质文化遗产保护、传承和发展方面具有一定典型的案例进行分析，希望能对做好全省非物质文化遗产的挖掘和保护、传承和发展有所借鉴。

一、兰州太平鼓舞——民间舞蹈类案例分析

甘肃悠久的历史，灿烂的文化，独特的地理位置，造就了甘肃独特而丰富的非物质文化遗产。这些具有强烈而鲜明地域性特征的非物质文化遗产既是中华文化的重要组成部分，又彰显了甘肃文化的鲜明特色和个性。被誉为“天下第一鼓”的兰州太平鼓就是甘肃非物质文化遗产中民间舞蹈类的优秀代表。为使这一优秀的非物质文化遗产得以保护和传承，维护文化多样性，打造城市文化个性，提高文化创造力，推进文化兰州建设，在科学发展观的指导下，兰州市各级政府和有关部门坚持工作的主动性和积极性，增强责任感和使命感，依靠广大人民群众，不断创新措

施,促进非物质文化遗产挖掘与保护工作迈上有序推进、良性发展的轨道。

1.兰州太平鼓的基本情况。

太平鼓,民间传说为宋朝将领徐达领兵进攻兰州而产生,太平鼓有红鼓和黑鼓之分,红鼓象征欢乐吉祥,黑鼓意为驱邪。鼓身基本形状为圆柱形,鼓身用木板箍紧用白布包裹后上色,孤身长大约在80~100公分之间,鼓身中间有铁环为抓手。鼓面为牛皮,用苞钉绷紧,鼓面上绘有八卦等图案,鼓面直径大约为50~60公分。鼓绳为麻绳,鼓槌为麻拧成的鼓条,俗称鼓鞭,太平鼓技法为低鼓、中鼓和高鼓,打鼓架式中揉进了戏剧架子功和武术成分。兰州太平鼓舞已有600年的历史,素有“天下第一鼓”之称,2006年被国务院批准列入首批国家级非物质文化遗产保护名录。太平鼓舞为群舞,鼓不能少于28面,见双不见单,演奏时由帅旗指挥,辅以锣、钹伴奏,队形不断变化。太平鼓舞具有祭祀、庆祝丰收等功能,太平鼓敞亮、浑朴、淳厚、刚悍的鼓音显示了自强不息的甘肃精神。

2.兰州太平鼓舞的保护与传承。

(1)领导体制机制逐步建立健全。2006年,按照“政府主导、社会参与、明确职责、形成合力”的工作思路,兰州市、县区均成立了由党委政府分管领导,相关部门负责人组成的非物质文化遗产保护领导小组;市、县区在当地的文化部门成立了非物质文化遗产保护中心(办公室),具体负责非物质文化遗产的保护工作,并成立了以从事非物质文化遗产研究的知名学者组成的专家委员会,为非物质文化遗产挖掘与保护提供理论等方面的咨询。各级保护中心(办公室)不断充实人员,各级财政每年下拨非物质文化遗产专项保护资金,逐步建立健全政府为主导、社会支持和参与、责任明确、运转协调的兰州非物质文化遗产领导体制和运转机制,为以兰州太平鼓为代表的兰州非物质文化遗产挖掘与保护工作提供了有力的组织保障。

(2)广泛宣传,培养民众的文化自觉性。为营造全民参与保护非物质文化遗产的良好氛围,广泛宣传兰州非物质文化遗产,培养人们的“文化自觉”,唤醒兰州人保护非物质文化遗产的意识,使人们自觉自愿的珍视、承继祖先留下来的宝贵的文化遗产,兰州开展了形式多样的宣传活动。

一是借助新闻媒体进行宣传。新闻媒体具有迅速、直接和覆盖面广等其他宣传手段无法比拟的优势,兰州非物质文化遗产保护机构积极配合新闻媒体做好以兰州太平鼓舞为代表的国家级项目的重点报道和常规性的新闻报道工作。

二是做好节庆展演宣传。为促进文化兰州建设，开展了丰富多彩的文化活动，春节文化庙会、黄河文化风情周、农民艺术节等已经成为兰州家喻户晓的文化品牌，兰州太平鼓舞利用这些载体和平台充分的展示和宣传，既为节会增色添彩，又展示了自己的独特魅力。

三是积极参与交流。2006年国庆期间，皋兰农民太平鼓队代表甘肃进京参加了中央电视台、中国舞蹈家协会、中国音乐家协会举办的“中国首届民族民间歌舞盛典”，受到广大艺术家和观众的高度评价。2007年，兰州太平鼓舞在首届中国成都国际非物质文化遗产节上摘得太阳神鸟金奖。2008年8月，经过重新编排、精心训练的兰州太平鼓舞代表我省参加奥运会开幕式前的“垫场演出”，其夸张的动作表演，将具有浓郁民族风格、鲜明地域特色的兰州太平鼓留在数万名观众的记忆中。

四是立足阵地宣传。在皋兰县黑石乡大横村正式挂牌建立了兰州太平鼓保护基地，基地积极做好陈列布展、音像宣传等。以国家4A级旅游景区为标准，筹建兰州博物院，作为兰州博物院三馆之一的兰州非物质文化遗产陈列馆在建成后，将利用现代化高科技陈展手段设计、制作展览太平鼓舞，力求生动直观的呈现展览内容，给观众以体验式的参与经历，现场提供太平鼓，指导游人现场表演等，让人们亲身实受民间艺术所具有的艺术魅力。

(3)政府不断加大保护力度。兰州太平鼓的建档工作逐步走向规范，数据库的相关数据不断得以健全，实物、相关文献资料、影像资料的搜集和征集不断推进，《兰州太平鼓》列入《兰州市非物质文化遗产保护丛书》第一批出版计划。不断加大对传承人的保护力度，严格落实国家、省市对传承人保护的相关规定。从2007年开始，兰州市政府对市级传承人，根据城乡差别每月补助300到400元不等的保护津贴，以调动他们参加各种类型的展演活动和收徒传艺活动的积极性。

(4)依托市场自主发展。兰州太平鼓舞在政府的引导下，走上了依靠市场自主发展的道路。兰州太平鼓舞常年坚持演出活动的鼓队有几十支，约计500余人，常年演出的鼓队以参加各种仪式、庆典等为主；临时性演出则以春节庙会演出为主，参加演出的临时性鼓队人数众多，多则几千人。各种演出的收入为太平鼓舞的发展壮大提供了可观的经济收入。

3.兰州太平鼓舞保护与传承中面临的问题和难点

(1)太平鼓舞的原生态面貌需要进一步挖掘。真实和完整意味着原生态。非物质文化遗产在传承的过程中面临着诸多导致其变异的主客观因素,其结果是逐步的失真。为使甘肃非物质文化遗产所承载的全部历史文化信息得以完整保护和传承,需要进一步挖掘非物质文化遗产的原生态面貌。太平鼓舞的原生态面貌同样需要进一步挖掘。太平鼓舞在表现形式、节奏、内涵等方面具有一定的共同性,但是,因地域差异其文化内涵和表现形式等又各有不同。比如,流传于榆中县马衔山一带的乱劈柴鼓舞是兰州太平鼓舞的另一种表现形式,在鼓舞花样和服饰道具上不是以汉族的方式存在,体现着藏族、蒙古族等融合的特色。皋兰县锌尖村的太平鼓舞除了祭祀和庆祝丰收外,结合本村历史上具有好武习俗、相关传说和文献记载,太平鼓舞印证了其作为"古代军屯遗俗"的史实。只有进一步挖掘太平鼓舞的原生态面貌,才能有效防止今人臆想过去历史状况,防止"伪遗产"的出现,只有这样,才有助于提高人们对甘肃非物质文化遗产价值的认识,才能坚持正确的保护和开发利用理念和实践。

(2)依托市场自主发展不足。首先,规模偏小。兰州市常年开展演出的太平鼓队有几十支,但是能够演奏完整阵型的不多,影响走出去战略的实施和品牌建设。其次,不规范。兰州太平鼓队的演出和传习多处于自发状态,演出和传习的不规范在一定程度上制约了太平鼓的繁荣和发展。从长远来看,这种不规范的发展状态将是太平鼓队发展壮大的严重羁绊。再次,后继人缺乏,影响其可持续发展。青少年是太平鼓舞传承和发展壮大的希望所在。在市场经济下,个体从事活动会按照利益最大化进行选择。太平鼓的市场化程度低,势必影响参加队员的经济收入,人们感觉参加太平鼓队的收入不如外出务工时,更多会选择后者。后继人匮乏会影响太平鼓队的质量,进而影响市场化,形成恶性循环。

(3)缺乏强有力的智力支持。实践和理论的紧密结合是太平鼓舞保护、传承和发展壮大必不可少的条件。《兰州太平鼓》的编辑出版虽然为我们引进社会人才揭开了新的篇章,但目前,兰州几乎没有对太平鼓舞进行专门理论研究的人才,尤其缺乏理论水平和实践能力兼备的本土化通才,兰州太平鼓舞的保护传承、开发利用缺乏强大的智力支持,此外,兰州太平鼓舞还缺乏切合实际、当前与长远相结合、极具操作性的规划。

(4)政策法规有待于进一步完善。兰州非物质文化遗产挖掘保护的领导体制机制基本建立并逐步完善,而政策法规的缺乏成为影响各级政府主导作用发挥和引导社会参与的障碍。兰州非物质文化遗产挖掘保护工作在政策层面上空白较多,相关配套化政策法规少、不健全且缺乏可操作性。政府在开展非物质文化遗产保护工作时时常出现无政策依据、无法律法规依据的窘境。调动社会人员参与非物质文化遗产挖掘保护的渠道过窄且不畅,与政府的互动性较弱,难以形成工作合力。非物质文化遗产挖掘保护工作缺乏完善的制度保障,太平鼓舞工作开展依靠自觉,导致兰州各地太平鼓舞工作开展出现不平衡。

4.促进兰州太平鼓舞保护与传承的思路。

(1)大力宣传,营造良好氛围。广大民众是非物质文化遗产的创造者,非物质文化遗产的保护、传承和发展同样离不开广大民众,广大民众对非物质文化遗产的态度从根本上决定着非物质文化遗产的命运。为调动广大民众参与非物质文化遗产挖掘与保护的积极性、主动性、创造性,必须加大对非物质文化遗产的宣传力度,营造良好氛围,使广大民众了解、认识和喜爱非物质文化遗产。一是努力构建大宣传格局。非物质文化遗产挖掘与保护是一个综合系统工程,涉及政治、经济、文化、社会生活等方面,需要各地区、各有关部门单位的密切合作,相互支持,才能发挥整体功能。立足兰州的实际,充分发挥各级政府组织协调作用,各有关部门各负其责,各方共同参与,形成全方位、多层次、宽领域的大宣传格局,增强宣传合力,不断提高兰州太平鼓舞宣传的能力和水平。二是创新工作思路,借鉴外地经验,善于借势借力,不断探索宣传兰州太平鼓舞的新思路、新方式、新载体,坚持常态化宣传和文化遗产节等节会集中宣传相结合;三是坚持宣传形式的多样性,内容的丰富性、对象的针对性。

(2)政府引导,依靠市场自主发展。在尊重市场规律基础上,进行积极引导,使太平鼓走上依靠市场自主发展之路。一是引导现有太平鼓队进行整合。散而小的企业形式不符合现代经济发展规律的要求,自身资源较少、创新能力不足,抵御风险的能力较低,难以在现代市场经济中获得快速发展。通过引导现有鼓队进行资源有效整合,有利于在市场发展中站稳脚跟,逐步做大做强。二是推进太平鼓舞同文化、旅游的深度结合,增强旅游的文化内涵,凸显文化的个性,使太平鼓同文化和旅游有效互动,以此产生可观的经济效益。三是引导进行品牌化建设。在市场经济中,必须"相信品牌的力量"。政府积极引导传承人在传承太平鼓舞技艺核心和精神品质的基础上,结合时代进行创新,形成自身的艺术个性和独特风格,以鲜明独特的风格为标志进行品牌化建设,以品牌对市场进行影响,以市场的扩大对太平鼓舞的传承进行推动。四是引导社会资本进入，以弥补兰州太平鼓舞在传承和展演中资金不足的窘境。五是引导社会人才进入，助推兰州太平鼓舞传承和发展。

(3)组建智力团队。按照充分发挥政府主导作用，广泛吸引社会人才，重在培养本土化通才的原则，在尊重艺术规律、人才成长规律和市场规律的基础上，制定人才规划。在对甘肃的非物质文化遗产资源进行系统的整体研究基础上，对兰州太平鼓舞进行专题研究，力争使其日常管理、保护思路、传承、深度开发有强大的智力支持。厘清其历史渊源，研究本体内涵，还原其本真面目，坚持其仪式的严肃性、尊重其禁忌、致力于太平鼓舞传统服饰装扮、套路打法原生态地挖掘、整理和传承。以创新精神为指导，探索太平鼓舞同现代传媒等各种传播渠道和手段相结合的有效途径，提高其资源转化能力。坚持品牌建设贯穿始终，提高太平鼓舞的核心竞争力，使太平鼓舞产生更大的社会效益和经济效益。

(4)健全政策法律规章制度。法律法规具有强制性，建立责任追究制度，能有效解决现在非物质文化遗产挖掘保护工作中存在的随意性，使非物质文化遗产挖掘保护工作能够按照既定的程序开展，有效缓解各地工作开展不平衡的问题。为此，通过各种途径和渠道积极呼吁相关法律法规的出台，为法律法规的出台提供有力的支持，对现有的法律法规配套措施按照细化、可操作性的原则进行修改。制度具有刚性、普遍性等属性，在现有非物质文化遗产挖掘保护法律法规不完善的情况下，制度对非物质文化遗产挖掘保护工作的保障作用不容忽视，比如，完善的太平鼓舞协会章程对于太平鼓舞协会充分开展太平鼓舞的传习和发展壮大具有极大的推动作用，因此，要尽快恢复兰州太平鼓协会，以完善的章程保证太平鼓舞各个队伍实行高效运转。应当充分发挥政策的灵活性，以完善的政策填补法律法规制度没有覆盖的地方，及时地填补真空地带。在坚持政策法律规章制度开放性的前提下，不断完善政策法律规章制度，形成体系，保障太平鼓舞挖掘保护工作的健康发展。

二、庆阳香包绣制——传统美术类案例分析

香包这种诞生于民间、流传于民间、扎根于民间的文化艺术，有着悠久的历史传统、深厚的民间土壤和广泛的群众基础，随着社会变迁，传播媒介的变化，人们的审美趣味也在变化，人们过去青睐的非物质文化如今面临生存困境。如何留住祖先传给我们的精粹，并且在新的时代背景下发扬光大，成为文化工作者和社会各界关注的焦点，产业化成为众多

路径中的一种，被誉为“黄土地上的一朵奇葩”的甘肃庆阳香包绣制的产业化是一个成功的例子。

1.庆阳香包绣制产业化的现状。

(1)政府大力倡导发展以香包为代表的民俗文化产业。庆阳市委、市政府从走工业经济和文化产业双赢的思路出发，深刻认识文化资源的长久性、辐射性，通过挖掘以香包为代表的民俗文化，传播香包文化，弘扬传统文化，不断提升庆阳知名度，增强庆阳民众的自信心和自豪感，为吸引投资，更好发展工业经济提供良好的氛围。市委成立了香包文化产业开发协调领导小组，市政府成立了香包产业开发办公室，还成立了香包产业协会，在广泛的领域开发和发展以香包为主的民俗文化产业，提升文化软实力。自2002年以来，连续7年成功举办中国庆阳香包民俗文化节和2009年中国(庆阳)农耕文化节。庆阳香包文化产业示范园等一批重点文化产业示范基地建设项目也正在规划建设中。

(2)产业化模式蓬勃兴起。庆阳香包产业化模式大致可以概括为以下4种，第一种模式是公司加农户。以公司为龙头，集设计、生产、收购、销售于一体。实行定单作业，农户加工，批量生产。如，正宁县大鹏刺绣公司，庆城县赤城乡文化中心民间工艺美术刺绣厂，西峰凌云服饰有限责任公司轩辕香包工艺厂。第二种模式是集团促农户。为适应香包产业化深度发展的需要，有些地方成立了产业集团，集团是企业和基地的联合体，生产以农户为主，集团负责组织生产、科研、展览、销售等。比如，华池县巧儿文化产业集团。下设巧儿文化产业研究会和巧儿文化产业有限责任公司。第三种模式是非法人组织形式。一些具有一定市场头脑的农户，利用农闲时节，依据自己的刺绣本领，根据获得的市场信息，自己设计生产，自己寻找市场销售的一种经营模式。其中不乏众多的佼佼者依靠制作香包，走上了富裕之路，他们的成功对周围的村、户起了很大的辐射、示范和带动作用，一个人带动一批农户从事香包刺绣生产，逐渐形成了一些专业村。比如，宁县焦村乡岭头、西沟、任村已形成了制作专业村。

(3)产业化规模不断壮大，效益日益明显。截至到2009年11月，全市已经形成110多家企业，39个生产基地、86个营销公司、15万多人的香包、刺绣生产大军，产品达20多个大类，5000多个品种，年生产900多万件，远销全国56个大中城市及美国、日本、欧盟、东南亚、港澳台等20多个国家和地区，年销售收入3亿元。

(4)加大人才队伍建设力度。人才是第一资源，人才兴则产业兴。在庆阳市委组织部的领导下，市文化出版局组织实施了全市文化产业10万从业人员培训项目。自2008年起，计划用3年时间，对文化产业服务管理人才、企业厂长经理、香包刺绣皮影剪纸技术能手等10万文化产业从业人员进行培训。培训通过聘请市内外专家、教授、民间艺术大师进行集中授课、理论辅导、研讨交流、观摩学习、现场技艺交流和撰写心得体会等办法进行，不断提高全市文化产业从业人员的专业素质。通过2008、2009年两年培训，截至2009年11月，全市已完成培训人员6780人，其中，市直完成培训1310人，完成全部培训任务68%。全市被联合国科教文组织和中国民间艺术家协会授予的"一级民间工艺美术家"称号1人；有被中国民间工艺美术委员会命名的民间工艺美术大师121人，被甘肃省民间文艺家协会命名的民间艺术家155人，被庆阳市工艺美术协会命名的民间艺术大师451人，民间工艺美术能手更是数以千计。

2.庆阳香包绣制产业化存在的问题。

(1)文化贫困制约着人们的创新能力。非物质文化遗产之所以流淌于人类历史的长河并灼灼生辉，就在于其不断地更新与创造能力。更新与创造需要深厚的文化土壤，文化贫困成为创新迸发的制约因素。文化贫困具体表现为以下方面。一是人口整体素质偏低。据2000年人口普查数据推算，全市人口平均受教育年限低于全国水平，在农村劳动力中仍有一定数量的文盲和半文盲。二是思想观念滞后。全市有些干部群众对现代市场经济规律认识不足，缺乏合作意识，目光短浅，影响现有生产模式的整合；害怕竞争，依赖思想严重，创业意识不足，落后的思想观念既影响着香包产业的生存与发展，也严重制约着庆阳经济社会的发展。

(2)精品意识不强。市场经济是竞争经济，质优价廉是竞争的永恒主题，精品层出不穷能不断提高产品核心竞争力。现在香包质量出现了让人忧虑的问题，比如，某些香包的填充物不规范，甚至出现填充烂旧布、烂塑料等；香包不香的问题也相当突出，人工香料的香味不自然，同人们孩提时代的香味相去甚远让许多人的购买意愿大打折扣。精品不精的问题也相当突出，表现为产品雷同趋势明显，样式陈旧、缺乏创新，品牌意识不强。

(3)产销不对路。由于市场营销机制不灵活、信息渠道过窄，产销不对路，造成产品挤压。

3.庆阳香包绣制产业化发展趋势分析。

产业化作为一个经济概念，其包含以下要素，以市场为导向、立足本地优势、依靠科技进步和规模化经营、进行专业分工、充分发挥龙头作用、以利益为中心等,产业化要求按照市场规律进行运作,寻找卖点,挖掘香包的经济潜力。但是,产业化的过程出现丢失和割裂非物质文化遗产的本真性和整体性去适应市场需求的现象。

庆阳香包产业化的发展趋势应当是在坚持香包本真性、完整性、区域性和民族性等特性得以保护的前提下,通过产业化积极寻求在新时代背景下的生存发展空间。在这一产业化趋势中应当妥善处理产业化内在要求与非物质文化遗产本质特征面临的诸多冲突,一是产业化要求机器大生产同人们喜好传统手工制作的冲突;二是香包绣制过程中继承与创新、传统与现代、经典与时尚、古朴与华丽的冲突,三是产业化造成产品系列化规格化同香包个性化、特色化要求的冲突;四是特殊的产业化模式(离不开农户的参与)不同于一般产业化模式(规模化、标准化等)造成的质量管理等管理模式的冲突; 五是产业化造成的知识产权所有权归属、核心技艺保密、传承人传承自主权的选择等冲突。妥善处理这些问题,才能防止香包绣制的简单化、粗糙化、趋同化、品质的低劣化,避免使香包沦落为赚钱的工具;才能利用好产业化这一生产性保护平台,把具有浓郁地方特色的庆阳香包绣制所承载的核心技艺和文化底蕴传承和发展好。在产业化的模式选择上,公司加农户或者集团带农户模式是理想的模式选择,公司或者集团的中心工作应当是做好生产和销售的衔接和整合工作,农户的中心工作是生产。

4.庆阳香包绣制产业化的对策措施。

庆阳香包产业化已经取得了一定的成就,在新的时代背景下,要使产业化获得源源不断的动力,其动力来自充分利用好市场和政府这两只"看不见"和"看得见"的手,充分发挥和完善市场机制,应该成为香包产业化的第一要务,但充分重视市场机制的作用,并不意味着政府在香包产业化的过程中无所作为,在市场经济条件下,政府应该维护市场的竞争性,并通过填补市场的缺陷积极地促进香包的产业化。

(1)加强文化生态建设。香包产业要实现可持续发展,需要深厚的文化沃土,加强文化生态建设是培植文化沃土的有效途径。第一要构建现代教育体系。教育是经济社会文化发展的基础。坚持不懈地实施普九教育,提高普通高中入学率,积极发展高等教育,大力开展职业技术教育。第二是推动文化繁荣。从政策和资金等多方面支持反映庆阳特色各类文化艺术创作;加大财政投入力度,加强以农村和社区为重点的基层公共文化阵地建设,构建起以市(区)和县城为中心,乡镇街道为枢纽,农村和社区为前沿的三级文化工作网络；有计划的积极挖掘、抢救、保护各种文化资源，构建法律法规规章政策的无缝衔接，防止文物以各种形式流失；三是特色文化进课堂。根据各种学校学生的不同年龄段编写适合他们口味的教材，增进他们的兴趣，提高他们对本地文化的认知。四是坚持民俗文化产业全面发展和重点推进相结合。庆阳香包民俗文化产业的主要品种有：香包、刺绣、剪纸、皮影等，同时还有石雕、石刻、泥塑、纸布胶塑、戏剧头帽、面花、撕纸、布贴、根雕、土陶等其它民俗艺术品。在推动这些民俗文化产业全面发展的基础上，积极扶持具有浓郁地方特色的香包等民俗文化产业发展，在巩固现有成绩的基础上，不断开拓新的业绩，以点带面，推动民俗文化产业的整体发展。

(2)继续加大对庆阳的宣传推介力度。多年来，庆阳的对外宣传工作卓有成效，一提到庆阳，人们就会想到以香包为代表的浓郁而独特的民俗文化，庆阳知名度的不断提高也为香包更好的走向全国走出国门提供了有力支撑，香包和庆阳紧密的结合在一起，二者形成良好的互动。在今后，应该继续加大对庆阳多角度、多层次的宣传推介力度。首先，充分发挥当地新闻媒体和国内外各大新闻媒体的作用，尤其加大互联网宣传的力度，加大宣传本地的特色文化。其次，继续办好中国庆阳香包民俗文化节、中国(庆阳)农耕文化节、参展文博会等各种节会的基础上，不断创新思路，提升内涵，提高品质。再次，充分利用好研讨会和年会。提升中国民俗学会和中国工艺美术学会民间工艺美术专业委员会在庆阳举办研讨会和年会的规格，充分利用好、挖掘好知名专家的宣传效应这一宝贵的资源。

(3)继续加强人才队伍建设。牢固树立人才是第一资源的理念，千方百计加强人才队伍建设。第一，是高度重视民间人才的挖掘与保护。对民间人才开展全面普查摸底，在坚持公开公平公正的基础上确定各级传承人，对不具备传承人条件的要给予各种称号，如“刺绣大师”，“刺绣能手”等。让他们切身实受到社会对他们的尊重和爱护，调动她们口传心授，广带徒弟，培养人才的积极性。第二，是实施“派出去，请进来”战略。制定人才外出学习计划，选派民间能工巧匠到省内外相关高校、企业进行学习深造，提高他们的专业知识和实际技能。请一些相关知名专家、学者来庆阳调研考察，举办学术讲座，进行短期培训，不断提高庆阳香包的质量和品位。第三，是从政策和资金等方面给予职业教育以支持，提高职业技术教育水平，培养强大的后备人才。四是组建和充分发挥专家委员会的作用，提高专家在各项决策中的分量，推动决策民主化和科学化不断提升。

(4)提供政策、资金、智力支持。充分发挥政策对香包产业化的引导力度，制定税收、信贷等方面的优惠政策，引导非法人组织进行联合，使企业与企业、企业与基地之间组建集团，以适应现代市场经济的要求；通过专项资金或项目资金进行扶持，营造良好环境，激活民间投资，吸引社会资本进入，解决产业化发展中的资金瓶颈；协调科研管理部门、高等院校及科研院所对香包产业化过程中加工、科研、新产品开发、管理中遇到的问题进行科学攻关，为香包产业化发展提供强大智力支撑。此外，坚持市场准入公平平等，大力倡导自由竞争，开展质量建设，坚决查处欺行霸市，维护市场竞争自由。

(5)加大创新步伐，继续实施品牌战略。首先，确立质量意识。市场经济是诚信经济，无信不立。优良的产品品质有助于树立良好信誉，所以，树立精品意识，不断追求精益求精。保证填充物符合一定标准，香包的香味追求自然、面料、丝线等材料考究等。其次，树立品牌意识。品牌蕴含巨大的能量，逐步建立和培植自己的品牌，不断提高品牌的知名度，做好品牌的后续管理工作。其次，做出特色。独树一帜是市场营销战略中最有效的一种，作为庆阳非物质文化遗产的代表——香包，应具有自己独树一帜的特色，这样才能在众多产品中脱颖而出。再次，加大对市场需求的调研。对市场需求信息掌握的要准确、及时，这样才能使产品适销对路，产品才能尽快地转化为商品，实现其价值。第四，深化对非物质文化遗产传承发展规律的认识，尊重二者的内在规律性，寻找二者的结合点，创新产业化模式。既要保证非物质文化遗产不变味，又要充分利用好市场，借助产业化实现非物质文化遗产传承发展与不断扩大市场规模的双赢。

三、天水太昊伏羲祭典——民俗类案例分析

伏羲是人文始祖，为中华民族生生不息立下了丰功伟绩，人们以祭祀表达对他的深深怀念。据史书记载，对伏羲祭祀可以追溯到春秋，在对伏羲进行祭祀的漫长历史岁月中，民间祭祀和公祭此消彼长，但各个时代都以高规格、大场面来表达自己对伏羲的敬仰之心。太昊伏羲祭典作为一种活态文化，受我国社会结构和文化环境变化的影响，同甘肃其他非物质文化遗产项目一样，其生存也遇到了前所未有的危机。为了防止文明断裂，使体现在伏羲祭典中慎终追远的民族情感得以传继，并发扬光大，天水市委、市政府积极开展“打造全球华人祭祖圣地”战略。这一战

略的成功实施，有效推动天水市经济社会文化的良性循环，对我们做好非物质文化遗产挖掘与保护工作具有重要借鉴意义。

1.天水太昊伏羲祭典的成功经验。

天水市委、市政府通过太昊伏羲祭典“打造全球华人祭祖圣地”的主要举措可以归结为以下几个方面。

(1)进行维修保护，健全载体。伏羲庙在历史岁月中历经沧桑，部分建筑受到破坏，其完整性受到破坏。伏羲庙作为文物，是太昊伏羲祭典这一非物质文化遗产的重要载体，天水市委、市政府高度重视对伏羲庙的保护工作。首先，恢复历史区域。2002年，通过同有关单位置换和对庙区东西两侧20多户居民的搬迁工作，使原伏羲庙庙产乐善院、忠义祠两块土地得以收回，原来历史区域的完整性得以恢复。其次，进行大规模维修。2003年底，国家文物局通过了天水市文化文物出版局委托中国文物研究所设计编制的“天水伏羲庙保护维修方案”，随后，通过严格的招投标程序，最终确定陕西省文物保护中心古建公司为中标单位。2004年4月，市委、市政府对伏羲庙进行近代以来大规模维修，维修主要包括伏羲庙文物建筑的修缮、文物副件的复原、文物环境综合整治以及修建伏羲文化陈列馆和伏羲文化研究中心等。工期分三期进行。第一期对伏羲庙的大门、仪门、牌坊等附属建设、先天殿、太极殿进行维修；第二期主要是对前院两侧乐善院、忠义祠等进行重修；第三期主要修建伏羲文化陈列馆和伏羲文化研究中心等。2008年，伏羲庙恢复原来面貌，作为中华文明之源的载体其文化传承作用得以较充分发挥。

(2)恢复民间祭祀，培育深厚土壤。天水境内及周围分布众多与伏羲及女娲有关的人文遗址、遗迹，是天水作为伏羲文化发祥地的有力证据。清朝中后期至民国，祭祀伏羲逐渐演化为民间祭祀，伏羲文化在民间拥有深厚土壤。但是，1966年，伏羲庙建筑遭到局部破坏，“与天地准”和“一划开天”匾下落不明，由于“文化大革命”这一特殊历史原因，民间对伏羲祭祀受到极大压制。改革开放的春风吹拂大地后，人们对伏羲祭祀重新恢复，1981年3月，卦台山附近村民自发恢复祭祀伏羲活动，每年举办春秋两祭，民间祭祀组织上元会逐步建立。拥有千年历史的伏羲诞辰祭祀是天水及周边地区民众最主要的春节民俗文化活动之一，如今，每次祭奠吸引当地数十万民众参加当日祭典。目前，正在筹建“天水市民间祭祀伏羲协会”，协会的建立将进一步促进民间祭祀伏羲规格、仪程的统一，能更好地传承这一民俗文化，扩大伏羲文化在全国以及在世界华人中的影响力。

(3)政府大力参与，不断提升档次。1988年，天水市政府按照伏羲是龙的象征，正月十三是龙的生日这一传说，将正月十三定为公祭伏羲大典的日子，2005年，公祭活动被提升为省级规格，恢复公祭后，甘肃已经成功举办21次。现在，省委、省政府以“弘扬伏羲文化、传承中华文明、凝聚全球华人、打造祭祖圣地”为主题，按照“突出重点、体现特色、隆重严谨、节俭务实”的原则，在挖掘整理祭祀伏羲史料的基础上，对祭祀伏羲礼仪不断求真，力求恢复其历史面貌，不断提高祭祀伏羲活动的文化品位。

(4)突出主体，打造综合平台。围绕公祭大典，天水市委、市政府大力展示城市综合形象、推介地方名优特色、展现良好投资环境，开展陕、甘、川、宁四省二十八方城市及各种民俗文化活动等，内容涉及文化、旅游、体育、商务会展等多个方面。天水借助伏羲文化的影响力，力争在宣传和展示天水市深厚文化底蕴的同时，促进天水市独特资源优势和巨大发展空间得以宣传，实现天水同国内外全方位、多层次、宽领域地交流与合作。

(5)大力宣传推广，营造良好氛围。营造全社会重视、关心、支持非物质文化遗产保护的舆论氛围和保护环境，不断增强人们对伏羲作为人文始祖的认同感，培养人们的文化自觉。天水市委、市政府以公祭中华人文始祖伏羲大典为重点，本着早谋划、高定位、大力度、多形式、浓氛围的思路，展开了多渠道、多层次的宣传。一是大力加强新闻媒体的宣传力度。在充分发挥省市、电视、广播、报纸媒体宣传作用的同时，积极争取国家级、港澳台及国外媒体对伏羲祭祀大典的宣传力度，使伏羲文化在国内外的影响力不断扩大。2010年节会期间，新华社、人民日报、中央电视台、中央人民广播电台、光明日报、甘肃电视台等众多媒体对节会进行了全方位、多角度的宣传报道。中央、省、市新闻媒体共刊发节会报道稿件1500多篇(件)。二是形成研究合力。召开各种形式的座谈会、研究会，对伏羲文化开展广泛讨论和深入研究，推出了《伏羲古籍录》、《伏羲文化70问》等系列研究成果，不断推动对伏羲文化研究的突破。三是大力借助新媒体的作用。新媒体是新的技术支撑体系下出现的媒体形态，如数字杂志、数字报纸、数字广播、手机短信、移动电视、网络、数字电视、触摸媒体等，相对于传统的报纸、户外、广播、电视四大传统意义上的媒体，新媒体被形象地称为“第五媒体”。为积极宣传伏羲文化，经过精心制作的动漫宣传片《人文始祖伏羲》2010年5月25日在上海世博会亮相，尽管不是首创，但是这种新颖的表现形式和直观的宣传效果不但产生了轰动效应，也赢得了高度评价。为充分发挥网络的优势，天水市建成伏羲庙官方网站。网站新颖的设计、丰富的内容、流畅的浏览、极高的点击率强有力的宣传了伏羲文化。2010年太昊伏羲祭典首次实现中国甘肃网、新华网甘肃频道、天水在线等多家网络媒体同步直播。全国200多家网站发布了有关节会的各类图文信息5000多条(幅),有400多万名国内外人士直接浏览了节会信息。

(6)多方筹措资金,加大保障力度。资金捉襟见肘是普遍困扰非物质文化遗产挖掘与保护工作中的突出问题。太昊伏羲祭典同样面临着资金不足的问题。为解决这一问题,天水市委、市政府多方筹措资金,不断加大对太昊伏羲大典传承的支持力度。一是加大财政投入。2002年,为恢复伏羲庙的完整性,天水财政投入1200万元完成庙区土地置换和居民拆迁工作。2004年,财政投资1800多万元对伏羲庙进行近代以来最大规模的修缮工作。二是大力吸收社会资金。伏羲庙在历史演变过程中吸收民间资金具有悠久历史。据史料记载,元世祖至元十六年至三十一年间,秦州民间集资新建卦台山伏羲庙。现在,为吸收社会资金参加伏羲文化的研究、开发、传承和保护,天水市委、市政府成立"天水伏羲庙保护维修募捐委员会",市政府批准了《伏羲庙保护维修募捐管理办法〈试行〉》,以给募捐人立功德碑,保证募捐资金的公开透明使用等来吸引社会资金积极参与伏羲庙相关建设。另外,不断创新募捐方式,通过遴选"年度祭祀人"和"年度参祭人"参加公祭大典,吸引社会各界人士积极支持和参与伏羲文化传承发展。

2.天水太昊伏羲祭典挖掘与保护成效评价。

天水市委、市政府以太昊伏羲祭典为重点对伏羲文化的传承取得了积极的成果,具体表现在以下方面。

(1)伏羲文化得以弘扬。伏羲祭祀大典已经成为甘肃和天水具有浓郁地域特色的重要文化品牌。通过祭祀找回了失落已久的文化,在缅怀先辈中进行爱国主义教育,伏羲文化已经成为连接海内外华人的精神纽带,强化了民族认同感,增强了民族凝聚力,每年吸引数以万计的海外华人、港澳台及内地各界人士前来拜谒,天水已经成为海内外华夏儿女寻根祭祖的圣地之一。

(2)拓展城市发展空间和挖掘城市发展潜力。太昊伏羲祭典充分展示了天水悠久深厚的历史文化,提高了天水历史文化名城的知名度,增强了城市的文化内涵和城市文化软实力,提高了文化资源转化能力,推动了天水文化产业发展。更为重要的是,借助公祭活动,广泛宣传了天水潜在的发展空间和蕴含的发展潜力,加强了天水与国内外文化的交流与合作。

(3)发挥了巨大的带动作用。太昊伏羲祭典在弘扬伏羲文化的同时,有力地带动了天水市旅游、餐饮、住宿、休闲、娱乐、文化等相关产业和全市经济社会文化的发展。以旅游业为例,自1988年开展太昊伏羲祭典以来,天水伏羲文化旅游节已经发展成为中国最具发展潜力的十大节庆之一,天水旅游被推向了全国。天水市旅游业获得空前的发展,每年接待的游客在200万人次以上,并且仍以30%的速度增长,旅游业在天水经济总量中所占的比重在逐步提高,对于天水加快实施"旅游富市"战略起了重要的助推作用。

(4)招商引资成效明显。以节会为抓手,天水市委、市政府不断优化投资环境,加强招商引资的力度。以2010(庚寅)年甘肃省公祭中华人文始祖伏羲大典暨第21届中国天水伏羲文化旅游节招商引资情况为例。一是签约项目多,投资总额大。节会期间,签约招商引资项目69个,总投资40.02亿元,已签约30项,其项目涉及农业、工业、物流等各个方面,签约资金26.6亿元,其余39项将在节会其他活动中签约。签约项目投资总额比2009年净增10亿元,增长33%。二是向外界宣传了天水广阔的市场空间。与往届相比,2010年参会嘉宾阵容大、规格高、地域范围广,市委市政府通过发放项目册等积极向来宾推介重点招商引资项目118个,这些项目包括工业制造业、农业产业化、旅游、物流、建材、医药、矿产资源、产权转让等九大门类。另外,市委、市政府同多家外地商会签订招商引资框架协议。招商引资项目为加快推进"关中—天水经济区"建设和天水市工业强市战略的实施步伐注入了新的活力。

3.天水太昊伏羲祭典对我们的启示。

天水市非物质文化遗产代表项目——太昊伏羲祭典的保护、传承和发展,对于我们做好非物质文化遗产挖掘与保护工作具有以下启示。

(1)积极转变发展思路。经济是政治、社会和文化发展的基础,经济发展的水平决定着文化发展的水平,文化发展对经济具有很大的依赖度。天水作为西部不发达城市,发展经济的任务很重。天水经济发展水平不高,经济总量低,而非物质文化遗产的挖掘保护、传承和发展需要大量的资金投入,地方政府面临着加大保护非物质文化遗产急需财政投入和无钱可投的两难选择。在两难选择中如何进行抉择,取决于政府对保护非物质文化遗产和推动经济发展关系的认识,天水市委、市政府正是看到经济发展中的文化含量即文化的附加值越来越高，认识到文化蕴藏的巨大的经济价值，所以在财政有限的情况下，积极发挥政府的主导作用，以财政投资为主，广泛吸收社会资金，在推动伏羲文化不断发展的同时，带动了天水经济社会的发展，使经济社会文化实现协调发展，践行着中央以经济建设为中心，推进政治、社会和文化四位一体的科学发展观。

(2)坚持原生态和多样性。非物质文化遗产是在特定的文化生态环境中产生和发展起来的，体现着特定民族和群体的特有思维方式、文化精神和情感、传统价值观念等，我们所要保护和传承的就是这些体现在非物质文化遗产载体背后的民族之根，民族之魂，坚持原生态是保护和传承这些民族精神血脉的有效方式。太昊伏羲祭典就是坚持原生态的典范，首先，保证伏羲祭典时间、场所、仪式等具有规定意义的外在形式固定，其次，尽量保证体现在其中的精髓不被扭曲、篡改，保证原汁原味。坚持多样性是适应时代发展变化的需要，因为我们不可能回到过去。太昊伏羲祭典在祭典方式、传承方式和资金保障等诸多方面体现出多样性。原生态和多样性的有机结合是天水在太昊伏羲祭典方面取得成功的有益经验。

(3)有力的市场助推。考察我国非物质文化遗产产生、发展、繁荣、衰败的历程，我们不难发现，每一阶段都同当时的市场紧密相联。目前，我国民间大量独具特色而弥足珍贵的非物质文化遗产之所以遭到不同程度地破坏和毁灭，甚至濒临绝境，其根本原因就是缺乏市场的有力助推。非物质文化遗产的市场在哪？在民间。天水市在太昊伏羲祭典中恢复公祭的同时，并没有像历史上某些时代那样限制民间祭祀，而是对民间祭祀进行引导，促进其进一步繁荣。同时，积极拓展市场，比如，伏羲文化同旅游、经济等的联姻，实现双赢或者多赢。由此可见，市场助推是天水伏羲文化得以成功挖掘和保护、传承和发展的经验。

如何在保证非物质文化遗产本真性、完整性、可解读性、可持续性的基础上传承非物质文化遗产是一个全社会都需要考虑的重大课题，我们所选取的这些案例从不同侧面给我们以启示，太平鼓舞代表现在非遗保护的通常方式，即通过政府扶持和市场运作的有机结合，在困难中前行。庆阳香包由于具有产业化运作的元素，产业化已经具有一定的规模，形成品牌，人们一提到庆阳，马上就会想到香包。天水太昊伏羲祭典是维系人们情感的纽带，本身不适合市场运作。但是，天水市委、市政府在大力弘扬伏羲文化的过程中，借助伏羲文化的影响，大力发展相关产业，走上了良性循环之路。我们选择这些案例，从正面给我们做好甘肃非物质文化遗产挖掘与保护工作以启示，但是，并不代表这些项目并不存在争议。比如，太平鼓舞如何去掉媚俗保持原汁原味而不是加入太多的现代元素。庆阳香包在产业化的背景下，如何保持规模又要具有浓郁的地域特色和原生态。天水太昊伏羲祭典如何不被经济利益所驱动和掩盖，如何避免地方化倾向等，这些问题是我们在做好甘肃非物质文化遗产挖掘与保护工作中应该慎重思考的问题。总之，非物质文化遗产丰富而又各具特色，我们在挖掘与保护甘肃非物质文化遗产时本着对历史负责、对子孙负责的态度，坚持实事求是，不哗众取宠，走自己的路，就能保证来自泥土深处的久远而深沉的声音和灿烂文明得以延续和传承。

裕固族服饰

裕固族服饰是甘肃省2004年确定的首批10个民族民间文化保护工程试点项目之一，2008年入选第二批国家级非物质文化遗产名录。裕固族服饰中保存了部分古代先民的服饰特色，吸收了其他民族的部分服饰特点，形成了现在独具特色的裕固族服饰。裕固族历史上是个“逐水草而居”的民族，他们的祖先很早以前就生息在我国西北地区，与那里的各民族互相往来。裕固族服饰既与游牧文化息息相关，保存着浓郁的古代北方草原马背民族的服饰文化特色，也受到相邻各民族潜移默化的影响，造成了裕固族服饰文化的多元成分。裕固族的服装样式与藏、蒙服装有类似之处，都属于袍服，裕固族服饰绚丽多彩，内涵丰富。裕固族男、女均穿戴镶边白毡帽，身穿高领偏襟长袍，束腰带，衣袍袖口、下摆口、两侧衩口镶有多色图案花边，足穿高腰子翘头皮靴或花边布鞋，按季节、地区分为坎肩、夹、绵、毡、布、皮衣，视经济条件由绸、缎、布、褐、皮作料。“衣领高、帽有缨”是裕固族服饰的一大特点，生活和文化传统形成了服饰上的审美标准，服饰的样式、花色、刺绣图案、花纹都按其民族习惯形成并代代相传。裕固族的服饰喜欢用红、蓝、黑、白等对比强烈的色彩，造成图案醒目、生动，与裕固族粗犷、豪放的性格相协调。

资料来源：《裕固族服饰》，中国网 china.com.cn。

附件1

第一批国家级非物质文化遗产名录

(共计518项)

一、民间文学(共计31项)

序号	编号	项目名称	申报地区或单位
1	Ⅰ—1	苗族古歌	贵州省台江县、黄平县
2	Ⅰ—2	布洛陀	广西壮族自治区田阳县
3	Ⅰ—3	遮帕麻和遮咪麻	云南省梁河县
4	Ⅰ—4	牡帕密帕	云南省思茅市
5	Ⅰ—5	刻道	贵州省施秉县
6	Ⅰ—6	白蛇传传说	江苏省镇江市　浙江省杭州市
7	Ⅰ—7	梁祝传说	浙江省宁波市、杭州市、上虞市 江苏省宜兴市　山东省济宁市 河南省汝南县
8	Ⅰ—8	孟姜女传说	山东省淄博市
9	Ⅰ—9	董永传说	山西省万荣县　江苏省东台市 河南省武陟县　湖北省孝感市
10	Ⅰ—10	西施传说	浙江省诸暨市
11	Ⅰ—11	济公传说	浙江省天台县
12	Ⅰ—12	满族说部	吉林省
13	Ⅰ—13	河西宝卷	甘肃省武威市凉州区、酒泉市肃州区
14	Ⅰ—14	耿村民间故事	河北省藁城市
15	Ⅰ—15	伍家沟民间故事	湖北省丹江口市
16	Ⅰ—16	下堡坪民间故事	湖北省宜昌市夷陵区
17	Ⅰ—17	走马镇民间故事	重庆市九龙坡区
18	Ⅰ—18	古渔雁民间故事	辽宁省大洼县

续　表

序号	编号	项目名称	申报地区或单位
19	Ⅰ—19	喀左东蒙民间故事	辽宁省喀喇沁左翼蒙古族自治县
20	Ⅰ—20	谭振山民间故事	辽宁省新民市
21	Ⅰ—21	河间歌诗	河北省河间市
22	Ⅰ—22	吴歌	江苏省苏州市
23	Ⅰ—23	刘三姐歌谣	广西壮族自治区宜州市
24	Ⅰ—24	四季生产调	云南省红河哈尼族彝族自治州
25	Ⅰ—25	玛纳斯	新疆维吾尔自治区克孜勒苏柯尔克孜自治州　新疆维吾尔自治区文联民间文艺家协会
26	Ⅰ—26	江格尔	新疆维吾尔自治区和布克赛尔蒙古自治县、博尔塔拉蒙古自治州、巴音郭楞蒙古自治州　新疆维吾尔自治区文联民间文艺家协会
27	Ⅰ—27	格萨(斯)尔	西藏自治区　青海省　甘肃省　云南省　内蒙古自治区　新疆维吾尔自治区　中国社会科学院《格萨(斯)尔》办公室
28	Ⅰ—28	阿诗玛	云南省石林彝族自治县
29	Ⅰ—29	拉仁布与吉门索	青海省互助土族自治县
30	Ⅰ—30	畲族小说歌	福建省霞浦县
31	Ⅰ—31	青林寺谜语	湖北省宜都市

二、民间音乐(共计72项)

序号	编号	项目名称	申报地区或单位
1	Ⅱ—1	左权开花调	山西省左权县
2	Ⅱ—2	河曲民歌	山西省河曲县
3	Ⅱ—3	蒙古族长调民歌	内蒙古自治区
4	Ⅱ—4	蒙古族呼麦	内蒙古自治区
5	Ⅱ—5	当涂民歌	安徽省马鞍山市
6	Ⅱ—6	巢湖民歌	安徽省巢湖市
7	Ⅱ—7	畲族民歌	福建省宁德市
8	Ⅱ—8	兴国山歌	江西省兴国县

续 表

序号	编号	项目名称	申报地区或单位
9	Ⅱ—9	兴山民歌	湖北省兴山县
10	Ⅱ—10	桑植民歌	湖南省桑植县
11	Ⅱ—11	梅州客家山歌	广东省梅州市
12	Ⅱ—12	中山咸水歌	广东省中山市
13	Ⅱ—13	崖州民歌	海南省三亚市
14	Ⅱ—14	儋州调声	海南省儋州市
15	Ⅱ—15	石柱土家啰儿调	重庆市石柱土家族自治县
16	Ⅱ—16	巴山背二歌	四川省巴中市
17	Ⅱ—17	傈僳族民歌	云南省怒江傈僳族自治州、泸水县
18	Ⅱ—18	紫阳民歌	陕西省紫阳县
19	Ⅱ—19	裕固族民歌	甘肃省肃南裕固族自治县
20	Ⅱ—20	花儿（莲花山花儿会、松鸣岩花儿会、岷县二郎山花儿会、老爷山花儿会、丹麻土族花儿会、七里寺花儿会、瞿昙寺花儿会、宁夏回族山花儿）	甘肃省康乐县、和政县　青海省大通回族土族自治县、互助土族自治县、民和回族土族自治县、乐都县　宁夏回族自治区
21	Ⅱ—21	藏族拉伊	青海省海南藏族自治州
22	Ⅱ—22	聊斋俚曲	山东省淄博市
23	Ⅱ—23	靖州苗族歌鼟	湖南省靖州苗族侗族自治县
24	Ⅱ—24	川江号子	重庆市　四川省
25	Ⅱ—25	南溪号子	重庆市黔江区
26	Ⅱ—26	木洞山歌	重庆市巴南区
27	Ⅱ—27	川北薅草锣鼓	四川省青川县
28	Ⅱ—28	侗族大歌	贵州省黎平县　广西壮族自治区柳州市、三江侗族自治县
29	Ⅱ—29	侗族琵琶歌	贵州省榕江县、黎平县
30	Ⅱ—30	哈尼族多声部民歌	云南省红河哈尼族彝族自治州
31	Ⅱ—31	彝族海菜腔	云南省红河哈尼族彝族自治州

续　表

序号	编号	项目名称	申报地区或单位
32	Ⅱ—32	那坡壮族民歌	广西壮族自治区那坡县
33	Ⅱ—33	澧水船工号子	湖南省澧县
34	Ⅱ—34	古琴艺术	中国艺术研究院
35	Ⅱ—35	蒙古族马头琴音乐	内蒙古自治区
36	Ⅱ—36	蒙古族四胡音乐	内蒙古自治区通辽市
37	Ⅱ—37	唢呐艺术	河南省沁阳市、甘肃省庆阳市
38	Ⅱ—38	羌笛演奏及制作技艺	四川省茂县
39	Ⅱ—39	辽宁鼓乐	辽宁省、辽阳市
40	Ⅱ—40	江南丝竹	江苏省太仓市　上海市
41	Ⅱ—41	海州五大宫调	江苏省连云港市
42	Ⅱ—42	嵊州吹打	浙江省嵊州市
43	Ⅱ—43	舟山锣鼓	浙江省舟山市
44	Ⅱ—44	十番音乐(闽西客家十番音乐、茶亭十番音乐)	福建省龙岩市、福州市
45	Ⅱ—45	鲁西南鼓吹乐	山东省嘉祥县
46	Ⅱ—46	板头曲	河南省南阳市
47	Ⅱ—47	宜昌丝竹	湖北省宜昌市夷陵区
48	Ⅱ—48	枝江民间吹打乐	湖北省枝江市
49	Ⅱ—49	广东音乐	广东省广州市、台山市
50	Ⅱ—50	潮州音乐	广东省潮州市、汕头市
51	Ⅱ—51	广东汉乐	广东省大埔县
52	Ⅱ—52	吹打(接龙吹打、金桥吹打)	重庆市巴南区、万盛区
53	Ⅱ—53	梁平癞子锣鼓	重庆市梁平县
54	Ⅱ—54	土家族打溜子	湖南省湘西土家族苗族自治州
55	Ⅱ—55	河北鼓吹乐	河北省永年县、抚宁县
56	Ⅱ—56	晋南威风锣鼓	山西省临汾市
57	Ⅱ—57	绛州鼓乐	山西省新绛县
58	Ⅱ—58	上党八音会	山西省晋城市

续 表

序号	编号	项目名称	申报地区或单位
59	Ⅱ—59	冀中笙管乐(屈家营音乐会、高洛音乐会、高桥音乐会、胜芳音乐会)	河北省固安县、涞水县、霸州市
60	Ⅱ—60	铜鼓十二调	贵州省镇宁布依族苗族自治县、贞丰县
61	Ⅱ—61	西安鼓乐	陕西省
62	Ⅱ—62	蓝田普化水会音乐	陕西省蓝田县
63	Ⅱ—63	回族民间器乐	宁夏回族自治区
64	Ⅱ—64	文水鈲子	山西省文水县
65	Ⅱ—65	智化寺京音乐	北京市
66	Ⅱ—66	五台山佛乐	山西省五台县
67	Ⅱ—67	千山寺庙音乐	辽宁省鞍山市
68	Ⅱ—68	苏州玄妙观道教音乐	江苏省苏州市
69	Ⅱ—69	武当山宫观道乐	湖北省十堰市
70	Ⅱ—70	新疆维吾尔木卡姆艺术(十二木卡姆、吐鲁番木卡姆、哈密木卡姆、刀郎木卡姆)	新疆维吾尔自治区、鄯善县、哈密地区、麦盖提县
71	Ⅱ—71	南音	福建省泉州市、厦门市
72	Ⅱ—72	泉州北管	福建省泉州市

三、民间舞蹈(共计41项)

序号	编号	项目名称	申报地区或单位
1	Ⅲ—1	京西太平鼓	北京市门头沟区
2	Ⅲ—2	秧歌(昌黎地秧歌、鼓子秧歌、胶州秧歌、海阳大秧歌、陕北秧歌、抚顺地秧歌)	河北省昌黎县　山东省商河县、胶州市、海阳市　陕西省绥德县　辽宁省抚顺市
3	Ⅲ—3	井陉拉花	河北省井陉县
4	Ⅲ—4	龙舞(铜梁龙舞、湛江人龙舞、汕尾滚地金龙、浦江板凳龙、长兴百叶龙、奉化布龙、泸州雨坛彩龙)	重庆市　广东省湛江市、汕尾市　浙江省浦江县、长兴县、奉化市　四川省泸县

续　表

序号	编号	项目名称	申报地区或单位
5	Ⅲ—5	狮舞(徐水舞狮、天塔狮舞、黄沙狮子、广东醒狮)	河北省徐水县　山西省襄汾县　浙江省临海市　广东省佛山市、遂溪县、广州市
6	Ⅲ—6	花鼓灯（蚌埠花鼓灯、凤台花鼓灯、颍上花鼓灯）	安徽省蚌埠市、凤台县、颍上县
7	Ⅲ—7	傩舞(南丰跳傩、婺源傩舞、乐安傩舞)	江西省南丰县、婺源县、乐安县
8	Ⅲ—8	英歌(普宁英歌、潮阳英歌)	广东省揭阳市、汕头市
9	Ⅲ—9	高跷(高跷走兽、海城高跷、辽西高跷、苦水高高跷)	山西省稷山县　辽宁省海城市、锦州市　甘肃省永登县
10	Ⅲ—10	永新盾牌舞	江西省永新县
11	Ⅲ—11	翼城花鼓	山西省翼城县
12	Ⅲ—12	泉州拍胸舞	福建省泉州市
13	Ⅲ—13	安塞腰鼓	陕西省安塞县
14	Ⅲ—14	洛川蹩鼓	陕西省洛川县
15	Ⅲ—15	兰州太平鼓	甘肃省兰州市
16	Ⅲ—16	余杭滚灯	浙江省杭州市余杭区
17	Ⅲ—17	土家族摆手舞	湖南省湘西土家族苗族自治州
18	Ⅲ—18	土家族撒叶儿嗬	湖北省长阳土家族自治县
19	Ⅲ—19	弦子舞（芒康弦子舞、巴塘弦子舞）	西藏自治区　四川省巴塘县
20	Ⅲ—20	锅庄舞（迪庆锅庄舞、昌都锅庄舞、玉树卓舞）	云南省迪庆藏族自治州　西藏自治区　青海省玉树藏族自治州
21	Ⅲ—21	热巴舞(丁青热巴、那曲比如丁嘎热巴)	西藏自治区
22	Ⅲ—22	日喀则扎什伦布寺羌姆	西藏自治区
23	Ⅲ—23	苗族芦笙舞（锦鸡舞、鼓龙鼓虎-长衫龙、滚山珠）	贵州省丹寨县、贵定县、纳雍县
24	Ⅲ—24	朝鲜族农乐舞（象帽舞、乞粒舞）	吉林省延边朝鲜族自治州　辽宁省本溪市
25	Ⅲ—25	木鼓舞(反排苗族木鼓舞、沧源佤族木鼓舞)	贵州省台江县　云南省沧源佤族自治县

续 表

序号	编号	项目名称	申报地区或单位
26	Ⅲ—26	铜鼓舞(文山壮族、彝族铜鼓舞)	云南省文山壮族苗族自治州
27	Ⅲ—27	傣族孔雀舞	云南省瑞丽市
28	Ⅲ—28	达斡尔族鲁日格勒舞	内蒙古莫力达瓦达斡尔族自治旗 黑龙江省哈尔滨市
29	Ⅲ—29	蒙古族安代舞	内蒙古自治区库伦旗
30	Ⅲ—30	湘西苗族鼓舞	湖南省湘西土家族苗族自治州
31	Ⅲ—31	湘西土家族毛古斯舞	湖南省湘西土家族苗族自治州
32	Ⅲ—32	黎族打柴舞	海南省三亚市
33	Ⅲ—33	卡斯达温舞	四川省黑水县
34	Ⅲ—34	㑇舞	四川省九寨沟县
35	Ⅲ—35	傈僳族阿尺木刮	云南省维西傈僳族自治县
36	Ⅲ—36	彝族葫芦笙舞	云南省文山壮族苗族自治州
37	Ⅲ—37	彝族烟盒舞	云南省红河哈尼族彝族自治州
38	Ⅲ—38	基诺大鼓舞	云南省景洪市
39	Ⅲ—39	山南昌果卓舞	西藏自治区
40	Ⅲ—40	土族於菟	青海省同仁县
41	Ⅲ—41	塔吉克族鹰舞	新疆塔什库尔干塔吉克自治县

四、传统戏剧(共计92项)

序号	编号	项目名称	申报地区或单位
1	Ⅳ—1	昆曲	中国艺术研究院　江苏省　浙江省 上海市　北京市　湖南省
2	Ⅳ—2	梨园戏	福建省泉州市
3	Ⅳ—3	莆仙戏	福建省莆田市
4	Ⅳ—4	潮剧	广东省汕头市、潮州市
5	Ⅳ—5	弋阳腔	江西省弋阳县
6	Ⅳ—6	青阳腔	安徽省青阳县　江西省湖口县
7	Ⅳ—7	高腔(西安高腔、松阳高腔、岳西高腔、安徽省岳西县、辰河高腔、常德高腔)	浙江省衢州市、松阳县 湖南省辰溪县、泸溪县、常德市

续 表

序号	编号	项目名称	申报地区或单位
8	Ⅳ—8	新昌调腔	浙江省新昌县
9	Ⅳ—9	宁海平调	浙江省宁海县
10	Ⅳ—10	永安大腔戏	福建省永安市
11	Ⅳ—11	四平戏	福建省屏南县、政和县
12	Ⅳ—12	川剧	四川省、重庆市
13	Ⅳ—13	湘剧	湖南省衡阳市
14	Ⅳ—14	广昌孟戏	江西省广昌县
15	Ⅳ—15	正字戏	广东省陆丰市
16	Ⅳ—16	秦腔	陕西省
17	Ⅳ—17	汉调桄桄	陕西省汉中市
18	Ⅳ—18	晋剧	山西省
19	Ⅳ—19	蒲州梆子	山西省临汾市、运城市
20	Ⅳ—20	北路梆子	山西省忻州市
21	Ⅳ—21	上党梆子	山西省晋城市
22	Ⅳ—22	河北梆子	河北省
23	Ⅳ—23	豫剧	河南省
24	Ⅳ—24	宛梆	河南省内乡县
25	Ⅳ—25	怀梆	河南省沁阳市
26	Ⅳ—26	大平调	河南省濮阳县、滑县、延津县
27	Ⅳ—27	越调	河南省周口市
28	Ⅳ—28	京剧	中国京剧院　北京市　天津市 辽宁省　山东省　上海市
29	Ⅳ—29	徽剧	安徽省、黄山市　江西省婺源县
30	Ⅳ—30	汉剧	湖北省武汉市
31	Ⅳ—31	汉调二簧	陕西省安康市
32	Ⅳ—32	泰宁梅林戏	福建省泰宁县
33	Ⅳ—33	闽西汉剧	福建省龙岩市
34	Ⅳ—34	巴陵戏	湖南省岳阳市

续 表

序号	编号	项目名称	申报地区或单位
35	Ⅳ—35	荆河戏	湖南省澧县
36	Ⅳ—36	粤剧	广东省文化厅　香港特别行政区民政事务　澳门特别行政区文化局 广东省广州市、佛山市
37	Ⅳ—37	桂剧	广西壮族自治区
38	Ⅳ—38	宜黄戏	江西省宜黄县
39	Ⅳ—39	乱弹	浙江省台州市、浦江县
40	Ⅳ—40	石家庄丝弦	河北省石家庄市
41	Ⅳ—41	雁北耍孩儿	山西省大同市
42	Ⅳ—42	灵丘罗罗腔	山西省灵丘县
43	Ⅳ—43	柳子戏	山东省
44	Ⅳ—44	大弦戏	河南省滑县、濮阳县
45	Ⅳ—45	闽剧	福建省福州市
46	Ⅳ—46	寿宁北路戏	福建省寿宁县
47	Ⅳ—47	西秦戏	广东省海丰县
48	Ⅳ—48	高甲戏	福建省泉州市、厦门市
49	Ⅳ—49	碗碗腔	山西省孝义市
50	Ⅳ—50	四平调	河南省商丘市、濮阳市
51	Ⅳ—51	评剧	天津市宝坻区　河北省滦南县 辽宁省沈阳市
52	Ⅳ—52	武安平调落子	河北省武安市
53	Ⅳ—53	越剧	浙江省　上海市
54	Ⅳ—54	沪剧	上海市
55	Ⅳ—55	苏剧	江苏省苏州市
56	Ⅳ—56	扬剧	江苏省扬州市
57	Ⅳ—57	庐剧	安徽省合肥市、六安市
58	Ⅳ—58	楚剧	湖北省
59	Ⅳ—59	荆州花鼓戏	湖北省潜江市
60	Ⅳ—60	黄梅戏	安徽省安庆市　湖北省黄梅县

续　表

序号	编号	项目名称	申报地区或单位
61	Ⅳ—61	商洛花鼓	陕西省商洛市
62	Ⅳ—62	泗州戏	安徽省宿州市、蚌埠市
63	Ⅳ—63	柳琴戏	山东省枣庄市
64	Ⅳ—64	歌仔戏	福建省漳州市、厦门市
65	Ⅳ—65	采茶戏（赣南采茶戏、桂南采茶戏）	江西省赣州市　广西壮族自治区博白县
66	Ⅳ—66	五音戏	山东省淄博市
67	Ⅳ—67	茂腔	山东省高密市、胶州市
68	Ⅳ—68	曲剧	河南省
69	Ⅳ—69	曲子戏（敦煌曲子戏、华亭曲子戏）	甘肃省敦煌市、华亭县
70	Ⅳ—70	秧歌戏（隆尧秧歌戏、定州秧歌戏、朔州秧歌戏、繁峙秧歌戏）	河北省隆尧县、定州市　山西省朔州市、繁峙县
71	Ⅳ—71	道情戏（晋北道情戏、临县道情戏、太康道情戏、蓝关戏、陇剧）	山西省右玉县、临县　河南省太康县　山东省莱州市　甘肃省
72	Ⅳ—72	哈哈腔	河北省清苑县、青县
73	Ⅳ—73	二人台	内蒙古自治区呼和浩特市　山西省河曲县　河北省康保县
74	Ⅳ—74	白字戏	广东省海丰县
75	Ⅳ—75	花朝戏	广东省紫金县
76	Ⅳ—76	彩调	广西壮族自治区
77	Ⅳ—77	灯戏(梁山灯戏、川北灯戏)	重庆市梁平县　四川省南充市
78	Ⅳ—78	花灯戏（思南花灯戏、玉溪花灯戏）	贵州省思南县　云南省玉溪市
79	Ⅳ—79	一勾勾	山东省临邑县
80	Ⅳ—80	藏戏(拉萨觉木隆、日喀则迥巴、日喀则南木林湘巴、日喀则仁布江嘎尔、山南雅隆扎西雪巴、山南琼结卡卓扎西宾顿、黄南藏戏)	西藏自治区　青海省黄南藏族自治州

续　表

序号	编号	项目名称	申报地区或单位
81	Ⅳ—81	山南门巴戏	西藏自治区
82	Ⅳ—82	壮剧	广西壮族自治区
83	Ⅳ—83	侗戏	贵州省黎平县
84	Ⅳ—84	布依戏	贵州省册亨县
85	Ⅳ—85	彝族撮泰吉	贵州省威宁彝族回族苗族自治县
86	Ⅳ—86	傣剧	云南省德宏傣族景颇族自治州
87	Ⅳ—87	目连戏（徽州目连戏、辰河目连戏、南乐目连戏）	安徽省祁门县　湖南省溆浦县　河南省南乐县
88	Ⅳ—88	锣鼓杂戏	山西省临猗县
89	Ⅳ—89	傩戏（武安傩戏、池州傩戏、侗族傩戏、沅陵辰州傩戏、德江傩堂戏）	河北省武安市　安徽省池州市、湖南省新晃侗族自治县、沅陵县　贵州省德江县
90	Ⅳ—90	安顺地戏	贵州省安顺市
91	Ⅳ—91	皮影戏（唐山皮影戏、冀南皮影戏、孝义皮影戏、复州皮影戏、海宁皮影戏、江汉平原皮影戏、陆丰皮影戏、华县皮影戏、华阴老腔、阿宫腔、弦板腔、环县道情皮影戏、凌源皮影戏）	河北省唐山市、邯郸市　山西省孝义市　辽宁省瓦房店市　浙江省海宁市　湖北省潜江市　广东省汕尾市　陕西省渭南市、华阴市、富平县、乾县　甘肃省环县　辽宁省凌源市
92	Ⅳ—92	木偶戏（泉州提线木偶戏、晋江布袋木偶戏、漳州布袋木偶戏、辽西木偶戏、邵阳布袋戏、高州木偶戏、潮州铁枝木偶戏、临高人偶戏、川北大木偶戏、石阡木偶戏、邵阳提线木偶戏、泰顺药发木偶戏）	福建省泉州市、晋江市、漳州市　辽宁省锦州市　湖南省邵阳县　广东省高州市、潮州市　海南省临高县　四川省　贵州省石阡县　陕西省浙江省泰顺县

五、曲艺（共计46项）

序号	编号	项目名称	申报地区或单位
1	Ⅴ—1	苏州评弹（苏州评话、苏州弹词）	江苏省苏州市

续 表

序号	编号	项目名称	申报地区或单位
2	V—2	扬州评话	江苏省扬州市
3	V—3	福州评话	福建省福州市
4	V—4	山东大鼓	山东省
5	V—5	西河大鼓	河北省河间市
6	V—6	东北大鼓	辽宁省沈阳市 黑龙江省
7	V—7	木板大鼓	河北省沧县
8	V—8	乐亭大鼓	河北省乐亭县
9	V—9	潞安大鼓	山西省长治市
10	V—10	京东大鼓	天津市宝坻区
11	V—11	胶东大鼓	山东省烟台市
12	V—12	河洛大鼓	河南省洛阳市
13	V—13	温州鼓词	浙江省瑞安市
14	V—14	陕北说书	陕西省延安市
15	V—15	福州伬艺	福建省福州市
16	V—16	南平南词	福建省南平市
17	V—17	绍兴平湖调	浙江省绍兴市
18	V—18	兰溪摊簧	浙江省兰溪市
19	V—19	贤孝(凉州贤孝、河州贤孝)	甘肃省武威市、临夏市
20	V—20	河南坠子	河南省
21	V—21	山东琴书	山东省
22	V—22	锣鼓书	上海市南汇区
23	V—23	绍兴莲花落	浙江省绍兴县
24	V—24	兰州鼓子	甘肃省兰州市
25	V—25	扬州清曲	江苏省扬州市
26	V—26	锦歌	福建省漳州市
27	V—27	常德丝弦	湖南省常德市
28	V—28	榆林小曲	陕西省榆林市

续 表

序号	编号	项目名称	申报地区或单位
29	Ⅴ—29	天津时调	天津市
30	Ⅴ—30	新疆曲子	新疆维吾尔自治区昌吉回族自治州
31	Ⅴ—31	龙舟说唱	广东省佛山市顺德区
32	Ⅴ—32	鼓盆歌	湖北省荆州市
33	Ⅴ—33	汉川善书	湖北省汉川市
34	Ⅴ—34	歌册(东山歌册)	福建省东山县
35	Ⅴ—35	东北二人转	辽宁省黑山县、铁岭市　吉林省　黑龙江省海伦市
36	Ⅴ—36	凤阳花鼓	安徽省凤阳县
37	Ⅴ—37	答嘴鼓	福建省厦门市
38	Ⅴ—38	小热昏	浙江省杭州市
39	Ⅴ—39	山东快书	山东省
40	Ⅴ—40	乌力格尔	内蒙古自治区扎鲁特旗、科尔沁右翼中旗　辽宁省阜新蒙古族自治县　吉林省前郭尔罗斯蒙古族自治县
41	Ⅴ—41	达斡尔族乌钦	黑龙江省
42	Ⅴ—42	赫哲族伊玛堪	黑龙江省
43	Ⅴ—43	鄂伦春族摩苏昆	黑龙江省
44	Ⅴ—44	傣族章哈	云南省西双版纳傣族自治州
45	Ⅴ—45	哈萨克族阿依特斯	新疆维吾尔自治区伊犁哈萨克自治州
46	Ⅴ—46	布依族八音坐唱	贵州省兴义市

六、杂技与竞技(共计17项)

序号	编号	项目名称	申报地区或单位
1	Ⅵ—1	吴桥杂技	河北省吴桥县
2	Ⅵ—2	聊城杂技	山东省聊城市
3	Ⅵ—3	天桥中幡	北京市
4	Ⅵ—4	抖空竹	北京市宣武区
5	Ⅵ—5	维吾尔族达瓦孜	新疆维吾尔自治区
6	Ⅵ—6	宁德霍童线狮	福建省宁德市

续　表

序号	编号	项目名称	申报地区或单位
7	Ⅵ—7	少林功夫	河南省登封市
8	Ⅵ—8	武当武术	湖北省十堰市
9	Ⅵ—9	回族重刀武术	天津市
10	Ⅵ—10	沧州武术	河北省沧州市
11	Ⅵ—11	太极拳（杨氏太极拳、陈氏太极拳）	河北省永年县　河南省焦作市
12	Ⅵ—12	邢台梅花拳	河北省邢台市
13	Ⅵ—13	沙河藤牌阵	河北省沙河市
14	Ⅵ—14	朝鲜族跳板、秋千	吉林省延边朝鲜族自治州
15	Ⅵ—15	达斡尔族传统曲棍球竞技	内蒙古莫力达瓦达斡尔族自治旗
16	Ⅵ—16	蒙古族搏克	内蒙古自治区
17	Ⅵ—17	蹴鞠	山东省淄博市

七、民间美术(共计51项)

序号	编号	项目名称	申报地区或单位
1	Ⅶ—1	杨柳青木版年画	天津市
2	Ⅶ—2	武强木版年画	河北省武强县
3	Ⅶ—3	桃花坞木版年画	江苏省苏州市
4	Ⅶ—4	漳州木版年画	福建省漳州市
5	Ⅶ—5	杨家埠木版年画	山东省潍坊市
6	Ⅶ—6	高密扑灰年画	山东省高密市
7	Ⅶ—7	朱仙镇木版年画	河南省开封市
8	Ⅶ—8	滩头木版年画	湖南省隆回县
9	Ⅶ—9	佛山木版年画	广东省佛山市
10	Ⅶ—10	梁平木版年画	重庆市梁平县
11	Ⅶ—11	绵竹木版年画	四川省德阳市
12	Ⅶ—12	凤翔木版年画	陕西省凤翔县
13	Ⅶ—13	纳西族东巴画	云南省丽江市
14	Ⅶ—14	藏族唐卡（勉唐画派、钦泽画派、噶玛嘎孜画派）	西藏自治区　四川省甘孜藏族自治州

续　表

序号	编号	项目名称	申报地区或单位
15	Ⅶ—15	衡水内画	河北省衡水市
16	Ⅶ—16	剪纸(蔚县剪纸、丰宁满族剪纸、中阳剪纸、医巫闾山满族剪纸、扬州剪纸、乐清细纹刻纸、广东剪纸、傣族剪纸、安塞剪纸)	河北省蔚县、丰宁满族自治县　山西省中阳县　辽宁省锦州市　江苏省扬州市　浙江省乐清市　广东省佛山市、汕头市、潮州市　云南省潞西市　陕西省安塞县
17	Ⅶ—17	顾绣	上海市松江区
18	Ⅶ—18	苏绣	江苏省苏州市
19	Ⅶ—19	湘绣	湖南省长沙市
20	Ⅶ—20	粤绣(广绣、潮绣)	广东省广州市、潮州市
21	Ⅶ—21	蜀绣	四川省成都市
22	Ⅶ—22	苗绣(雷山苗绣、花溪苗绣、剑河苗绣)	贵州省雷山县、贵阳市、剑河县
23	Ⅶ—23	水族马尾绣	贵州省三都水族自治县
24	Ⅶ—24	土族盘绣	青海省互助土族自治县
25	Ⅶ—25	挑花(黄梅挑花、花瑶挑花)	湖北省黄梅县　湖南省隆回县
26	Ⅶ—26	庆阳香包绣制	甘肃省庆阳市
27	Ⅶ—27	象牙雕刻	北京市崇文区
28	Ⅶ—28	扬州玉雕	江苏省扬州市
29	Ⅶ—29	岫岩玉雕	辽宁省岫岩满族自治县
30	Ⅶ—30	阜新玛瑙雕	辽宁省阜新市
31	Ⅶ—31	夜光杯雕	甘肃省酒泉市
32	Ⅶ—32	金石篆刻(西泠印社)	浙江省杭州市西泠印社
33	Ⅶ—33	青田石雕	浙江省青田县
34	Ⅶ—34	曲阳石雕	河北省曲阳县
35	Ⅶ—35	寿山石雕	福建省福州市
36	Ⅶ—36	惠安石雕	福建省惠安县
37	Ⅶ—37	徽州三雕(婺源三雕)	安徽省黄山市、江西省婺源县
38	Ⅶ—38	临夏砖雕	甘肃省临夏县

续 表

序号	编号	项目名称	申报地区或单位
39	Ⅶ—39	藏族格萨尔彩绘石刻	四川省色达县
40	Ⅶ—40	潮州木雕	广东省潮州市
41	Ⅶ—41	宁波朱金漆木雕	浙江省宁波市
42	Ⅶ—42	乐清黄杨木雕	浙江省乐清市
43	Ⅶ—43	东阳木雕	浙江省东阳市
44	Ⅶ—44	漳州木偶头雕刻	福建省漳州市
45	Ⅶ—45	萍乡湘东傩面具	江西省萍乡市
46	Ⅶ—46	竹刻(嘉定竹刻、宝庆竹刻)	上海市嘉定区　湖南省邵阳市
47	Ⅶ—47	泥塑(天津泥人张、惠山泥人、凤翔泥塑、浚县泥咕咕)	天津市　江苏省无锡市　陕西省凤翔县　河南省浚县
48	Ⅶ—48	塔尔寺酥油花	青海省湟中县
49	Ⅶ—49	热贡艺术	青海省同仁县
50	Ⅶ—50	灯彩(仙居花灯、硖石灯彩、泉州花灯、东莞千角灯、湟源排灯)	浙江省仙居县、海宁市　福建省泉州市　广东省东莞市　青海省湟源县
51	Ⅶ—51	嵊州竹编	浙江省嵊州市

八、传统手工技艺(共计89项)

序号	编号	项目名称	申报地区或单位
1	Ⅷ—1	宜兴紫砂陶制作技艺	江苏省宜兴市
2	Ⅷ—2	界首彩陶烧制技艺	安徽省界首市
3	Ⅷ—3	石湾陶塑技艺	广东省佛山市
4	Ⅷ—4	黎族原始制陶技艺	海南省昌江黎族自治县
5	Ⅷ—5	傣族慢轮制陶技艺	云南省西双版纳傣族自治州
6	Ⅷ—6	维吾尔族模制法土陶烧制技艺	新疆英吉沙县、喀什市、吐鲁番地区
7	Ⅷ—7	景德镇手工制瓷技艺	江西省景德镇市
8	Ⅷ—8	耀州窑陶瓷烧制技艺	陕西省铜川市
9	Ⅷ—9	龙泉青瓷烧制技艺	浙江省龙泉市

续 表

序号	编号	项目名称	申报地区或单位
10	Ⅷ—10	磁州窑烧制技艺	河北省峰峰矿区
11	Ⅷ—11	德化瓷烧制技艺	福建省德化县
12	Ⅷ—12	澄城尧头陶瓷烧制技艺	陕西省澄城县
13	Ⅷ—13	南京云锦木机妆花手工织造技艺	江苏省南京市
14	Ⅷ—14	宋锦织造技艺	江苏省苏州市
15	Ⅷ—15	苏州缂丝织造技艺	江苏省苏州市
16	Ⅷ—16	蜀锦织造技艺	四川省成都市
17	Ⅷ—17	乌泥泾手工棉纺织技艺	上海市徐汇区
18	Ⅷ—18	土家族织锦技艺	湖南省湘西土家族苗族自治州
19	Ⅷ-19	黎族传统纺染织绣技艺	海南省五指山市、白沙黎族自治县、保亭黎族苗族自治县、乐东黎族自治县、东方市
20	Ⅷ-20	壮族织锦技艺	广西壮族自治区靖西县
21	Ⅷ-21	藏族邦典、卡垫织造技艺	西藏山南地区、日喀则地区
22	Ⅷ-22	加牙藏族织毯技艺	青海省湟中县
23	Ⅷ-23	维吾尔族花毡、印花布织染技艺	新疆吐鲁番地区
24	Ⅷ-24	南通蓝印花布印染技艺	江苏省南通市
25	Ⅷ-25	苗族蜡染技艺	贵州省丹寨县
26	Ⅷ-26	白族扎染技艺	云南省大理市
27	Ⅷ-27	香山帮传统建筑营造技艺	江苏省苏州市
28	Ⅷ-28	客家土楼营造技艺	福建省龙岩市
29	Ⅷ-29	景德镇传统瓷窑作坊营造技艺	江西省
30	Ⅷ-30	侗族木构建筑营造技艺	广西柳州市、三江侗族自治县
31	Ⅷ-31	苗寨吊脚楼营造技艺	贵州省雷山县
32	Ⅷ-32	苏州御窑金砖制作技艺	江苏省苏州市
33	Ⅷ-33	苗族芦笙制作技艺	贵州省雷山县　云南省大关县

续 表

序号	编号	项目名称	申报地区或单位
34	Ⅷ-34	玉屏箫笛制作技艺	贵州省玉屏侗族自治县
35	Ⅷ-35	阳城生铁冶铸技艺	山西省阳城县
36	Ⅷ-36	南京金箔锻制技艺	江苏省南京市
37	Ⅷ-37	龙泉宝剑锻制技艺	浙江省龙泉市
38	Ⅷ-38	张小泉剪刀锻制技艺	浙江省杭州市
39	Ⅷ-39	芜湖铁画锻制技艺	安徽省芜湖市
40	Ⅷ-40	苗族银饰锻制技艺	贵州省雷山县 湖南省凤凰县
41	Ⅷ-41	阿昌族户撒刀锻制技艺	云南省陇川县
42	Ⅷ-42	保安族腰刀锻制技艺	甘肃省积石山保安族东乡族撒拉族自治县
43	Ⅷ-43	景泰蓝制作技艺	北京市崇文区
44	Ⅷ-44	聚元号弓箭制作技艺	北京市朝阳区
45	Ⅷ-45	明式家具制作技艺	江苏省苏州市
46	Ⅷ-46	蒙古族勒勒车制作技艺	内蒙古自治区东乌珠穆沁旗
47	Ⅷ-47	拉萨甲米水磨坊制作技艺	西藏自治区
48	Ⅷ-48	兰州黄河大水车制作技艺	甘肃省兰州市
49	Ⅷ-49	万安罗盘制作技艺	安徽省休宁县
50	Ⅷ-50	雕漆技艺	北京市崇文区
51	Ⅷ-51	平遥推光漆器髹饰技艺	山西省平遥县
52	Ⅷ-52	扬州漆器髹饰技艺	江苏省扬州市
53	Ⅷ-53	天台山干漆夹苎技艺	浙江省天台县
54	Ⅷ-54	福州脱胎漆器髹饰技艺	福建省福州市
55	Ⅷ—55	厦门漆线雕技艺	福建省厦门市
56	Ⅷ—56	成都漆艺	四川省成都市
57	Ⅷ—57	茅台酒酿制技艺	贵州省
58	Ⅷ—58	泸州老窖酒酿制技艺	四川省泸州市

续 表

序号	编号	项目名称	申报地区或单位
59	Ⅷ—59	杏花村汾酒酿制技艺	山西省汾阳市
60	Ⅷ—60	绍兴黄酒酿制技艺	浙江省绍兴市
61	Ⅷ—61	清徐老陈醋酿制技艺	山西省清徐县
62	Ⅷ—62	镇江恒顺香醋酿制技艺	江苏省镇江市
63	Ⅷ—63	武夷岩茶(大红袍)制作技艺	福建省武夷山市
64	Ⅷ—64	自贡井盐深钻汲制技艺	四川省自贡市、大英县
65	Ⅷ—65	宣纸制作技艺	安徽省泾县
66	Ⅷ—66	铅山连四纸制作技艺	江西省铅山县
67	Ⅷ—67	皮纸制作技艺	贵州省贵阳市、贞丰县、丹寨县
68	Ⅷ—68	傣族、纳西族手工造纸技艺	云南省临沧市、香格里拉县
69	Ⅷ—69	藏族造纸技艺	西藏自治区
70	Ⅷ—70	维吾尔族桑皮纸制作技艺	新疆维吾尔自治区吐鲁番地区
71	Ⅷ—71	竹纸制作技艺	四川省夹江县　浙江省富阳市
72	Ⅷ—72	湖笔制作技艺	浙江省湖州市
73	Ⅷ—73	徽墨制作技艺	安徽省绩溪县、歙县、黄山市屯溪区
74	Ⅷ—74	歙砚制作技艺	安徽省歙县　江西省婺源县
75	Ⅷ—75	端砚制作技艺	广东省肇庆市
76	Ⅷ—76	金星砚制作技艺	江西省星子县
77	Ⅷ—77	木版水印技艺	北京市荣宝斋
78	Ⅷ—78	雕版印刷技艺	江苏省扬州市
79	Ⅷ—79	金陵刻经印刷技艺	江苏省南京市
80	Ⅷ—80	德格印经院藏族雕版印刷技艺	四川省德格县
81	Ⅷ—81	制扇技艺	江苏省苏州市
82	Ⅷ—82	剧装戏具制作技艺	江苏省苏州市
83	Ⅷ—83	桦树皮制作技艺	内蒙古自治区鄂伦春自治旗 黑龙江省

续　表

序号	编号	项目名称	申报地区或单位
84	Ⅷ—84	黎族树皮布制作技艺	海南省保亭黎族苗族自治县
85	Ⅷ—85	赫哲族鱼皮制作技艺	黑龙江省
86	Ⅷ—86	浏阳花炮制作技艺	湖南省浏阳市
87	Ⅷ—87	黎族钻木取火技艺	海南省保亭黎族苗族自治县
88	Ⅷ—88	风筝制作技艺（潍坊风筝、南通板鹞风筝、拉萨风筝）	山东省潍坊市　江苏省南通市　西藏自治区拉萨市
89	Ⅷ—89	凉茶	广东省文化厅　香港特别行政区民政事务局　澳门特别行政区文化局

九、传统医药(共计9项)

序号	编号	项目名称	申报地区或单位
1	Ⅸ—1	中医生命与疾病认知方法	中国中医科学院
2	Ⅸ—2	中医诊法	中国中医科学院
3	Ⅸ—3	中药炮制技术	中国中医科学院　中国中药协会
4	Ⅸ—4	中医传统制剂方法	中国中医科学院　中国中药协会
5	Ⅸ—5	针灸	中国中医科学院　中国针灸学会
6	Ⅸ—6	中医正骨疗法	中国中医科学院
7	Ⅸ—7	同仁堂中医药文化	中国北京同仁堂(集团)有限责任公司
8	Ⅸ—8	胡庆余堂中药文化	浙江省杭州市
9	Ⅸ—9	藏医药(拉萨北派藏医水银洗炼法和藏药仁青常觉配伍技艺、甘孜州南派藏医药)	西藏自治区　四川省甘孜藏族自治州

十、民俗(共计70项)

序号	编号	项目名称	申报地区或单位
1	Ⅹ—1	春节	文化部
2	Ⅹ—2	清明节	文化部
3	Ⅹ—3	端午节（屈原故里端午习俗、西塞神舟会、汨罗江畔端午习俗、苏州端午习俗）	文化部　湖北省宜昌市、秭归县、黄石市　湖南省汨罗市　江苏省苏州市

续 表

序号	编号	项目名称	申报地区或单位
4	X—4	七夕节	文化部
5	X—5	中秋节	文化部
6	X—6	重阳节	文化部
7	X—7	京族哈节	广西壮族自治区东兴市
8	X—8	傣族泼水节	云南省西双版纳傣族自治州
9	X—9	锡伯族西迁节	新疆维吾尔自治区察布查尔锡伯自治县
10	X—10	火把节(彝族火把节)	四川省凉山彝族自治州 云南省楚雄彝族自治州
11	X—11	景颇族目瑙纵歌	云南省陇川县
12	X—12	黎族三月三节	海南省五指山市
13	X—13	鄂伦春族古伦木沓节	黑龙江省
14	X—14	瑶族盘王节	广西贺州市　广东省韶关市
15	X—15	壮族蚂虫另（虫字旁加另)节	广西壮族自治区河池市
16	X—16	仫佬族依饭节	广西壮族自治区罗城仫佬族自治县
17	X—17	毛南族肥套	广西壮族自治区环江毛南族自治县
18	X—18	羌族瓦尔俄足节	四川省阿坝藏族羌族自治州
19	X—19	苗族鼓藏节	贵州省雷山县
20	X—20	水族端节	贵州省三都水族自治县
21	X—21	布依族查白歌节	贵州省
22	X—22	苗族姊妹节	贵州省台江县
23	X—23	独龙族卡雀哇节	云南省贡山独龙族怒族自治县
24	X—24	怒族仙女节	云南省贡山独龙族怒族自治县
25	X—25	侗族萨玛节	贵州省榕江县
26	X—26	仡佬毛龙节	贵州省石阡县
27	X—27	傈僳族刀杆节	云南省泸水县
28	X—28	塔吉克族引水节和播种节	新疆维吾尔自治区塔什　库尔干塔吉克自治县

续　表

序号	编号	项目名称	申报地区或单位
29	X—29	土族纳顿节	青海省民和回族土族自治县
30	X—30	都江堰放水节	四川省都江堰市
31	X—31	雪顿节	西藏自治区
32	X—32	黄帝陵祭典	陕西省黄陵县
33	X—33	炎帝陵祭典	湖南省炎陵县
34	X—34	成吉思汗祭典	内蒙古自治区鄂尔多斯市
35	X—35	祭孔大典	山东省曲阜市
36	X—36	妈祖祭典	福建省莆田市中华妈祖文化交流协会
37	X—37	太昊伏羲祭典	甘肃省天水市　河南省淮阳县
38	X—38	女娲祭典	河北省涉县
39	X—39	大禹祭典	浙江省绍兴市
40	X—40	祭敖包	内蒙古自治区锡林郭勒盟
41	X—41	白族绕三灵	云南省大理白族自治州
42	X—42	厂甸庙会	北京市宣武区
43	X—43	热贡六月会	青海省同仁县
44	X—44	小榄菊花会	广东省中山市
45	X—45	瑶族耍歌堂	广东省清远市
46	X—46	壮族歌圩	广西壮族自治区南宁市
47	X—47	苗族系列坡会群	广西壮族自治区融水苗族自治县
48	X—48	那达慕	内蒙古自治区锡林郭勒盟
49	X—49	维吾尔刀郎麦西热甫	新疆维吾尔自治区麦盖提县
50	X—50	秦淮灯会	江苏省南京市
51	X—51	秀山花灯	重庆市秀山土家族苗族自治县
52	X—52	全丰花灯	江西省修水县
53	X—53	泰山石敢当习俗	山东省泰安市
54	X—54	民间社火	陕西省宝鸡市　山西省潞城县
55	X—55	鄂尔多斯婚礼	内蒙古自治区鄂尔多斯市

续　表

序号	编号	项目名称	申报地区或单位
56	X—56	土族婚礼	青海省互助土族自治县
57	X—57	撒拉族婚礼	青海省循化撒拉族自治县
58	X—58	马街书会	河南省宝丰县
59	X—59	胡集书会	山东省惠民县
60	X—60	安国药市	河北省安国市
61	X—61	壮族铜鼓习俗	广西壮族自治区河池市
62	X—62	楹联习俗	中国楹联学会
63	X—63	苏州甪直水乡妇女服饰	江苏省苏州市
64	X—64	惠安女服饰	福建省惠安县
65	X—65	苗族服饰（昌宁苗族服饰）	云南省保山市
66	X—66	回族服饰	宁夏回族自治区
67	X—67	瑶族服饰	广西壮族自治区南丹县、贺州市
68	X—68	农历二十四节气	中国农业博物馆
69	X—69	女书习俗	湖南省江永县
70	X—70	水书习俗	贵州省黔南苗族布依族自治州

附件2

第二批国家级非物质文化遗产名录

(共计510项)

一、民间文学(共计53项)

序号	编号	项目名称	申报地区或单位
1	Ⅰ-32	八达岭长城传说	北京市延庆县
2	Ⅰ-33	永定河传说	北京市石景山区
3	Ⅰ-34	杨家将传说（穆桂英传说、杨家将说唱）	北京市房山区　山西省
4	Ⅰ-35	尧的传说	山西省绛县
5	Ⅰ-36	牛郎织女传说	山西省和顺县　山东省沂源县
6	Ⅰ-37	西湖传说	浙江省杭州市
7	Ⅰ-38	刘伯温传说	浙江省文成县、青田县
8	Ⅰ-39	黄初平(黄大仙)传说	浙江省金华市
9	Ⅰ-40	观音传说	浙江省舟山市
10	Ⅰ-41	徐福东渡传说	浙江省象山县、慈溪市
11	Ⅰ-42	陶朱公传说	山东省定陶县
12	Ⅰ-43	麒麟传说	山东省巨野县、嘉祥县
13	Ⅰ-44	鲁班传说	山东省曲阜市、滕州市
14	Ⅰ-45	八仙传说	山东省蓬莱市
15	Ⅰ-46	秃尾巴老李的传说	山东省即墨市、莒县、文登市、诸城市
16	Ⅰ-47	屈原传说	湖北省秭归县
17	Ⅰ-48	王昭君传说	湖北省兴山县
18	Ⅰ-49	炎帝神农传说	湖北省随州市、神农架林区

附件

续 表

序号	编号	项目名称	申报地区或单位
19	Ⅰ-50	木兰传说	湖北省武汉市黄陂区 河南省虞城县
20	Ⅰ-51	巴拉根仓的故事	内蒙古自治区通辽市
21	Ⅰ-52	北票民间故事	辽宁省北票市
22	Ⅰ-53	满族民间故事	辽宁省文学艺术界联合会民间文艺家协会
23	Ⅰ-54	徐文长故事	浙江省绍兴市
24	Ⅰ-55	崂山民间故事	山东省青岛市崂山区
25	Ⅰ-56	都镇湾故事	湖北省长阳土家族自治县
26	Ⅰ-57	盘古神话	河南省桐柏县、泌阳县
27	Ⅰ-58	邵原神话群	河南省济源市
28	Ⅰ-59	嘎达梅林	内蒙古自治区科尔沁左翼中旗
29	Ⅰ-60	科尔沁潮尔史诗	内蒙古自治区
30	Ⅰ-61	仰阿莎	贵州省黔东南苗族侗族自治州
31	Ⅰ-62	布依族盘歌	贵州省盘县
32	Ⅰ-63	梅葛	云南省楚雄彝族自治州
33	Ⅰ-64	查姆	云南省双柏县
34	Ⅰ-65	达古达楞格莱标	云南省德宏傣族景颇族自治州
35	Ⅰ-66	哈尼哈吧	云南省元阳县
36	Ⅰ-67	召树屯与喃木诺娜	云南省西双版纳傣族自治州
37	Ⅰ-68	米拉尕黑	甘肃省东乡族自治县
38	Ⅰ-69	康巴拉伊	青海省治多县
39	Ⅰ-70	汗青格勒	青海省海西蒙古族藏族自治州
40	Ⅰ-71	维吾尔族达斯坦	新疆维吾尔自治区
41	Ⅰ-72	哈萨克族达斯坦	新疆维吾尔自治区文学艺术界联合会民间文艺家协会、沙湾县、福海县
42	Ⅰ-73	珠郎娘美	贵州省榕江县、从江县
43	Ⅰ-74	司岗里	云南省沧源佤族自治县
44	Ⅰ-75	彝族克智	四川省美姑县

续 表

序号	编号	项目名称	申报地区或单位
45	Ⅰ-76	苗族贾理	贵州省黔东南苗族侗族自治州
46	Ⅰ-77	藏族婚宴十八说	青海省
47	Ⅰ-78	童谣(北京童谣、闽南童谣)	北京市宣武区　福建省厦门市
48	Ⅰ-79	桐城歌	安徽省桐城市
49	Ⅰ-80	土家族梯玛歌	湖南省龙山县
50	Ⅰ-81	雷州歌	广东省雷州市
51	Ⅰ-82	壮族嘹歌	广西壮族自治区平果县
52	Ⅰ-83	柯尔克孜约隆	新疆维吾尔自治区阿克陶县　新疆师范大学
53	Ⅰ-84	笑话(万荣笑话)	山西省万荣县

二、传统音乐(民间音乐,共计67项)

序号	编号	项目名称	申报地区或单位
1	Ⅱ-73	陕北民歌	陕西省榆林市、延安市
2	Ⅱ-74	昌黎民歌	河北省昌黎县
3	Ⅱ-75	高邮民歌	江苏省高邮市
4	Ⅱ-76	五河民歌	安徽省五河县
5	Ⅱ-77	大别山民歌	安徽省六安市
6	Ⅱ-78	徽州民歌	安徽省黄山市
7	Ⅱ-79	信阳民歌	河南省信阳市
8	Ⅱ-80	西坪民歌	河南省西峡县
9	Ⅱ-81	马山民歌	湖北省荆州市荆州区
10	Ⅱ-82	潜江民歌	湖北省潜江市
11	Ⅱ-83	吕家河民歌	湖北省丹江口市
12	Ⅱ-84	秀山民歌	重庆市秀山土家族苗族自治县
13	Ⅱ-85	酉阳民歌	重庆市酉阳土家族苗族自治县
14	Ⅱ-86	镇巴民歌	陕西省镇巴县
15	Ⅱ-87	嘉善田歌	浙江省嘉善县

续 表

序号	编号	项目名称	申报地区或单位
16	Ⅱ-88	南坪曲子	四川省九寨沟县
17	Ⅱ-89	茶山号子	湖南省辰溪县
18	Ⅱ-90	啰啰咚	湖北省监利县
19	Ⅱ-91	爬山调	内蒙古自治区呼和浩特市、乌拉特前旗
20	Ⅱ-92	漫瀚调	内蒙古自治区准格尔旗
21	Ⅱ-93	惠东渔歌	广东省惠州市
22	Ⅱ-94	海门山歌	江苏省海门市
23	Ⅱ-95	新化山歌	湖南省娄底市
24	Ⅱ-96	姚安坝子腔	云南省姚安县
25	Ⅱ-97	海洋号子（舟山渔民号子、长岛渔号）	浙江省岱山县　山东省长岛县
26	Ⅱ-98	江河号子（黄河号子、长江峡江号子、酉水船工号子）	黄河水利委员会河南黄河河务局　湖北省宜昌市夷陵区、伍家岗区、巴东县、秭归县　湖南省保靖县
27	Ⅱ-99	码头号子(上海港码头号子)	上海市浦东新区、杨浦区
28	Ⅱ-100	森林号子(长白山森林号子、兴安岭森林号子)	吉林省文学艺术界联合会民间文艺家协会　黑龙江省伊春市
29	Ⅱ-101	搬运号子（梁平抬儿调、龙骨坡抬工号子）	重庆市梁平县、巫山县
30	Ⅱ-102	制作号子(竹麻号子)	四川省邛崃市
31	Ⅱ-103	鲁南五大调	山东省郯城县、日照市
32	Ⅱ-104	老河口丝弦	湖北省老河口市
33	Ⅱ-105	蒙古族民歌(科尔沁叙事民歌、鄂尔多斯短调民歌、鄂尔多斯古如歌、阜新东蒙短调民歌、郭尔罗斯蒙古族民歌)	内蒙古自治区通辽市、鄂尔多斯市、杭锦旗　辽宁省阜新蒙古族自治县　吉林省前郭尔罗斯蒙古族自治县
34	Ⅱ-106	鄂温克族民歌(鄂温克叙事民歌)	内蒙古自治区鄂温克族自治旗
35	Ⅱ-107	鄂伦春族民歌(鄂伦春族赞达仁)	内蒙古自治区鄂伦春自治旗　黑龙江省大兴安岭地区

续 表

序号	编号	项目名称	申报地区或单位
36	Ⅱ-108	达斡尔族民歌(达斡尔扎恩达勒、罕伯岱达斡尔族民歌)	内蒙古自治区莫力达瓦达斡尔族自治旗　黑龙江省齐齐哈尔市
37	Ⅱ-109	苗族民歌（湘西苗族民歌、苗族飞歌）	湖南省吉首市　贵州省雷山县
38	Ⅱ-110	瑶族民歌（花瑶呜哇山歌）	湖南省隆回县
39	Ⅱ-111	黎族民歌（琼中黎族民歌）	海南省琼中黎族苗族自治县
40	Ⅱ-112	布依族民歌(好花红调)	贵州省惠水县
41	Ⅱ-113	彝族民歌(彝族酒歌)	云南省武定县
42	Ⅱ-114	布朗族民歌（布朗族弹唱）	云南省勐海县
43	Ⅱ-115	藏族民歌(川西藏族山歌、玛达咪山歌、华锐藏族民歌、甘南藏族民歌、玉树民歌)	四川省甘孜藏族自治州、阿坝藏族羌族自治州、炉霍县、九龙县　甘肃省天祝藏族自治县、甘南藏族自治州　青海省玉树藏族自治州
44	Ⅱ-116	维吾尔族民歌(罗布淖尔维吾尔族民歌)	新疆维吾尔自治区尉犁县
45	Ⅱ-117	乌孜别克族埃希来、叶来	新疆维吾尔自治区艺术研究所、伊犁哈萨克自治州、喀什地区
46	Ⅱ-118	回族宴席曲	青海省门源回族自治县
47	Ⅱ-119	琵琶艺术（瀛洲古调派、浦东派、平湖派）	上海市崇明县、南汇区　浙江省平湖市
48	Ⅱ-120	古筝艺术(山东古筝乐)	山东省菏泽市
49	Ⅱ-121	笙管乐（复州双管乐、建平十王会、超化吹歌）	辽宁省瓦房店市、建平县　河南省新密市
50	Ⅱ-122	津门法鼓(挂甲寺庆音法鼓、杨家庄永音法鼓、刘园祥音法鼓)	天津市河西区、北辰区
51	Ⅱ-123	锣鼓艺术（汉沽飞镲、常山战鼓、太原锣鼓、泗泾十锦细锣鼓、大铜器、开封盘鼓、宜昌堂调、韩城行鼓）	天津市汉沽区　河北省正定县　山西省太原市　上海市松江区　河南省西平县、郏县、开封市　湖北省宜昌市　陕西省韩城市

附件

续 表

序号	编号	项目名称	申报地区或单位
52	Ⅱ-124	朝鲜族洞箫音乐	吉林省延吉市、珲春市
53	Ⅱ-125	土家族咚咚喹	湖南省龙山县
54	Ⅱ-126	哈萨克六十二阔恩尔	新疆维吾尔自治区伊犁哈萨克自治州
55	Ⅱ-127	维吾尔族鼓吹乐	新疆维吾尔自治区
56	Ⅱ-128	洞经音乐(文昌洞经古乐、妙善学女子洞经音乐)	四川省梓潼县　云南省通海县
57	Ⅱ-129	芦笙音乐（侗族芦笙、苗族芒筒芦笙）	湖南省通道侗族自治县　贵州省丹寨县
58	Ⅱ-130	布依族勒尤	贵州省贞丰县、兴义市、镇宁布依族苗族自治县
59	Ⅱ-131	藏族扎木聂弹唱	青海省海南藏族自治州
60	Ⅱ-132	哈萨克族冬布拉艺术	新疆维吾尔自治区伊犁哈萨克自治州
61	Ⅱ-133	柯尔克孜族库姆孜艺术	新疆维吾尔自治区克孜勒苏柯尔、克孜自治州、乌恰县
62	Ⅱ-134	蒙古族绰尔	新疆维吾尔自治区阿勒泰地区
63	Ⅱ-135	黎族竹木器乐	海南省保亭黎族苗族自治县、五指山市
64	Ⅱ-136	口弦音乐	四川省布拖县
65	Ⅱ-137	吟诵调(常州吟诵)	江苏省常州市
66	Ⅱ-138	佛教音乐(天宁寺梵呗唱诵、鱼山梵呗、大相国寺梵乐、直孔噶举派音乐、拉卜楞寺佛殿音乐道得尔、青海藏族唱经调、北武当庙寺庙音乐)	江苏省常州市　山东省东阿县　河南省开封市　西藏自治区墨竹工卡县　甘肃省夏河县　青海省兴海县　宁夏回族自治区平罗县
67	Ⅱ-139	道教音乐(广宗太平道乐、恒山道乐、上海道教音乐、无锡道教音乐、齐云山道场音乐、崂山道教音乐、泰山道教音乐、胶东全真道教音乐、腊山道教音乐、海南斋醮科仪音乐、成都道教音乐、白云山道教音乐、清水道教音乐)	河北省广宗县　山西省阳高县　上海市道教协会　江苏省无锡市　安徽省休宁县　山东省青岛市崂山区、泰安市、烟台市、东平县　海南省定安县　四川省成都市　陕西省佳县　甘肃省清水县

三、传统舞蹈(民间舞蹈,共计55项)

序号	编号	项目名称	申报地区或单位
1	Ⅲ-42	鼓舞(花钹大鼓、隆尧招子鼓、平定武迓鼓、大奏鼓、陈官短穗花鼓、柳林花鼓、花鞭鼓舞、八卦鼓舞、横山老腰鼓、宜川胸鼓、凉州攻鼓子、武山旋鼓舞)	北京市昌平区　河北省隆尧县　山西省平定县　浙江省温岭市　山东省广饶县、冠县、商河县、栖霞市　陕西省横山县、宜川县　甘肃省武威市、武山县
2	Ⅲ-43	麒麟舞	河北省黄骅市　河南省兰考县　广东省海丰县
3	Ⅲ-44	竹马(东坝大马灯、邳州跑竹马)	江苏省高淳县、邳州市
4	Ⅲ-45	灯舞(青田鱼灯舞、莆田九鲤灯舞、鲤鱼灯舞、沙头角鱼灯舞、东至花灯舞、苏家作龙凤灯舞)	浙江省青田县　福建省莆田市　江西省吉安县　广东省深圳市　安徽省东至县　河南省博爱县
5	Ⅲ-46	沧州落子	河北省南皮县
6	Ⅲ-47	十八蝴蝶	浙江省永康市
7	Ⅲ-48	火老虎	安徽省凤台县
8	Ⅲ-49	商羊舞	山东省鄄城县
9	Ⅲ-50	跑帷了	河南省汤阴县
10	Ⅲ-51	官会响锣	河南省项城市
11	Ⅲ-52	肉连响	湖北省利川市
12	Ⅲ-53	禾楼舞	广东省郁南县
13	Ⅲ-54	蜈蚣舞	广东省汕头市澄海区
14	Ⅲ-55	翻山铰子	四川省平昌县
15	Ⅲ-56	靖边跑驴	陕西省靖边县
16	Ⅲ-57	查玛内	蒙古自治区阿拉善盟
17	Ⅲ-58	朝鲜族鹤舞	吉林省延边朝鲜族自治州
18	Ⅲ-59	朝鲜族长鼓舞	吉林省图们市
19	Ⅲ-60	瑶族长鼓舞	湖南省江华瑶族自治县　广东省连南瑶族自治县　广西壮族自治区富川瑶族自治县

续 表

序号	编号	项目名称	申报地区或单位
20	Ⅲ-61	傣族象脚鼓舞	云南省潞西市、西双版纳傣族自治州
21	Ⅲ-62	羌族羊皮鼓舞	四川省汶川县
22	Ⅲ-63	毛南族打猴鼓舞	贵州省平塘县
23	Ⅲ-64	瑶族猴鼓舞	贵州省荔波县
24	Ⅲ-65	高山族拉手舞	福建省华安县
25	Ⅲ-66	得荣学羌	四川省得荣县
26	Ⅲ-67	甲搓	四川省盐源县
27	Ⅲ-68	博巴森根	四川省理县
28	Ⅲ-69	彝族铃铛舞	贵州省赫章县
29	Ⅲ-70	彝族打歌	云南省巍山彝族回族自治县
30	Ⅲ-71	彝族跳菜	云南省南涧彝族自治县
31	Ⅲ-72	彝族老虎笙	云南省双柏县
32	Ⅲ-73	彝族左脚舞	云南省牟定县
33	Ⅲ-74	乐作舞	云南省红河县
34	Ⅲ-75	彝族三弦舞（阿细跳月、撒尼大三弦）	云南省弥勒县、石林彝族自治县
35	Ⅲ-76	纳西族热美蹉	云南省丽江市古城区
36	Ⅲ-77	布朗族峰桶鼓舞	云南省双江拉祜族佤族布朗族傣族自治县
37	Ⅲ-78	普米族搓蹉	云南省兰坪白族普米族自治县
38	Ⅲ-79	拉祜族芦笙舞	云南省澜沧拉祜族自治县
39	Ⅲ-80	宣舞（古格宣舞、普堆巴宣舞）	西藏自治区札达县、墨竹工卡县
40	Ⅲ-81	拉萨囊玛	西藏自治区拉萨市
41	Ⅲ-82	堆谐(拉孜堆谐)	西藏自治区拉孜县
42	Ⅲ-83	谐钦（拉萨纳如谐钦、南木林土布加谐钦）	西藏自治区拉萨市城关区、南木林县
43	Ⅲ-84	阿谐(达布阿谐)	西藏自治区比如县
44	Ⅲ-85	嘎尔	西藏自治区

续　表

序号	编号	项目名称	申报地区或单位
45	Ⅲ-86	芒康三弦舞	西藏自治区芒康县
46	Ⅲ-87	定日洛谐	西藏自治区定日县
47	Ⅲ-88	旦嘎甲谐	西藏自治区萨嘎县
48	Ⅲ-89	廓孜	西藏自治区曲水县
49	Ⅲ-90	多地舞	甘肃省舟曲县
50	Ⅲ-91	巴郎鼓舞	甘肃省卓尼县
51	Ⅲ-92	藏族螭鼓舞	青海省循化撒拉族自治县
52	Ⅲ-93	则柔(尚尤则柔)	青海省贵德县
53	Ⅲ-94	蒙古族萨吾尔登	新疆维吾尔自治区和静县
54	Ⅲ-95	锡伯族贝伦舞	新疆维吾尔自治区察布查尔锡伯自治县
55	Ⅲ-96	维吾尔族赛乃姆	新疆维吾尔自治区哈密地区、莎车县

四、传统戏剧(共计46项)

序号	编号	项目名称	申报地区或单位
1	Ⅳ-93	老调(保定老调)	河北省保定市
2	Ⅳ-94	四股弦(冀南四股弦)	河北省巨鹿县、馆陶县、魏县、肥乡县
3	Ⅳ-95	赛戏	河北省邯郸市、武安市、涉县　山西省朔州市
4	Ⅳ-96	永年西调	河北省永年县
5	Ⅳ-97	坠子戏	河北省深泽县　安徽省宿州市
6	Ⅳ-98	上党落子	山西省潞城市、黎城县
7	Ⅳ-99	眉户(运城眉户、华阴迷胡、迷糊戏)	山西省运城市　陕西省华阴市　新疆生产建设兵团
8	Ⅳ-100	海城喇叭戏	辽宁省鞍山市
9	Ⅳ-101	黄龙戏	吉林省农安县
10	Ⅳ-102	淮剧	上海淮剧团　江苏省盐城市
11	Ⅳ-103	锡剧	江苏省演艺集团锡剧团、无锡市、常州市
12	Ⅳ-104	淮海戏	江苏省淮安市、连云港市

续 表

序号	编号	项目名称	申报地区或单位
13	Ⅳ-105	童子戏	江苏省通州市
14	Ⅳ-106	瓯剧	浙江省温州市
15	Ⅳ-107	甬剧	浙江省宁波市
16	Ⅳ-108	姚剧	浙江省余姚市
17	Ⅳ-109	绍剧	浙江省绍兴市
18	Ⅳ-110	婺剧	浙江省金华市、江山市
19	Ⅳ-111	文南词	安徽省宿松县
20	Ⅳ-112	花鼓戏	安徽省宿州市、淮北市、宣城市 湖北省随州市、麻城市 湖南省岳阳县、邵阳市、常德市
21	Ⅳ-113	二夹弦	安徽省亳州市 河南省开封市、滑县 山东省定陶县
22	Ⅳ-114	打城戏	福建省泉州市
23	Ⅳ-115	屏南平讲戏	福建省屏南县
24	Ⅳ-116	吕剧	山东省吕剧院、济南市、博兴县、东营市东营区
25	Ⅳ-117	柳腔	山东省即墨市
26	Ⅳ-118	山东梆子	山东省菏泽市、泰安市、嘉祥县
27	Ⅳ-119	莱芜梆子	山东省莱芜市
28	Ⅳ-120	枣梆	山东省菏泽市
29	Ⅳ-121	徐州梆子	江苏省徐州市
30	Ⅳ-122	同州梆子	陕西省大荔县
31	Ⅳ-123	罗卷戏	河南省汝南县、范县
32	Ⅳ-124	二股弦	河南省武陟县
33	Ⅳ-125	南剧	湖北省来凤县、咸丰县
34	Ⅳ-126	提琴戏	湖北省崇阳县
35	Ⅳ-127	湘剧	湖南省湘剧院、长沙市、桂阳县
36	Ⅳ-128	祁剧	湖南省祁剧院、衡阳市、祁阳县
37	Ⅳ-129	广东汉剧	广东汉剧院

续　表

序号	编号	项目名称	申报地区或单位
38	Ⅳ-130	琼剧	海南省琼剧院、海口市
39	Ⅳ-131	黔剧	贵州省黔剧团
40	Ⅳ-132	滇剧	云南省滇剧院、玉溪市滇剧团、昆明市
41	Ⅳ-133	合阳跳戏	陕西省合阳县
42	Ⅳ-134	武都高山戏	甘肃省陇南市
43	Ⅳ-135	佤族清戏	云南省腾冲县
44	Ⅳ-136	彝剧	云南省大姚县
45	Ⅳ-137	白剧	云南省大理白族自治州
46	Ⅳ-138	邕剧	广西壮族自治区南宁市

五、曲艺(共计50项)

序号	编号	项目名称	申报地区或单位
1	Ⅴ-47	相声	中国广播艺术团　北京市歌舞剧院有限责任公司　天津市
2	Ⅴ-48	京韵大鼓	北京市歌舞剧院有限责任公司　天津市曲艺团
3	Ⅴ-49	单弦牌子曲(含岔曲)	北京市歌舞剧院有限责任公司　北京市西城区
4	Ⅴ-50	扬州弹词	江苏省扬州市
5	Ⅴ-51	长沙弹词	湖南省长沙市
6	Ⅴ-52	杭州评词	浙江省杭州市
7	Ⅴ-53	杭州评话	浙江省杭州市
8	Ⅴ-54	绍兴词调	浙江省绍兴市
9	Ⅴ-55	临海词调	浙江省临海市
10	Ⅴ-56	四明南词	浙江省宁波市
11	Ⅴ-57	北京评书	北京市宣武区　辽宁省鞍山市、本溪市、营口市
12	Ⅴ-58	湖北评书	湖北省武汉市
13	Ⅴ-59	浦东说书	上海市浦东新区

续 表

序号	编号	项目名称	申报地区或单位
14	V-60	讲古	福建省厦门市思明区
15	V-61	湖北大鼓	湖北省武汉市、团风县
16	V-62	襄垣鼓书	山西省襄垣县
17	V-63	萍乡春锣	江西省萍乡市
18	V-64	三弦书（沁州三弦书、南阳三弦书）	山西省沁县　河南省南阳市
19	V-65	莺歌柳书	山东省菏泽市
20	V-66	平湖钹子书	浙江省平湖市
21	V-67	宁波走书	浙江省宁波市鄞州区、奉化市
22	V-68	独脚戏	上海市黄浦区　浙江省杭州市
23	V-69	大调曲子	河南省南阳市
24	V-70	湖北小曲	湖北省武汉市
25	V-71	南曲	湖北省五峰土家族自治县
26	V-72	秦安小曲	甘肃省秦安县
27	V-73	徐州琴书	江苏省徐州市
28	V-74	恩施扬琴	湖北省恩施市
29	V-75	四川扬琴	四川省曲艺团　四川省音乐舞蹈研究所　成都艺术剧院
30	V-76	四川竹琴	重庆市三峡曲艺团　四川省成都艺术剧院
31	V-77	四川清音	四川省成都艺术剧院
32	V-78	金华道情	浙江省金华市、义乌市
33	V-79	陕北道情	陕西省延安市、清涧县
34	V-80	朝鲜族三老人	吉林省和龙市
35	V-81	南京白局	江苏省南京市秦淮区
36	V-82	武林调	浙江省杭州市
37	V-83	绍兴宣卷	浙江省绍兴县
38	V-84	温州莲花	浙江省温州市鹿城区、永嘉县
39	V-85	山东落子	山东省单县

续 表

序号	编号	项目名称	申报地区或单位
40	Ⅴ-86	说鼓子	湖北省公安县、松滋市
41	Ⅴ-87	广西文场	广西壮族自治区桂林市
42	Ⅴ-88	车灯	重庆市曲艺团
43	Ⅴ-89	眉户曲子	陕西省户县
44	Ⅴ-90	韩城秧歌	陕西省韩城市
45	Ⅴ-91	金钱板	四川省成都市
46	Ⅴ-92	青海平弦	青海省西宁市
47	Ⅴ-93	青海越弦	青海省西宁市
48	Ⅴ-94	青海下弦	青海省
49	Ⅴ-95	好来宝	内蒙古自治区科尔沁左翼后旗
50	Ⅴ-96	哈萨克族铁尔麦	新疆维吾尔自治区伊犁哈萨克自治州

六、传统体育、游艺与杂技(杂技与竞技,共计38项)

序号	编号	项目名称	申报地区或单位
1	Ⅵ-18	围棋	中国棋院　北京棋院
2	Ⅵ-19	象棋	中国棋院　北京棋院
3	Ⅵ-20	蒙古族象棋	内蒙古自治区阿拉善盟
4	Ⅵ-21	天桥摔跤	北京市宣武区
5	Ⅵ-22	沙力搏尔式摔跤	内蒙古自治区阿拉善左旗
6	Ⅵ-23	峨眉武术	四川省峨眉山市
7	Ⅵ-24	红拳	陕西省
8	Ⅵ-25	八卦掌	河北省廊坊市
9	Ⅵ-26	形意拳	河北省深州市
10	Ⅵ-27	鹰爪翻子拳	河北省雄县
11	Ⅵ-28	八极拳(月山八极拳)	河南省博爱县
12	Ⅵ-29	心意拳	山西省晋中市
13	Ⅵ-30	心意六合拳	河南省漯河市、周口市

续 表

序号	编号	项目名称	申报地区或单位
14	Ⅵ-31	五祖拳	福建省泉州市
15	Ⅵ-32	查拳	山东省冠县
16	Ⅵ-33	螳螂拳	山东省莱阳市
17	Ⅵ-34	苌家拳	河南省荥阳市
18	Ⅵ-35	岳家拳	湖北省武穴市
19	Ⅵ-36	蔡李佛拳	广东省江门市新会区
20	Ⅵ-37	马球(塔吉克族马球)	新疆维吾尔自治区塔什库尔干塔吉克自治县
21	Ⅵ-38	满族珍珠球	吉林省吉林市
22	Ⅵ-39	满族二贵摔跤	河北省隆化县
23	Ⅵ-40	鄂温克抢枢	内蒙古自治区鄂温克族自治旗
24	Ⅵ-41	挠羊赛	山西省忻州市
25	Ⅵ-42	传统箭术(南山射箭)	青海省乐都县
26	Ⅵ-43	赛马会（当吉仁赛马会、玉树赛马会)	西藏自治区拉萨市　青海省玉树藏族自治州
27	Ⅵ-44	叼羊(维吾尔族叼羊)	新疆维吾尔自治区巴楚县
28	Ⅵ-45	土族轮子秋	青海省互助土族自治县
29	Ⅵ-46	左各庄杆会	河北省文安县
30	Ⅵ-47	戏法(赵世魁戏法)	黑龙江省杂技团
31	Ⅵ-48	建湖杂技	江苏省建湖县
32	Ⅵ-49	东北庄杂技	河南省濮阳市
33	Ⅵ-50	宁津杂技	山东省宁津县
34	Ⅵ-51	马戏(埇桥马戏)	安徽省宿州市埇桥区
35	Ⅵ-52	风火流星	山西省太原市
36	Ⅵ-53	翻九楼	浙江省杭州市、东阳市
37	Ⅵ-54	调吊	浙江省绍兴市
38	Ⅵ-55	苏桥飞叉会	河北省文安县

七、传统美术(民间美术,共计45项)

序号	编号	项目名称	申报地区或单位
1	Ⅶ-52	面人(北京面人郎、上海面人赵、曹州面人、曹县江米人)	北京市海淀区 上海工艺美术研究所 山东省荷泽市牡丹区、曹县
2	Ⅶ-53	面花(阳城焙面面塑、闻喜花馍、定襄面塑、新绛面塑、郎庄面塑、黄陵面花)	山西省阳城县、闻喜县、定襄县、新绛县 山东省冠县 陕西省黄陵县
3	Ⅶ-54	草编(大名草编、徐行草编、莱州草辫、沐川草龙、湖口草龙)	河北省大名县 上海市嘉定区 山东省莱州市 四川省沐川县 江西省湖口县
4	Ⅶ-55	柳编(广宗柳编、维吾尔族枝条编织)	河北省广宗县 新疆维吾尔自治区吐鲁番市
5	Ⅶ-56	石雕(煤精雕刻、鸡血石雕、嘉祥石雕、掖县滑石雕刻、方城石猴、大冶石雕、菊花石雕、雷州石狗、白花石刻、安岳石刻、泽库和日寺石刻)	辽宁省抚顺市 浙江省临安市 山东省嘉祥县、莱州市 河南省方城县 湖北省大冶市 湖南省浏阳市 广东省雷州市 四川省广元市、安岳县 青海省泽库县
6	Ⅶ-57	玉雕(北京玉雕、苏州玉雕、镇平玉雕、广州玉雕、阳美翡翠玉雕)	北京市玉器厂 江苏省苏州市 河南省镇平县 广东省广州市荔湾区、揭阳市
7	Ⅶ-58	木雕(曲阜楷木雕刻、澳门神像雕刻、武汉木雕船模)	山东省曲阜市 澳门特别行政区 湖北省武汉市硚口区
8	Ⅶ-59	核雕(光福核雕、潍坊核雕、广州榄雕)	江苏省苏州市 山东省潍坊市 广东省增城市
9	Ⅶ-60	椰雕(海南椰雕)	海南省海口市
10	Ⅶ-61	葫芦雕刻(东昌葫芦雕刻)	山东省聊城市
11	Ⅶ-62	锡雕	山东省莱芜市 浙江省永康市
12	Ⅶ-63	汉字书法	中国文学艺术界联合会书法家协会 中国艺术研究院中国书法院
13	Ⅶ-64	藏文书法(德格藏文书法、果洛德昂洒智)	四川省德格县 青海省果洛藏族自治州
14	Ⅶ-65	木版年画(平阳木版年画、东昌府木版年画、张秋木版年画、夹江年画、滑县木版年画)	山西省临汾市 山东省聊城市、阳谷县 四川省夹江县 河南省滑县

续 表

序号	编号	项目名称	申报地区或单位
15	Ⅶ-66	彩扎(凤凰纸扎、秸秆扎刻、彩布拧台、邳州纸塑狮子头、佛山狮头)	湖南省凤凰县　河北省永清县、邯郸市　江苏省邳州市　广东省佛山市
16	Ⅶ-67	龙档(乐清龙档)	浙江省乐清市
17	Ⅶ-68	常州梳篦	江苏省常州市
18	Ⅶ-69	麦秆剪贴	浙江省浦江县
19	Ⅶ-70	北京绢花	北京市崇文区
20	Ⅶ-71	堆锦(上党堆锦)	山西省长治市堆锦研究所　山西长治市群众艺术馆
21	Ⅶ-72	湟中堆绣	青海省湟中县
22	Ⅶ-73	瓯绣	浙江省温州市
23	Ⅶ-74	汴绣	河南省开封市
24	Ⅶ-75	汉绣	湖北省武汉市江汉区
25	Ⅶ-76	羌族刺绣	四川省汶川县
26	Ⅶ-77	民间绣活(高平绣活、麻柳刺绣、西秦刺绣、澄城刺绣、红安绣活、阳新布贴)	山西省高平市　四川省广元市　陕西省宝鸡市、澄城县　湖北省红安县、阳新县
27	Ⅶ-78	彝族(撒尼)刺绣	云南省石林彝族自治县
28	Ⅶ-79	维吾尔族刺绣	新疆维吾尔自治区哈密地区
29	Ⅶ-80	满族刺绣(岫岩满族民间刺绣、锦州满族民间刺绣、长白山满族枕头顶刺绣)	辽宁省岫岩满族自治县、锦州市古塔区　吉林省通化市
30	Ⅶ-81	蒙古族刺绣	新疆维吾尔自治区博湖县
31	Ⅶ-82	柯尔克孜族刺绣	新疆维吾尔自治区温宿县
32	Ⅶ-83	哈萨克毡绣和布绣	新疆生产建设兵团农六师
33	Ⅶ-84	料器(北京料器)	北京京城百工坊艺术品有限公司
34	Ⅶ-85	瓯塑	浙江省温州市
35	Ⅶ-86	砖塑(鄄城砖塑)	山东省鄄城县
36	Ⅶ-87	灰塑	广东省广州市
37	Ⅶ-88	糖塑(丰县糖人贡、天门糖塑、成都糖画)	江苏省丰县　湖北省天门市　四川省成都市

续　表

序号	编号	项目名称	申报地区或单位
38	Ⅶ-89	瓷板画	江西省南昌市
39	Ⅶ-90	软木画	福建省福州市
40	Ⅶ-91	镶嵌(彩石镶嵌、骨木镶嵌、嵌瓷)	浙江省温州市、鹿城区、瓯海区、仙居县、宁波市　广东省汕头市、普宁市
41	Ⅶ-92	新会葵艺	广东省江门市新会区
42	Ⅶ-93	传统插花	北京林业大学
43	Ⅶ-94	盆景技艺（扬派盆景技艺、徽派盆景技艺、英石假山盆景技艺）	江苏省扬州市、泰州市　安徽省歙县　广东省英德市
44	Ⅶ-95	布老虎(黎侯虎)	山西省黎城县
45	Ⅶ-96	建筑彩绘(白族民居彩绘、陕北匠艺丹青、炕围画)	云南省大理市　陕西省　山西省襄垣县

八、传统技艺(传统手工技艺,共计97项)

序号	编号	项目名称	申报地区或单位
1	Ⅷ-90	琉璃烧制技艺	北京市门头沟区　山西省
2	Ⅷ-91	临清贡砖烧制技艺	山东省临清市
3	Ⅷ-92	定瓷烧制技艺	河北省曲阳县
4	Ⅷ-93	钧瓷烧制技艺	河南省禹州市
5	Ⅷ-94	唐三彩烧制技艺	河南省洛阳市
6	Ⅷ-95	醴陵釉下五彩瓷烧制技艺	湖南省醴陵市
7	Ⅷ-96	枫溪瓷烧制技艺	广东省潮州市枫溪区
8	Ⅷ-97	广彩瓷烧制技艺	广东省广州市
9	Ⅷ-98	陶器烧制技艺(钦州坭兴陶烧制技艺、藏族黑陶烧制技艺、牙舟陶器烧制技艺、建水紫陶烧制技艺、荥经砂器烧制技艺)	广西壮族自治区钦州市　四川省稻城县　云南省迪庆藏族自治州　青海省囊谦县　贵州省平塘县　云南省建水县　四川省荥经县
10	Ⅷ-99	蚕丝织造技艺（余杭清水丝绵制作技艺、杭罗织造技艺、双林绫绢织造技艺）	浙江省杭州市余杭区、湖州市　杭州市福兴丝绸厂

续　表

序号	编号	项目名称	申报地区或单位
11	Ⅷ-100	传统棉纺织技艺	河北省魏县、肥乡县　新疆维吾尔自治区伽师县
12	Ⅷ-101	毛纺织及擀制技艺(彝族毛纺织及擀制技艺、藏族牛羊毛编织技艺、东乡族擀毡技艺)	四川省昭觉县、色达县　甘肃省东乡族自治县
13	Ⅷ-102	夏布织造技艺	江西省万载县　重庆市荣昌县
14	Ⅷ-103	鲁锦织造技艺	山东省鄄城县、嘉祥县
15	Ⅷ-104	侗锦织造技艺	湖南省通道侗族自治县
16	Ⅷ-105	苗族织锦技艺	贵州省麻江县、雷山县
17	Ⅷ-106	傣族织锦技艺	云南省西双版纳傣族自治州
18	Ⅷ-107	香云纱染整技艺	广东省佛山市顺德区
19	Ⅷ-108	枫香印染技艺	贵州省惠水县、麻江县
20	Ⅷ-109	新疆维吾尔族艾德莱斯绸织染技艺	新疆维吾尔自治区洛浦县
21	Ⅷ-110	地毯织造技艺(北京宫毯织造技艺、阿拉善地毯织造技艺、维吾尔族地毯织造技艺)	北京市　内蒙古自治区阿拉善左旗　新疆维吾尔自治区洛浦县
22	Ⅷ-111	滩羊皮鞣制工艺	山西省交城县
23	Ⅷ-112	鄂伦春族狍皮制作技艺	内蒙古自治区鄂伦春自治旗　黑龙江省黑河市爱辉区
24	Ⅷ-113	盛锡福皮帽制作技艺	北京市东城区
25	Ⅷ-114	维吾尔族卡拉库尔胎、羔皮帽制作技艺	新疆维吾尔自治区沙雅县
26	Ⅷ-115	内联升千层底布鞋制作技艺	北京市
27	Ⅷ-116	黄金溜槽堆石砌灶冶炼技艺	山东省招远市
28	Ⅷ-117	金银细工制作技艺	上海市黄浦区　江苏省南京市、江都市
29	Ⅷ-118	斑铜制作技艺	云南省曲靖市
30	Ⅷ-119	铜雕技艺	浙江省杭州市

续　表

序号	编号	项目名称	申报地区或单位
31	Ⅷ-120	藏族金属锻造技艺(藏族锻铜技艺、藏刀锻制技艺)	西藏自治区南木林县　四川省白玉县　西藏自治区拉孜县　青海省玉树藏族自治州
32	Ⅷ-121	成都银花丝制作技艺	四川省成都市青羊区
33	Ⅷ-122	维吾尔族传统小刀制作技艺	新疆维吾尔自治区英吉沙县
34	Ⅷ-123	蒙古族马具制作技艺	内蒙古自治区科尔沁左翼后旗
35	Ⅷ-124	民族乐器制作技艺(长子响铜乐器制作技艺、朝鲜族民族乐器制作技艺、苏州民族乐器制作技艺、漳州蔡福美传统制鼓技艺、维吾尔族乐器制作技艺)	山西省长子县　吉林省延边朝鲜族自治州　江苏省苏州市　福建省漳州市　新疆维吾尔自治区疏附县、新和县
36	Ⅷ-125	花丝镶嵌制作技艺	北京市通州区　河北省大厂回族自治县
37	Ⅷ-126	金漆镶嵌髹饰技艺	北京市
38	Ⅷ-127	漆器髹饰技艺(徽州漆器髹饰技艺、重庆漆器髹饰技艺)	安徽省黄山市屯溪区　重庆市
39	Ⅷ-128	彝族漆器髹饰技艺	四川省喜德县　贵州省大方县
40	Ⅷ-129	纸笺加工技艺	安徽省巢湖市
41	Ⅷ-130	宣笔制作技艺	安徽省宣城市
42	Ⅷ-131	楮皮纸制作技艺	陕西省西安市长安区
43	Ⅷ-132	白沙茅龙笔制作技艺	广东省江门市
44	Ⅷ-133	砚台制作技艺(易水砚制作技艺、澄泥砚制作技艺、洮砚制作技艺)	河北省易县　山西省新绛县　甘肃省卓尼县、岷县
45	Ⅷ-134	印泥制作技艺(上海鲁庵印泥、漳州八宝印泥)	上海市静安区　福建省漳州市
46	Ⅷ-135	木活字印刷技术	浙江省瑞安市
47	Ⅷ-136	装裱修复技艺(古字画装裱修复技艺、古籍修复技艺)	北京市荣宝斋　故宫博物院　国家图书馆　中国书店

续 表

序号	编号	项目名称	申报地区或单位
48	Ⅷ-137	传统木船制造技艺	江苏省兴化市　浙江省舟山市普陀区
49	Ⅷ-138	水密隔舱福船制造技艺	福建省晋江市、宁德市蕉城区
50	Ⅷ-139	龙舟制作技艺	广东省东莞市
51	Ⅷ-140	伞制作技艺(油纸伞制作技艺、西湖绸伞)	四川省泸州市江阳区　浙江省杭州市
52	Ⅷ-141	藏香制作技艺	西藏自治区尼木县、墨竹工卡县
53	Ⅷ-142	贝叶经制作技艺	云南省西双版纳傣族自治州
54	Ⅷ-143	土碱烧制技艺	新疆生产建设兵团
55	Ⅷ-144	蒸馏酒传统酿造技艺（北京二锅头酒传统酿造技艺、衡水老白干传统酿造技艺、山庄老酒传统酿造技艺、板城烧锅酒传统五甑酿造技艺、梨花春白酒传统酿造技艺、老龙口白酒传统酿造技艺、大泉源酒传统酿造技艺、宝丰酒传统酿造技艺、五粮液酒传统酿造技艺、水井坊酒传统酿造技艺、剑南春酒传统酿造技艺、古蔺郎酒传统酿造技艺、沱牌曲酒传统酿造技艺)	北京红星股份有限公司　北京顺鑫农业股份有限公司　河北省衡水市、平泉县、承德县　山西省朔州市　辽宁省沈阳市　吉林省通化县　河南省宝丰县　四川省宜宾市、成都市、绵竹市、古蔺县、射洪县
56	Ⅷ-145	酿造酒传统酿造技艺(封缸酒传统酿造技艺、金华酒传统酿造技艺)	江苏省丹阳市、金坛市　浙江省金华市
57	Ⅷ-146	配制酒传统酿造技艺(菊花白酒传统酿造技艺)	北京仁和酒业有限责任公司
58	Ⅷ-147	花茶制作技艺(张一元茉莉花茶制作技艺)	北京张一元茶叶有限责任公司

续　表

序号	编号	项目名称	申报地区或单位
59	Ⅷ-148	绿茶制作技艺（西湖龙井、婺州举岩、黄山毛峰、太平猴魁、六安瓜片）	浙江省杭州市、金华市　安徽省黄山市徽州区、黄山区、六安市裕安区
60	Ⅷ-149	红茶制作技艺(祁门红茶制作技艺)	安徽省祁门县
61	Ⅷ-150	乌龙茶制作技艺(铁观音制作技艺)	福建省安溪县
62	Ⅷ-151	普洱茶制作技艺（贡茶制作技艺、大益茶制作技艺）	云南省宁洱县、勐海县
63	Ⅷ-152	黑茶制作技艺(千两茶制作技艺、茯砖茶制作技艺、南路边茶制作技艺)	湖南省安化县、益阳市　四川省雅安市
64	Ⅷ-153	晒盐技艺（海盐晒制技艺、井盐晒制技艺）	浙江省象山县　海南省儋州市　西藏自治区芒康县
65	Ⅷ-154	酱油酿造技艺(钱万隆酱油酿造技艺)	上海市浦东新区
66	Ⅷ-155	豆瓣传统制作技艺(郫县豆瓣传统制作技艺)	四川省郫县
67	Ⅷ-156	豆豉酿制技艺（永川豆豉酿制技艺、潼川豆豉酿制技艺）	重庆市　四川省三台县
68	Ⅷ-157	腐乳酿造技艺(王致和腐乳酿造技艺)	北京市海淀区
69	Ⅷ-158	酱菜制作技艺(六必居酱菜制作技艺)	北京六必居食品有限公司
70	Ⅷ-159	榨菜传统制作技艺(涪陵榨菜传统制作技艺)	重庆市涪陵区
71	Ⅷ-160	传统面食制作技艺(龙须拉面和刀削面制作技艺、抿尖面和猫耳朵制作技艺)	山西省全晋会馆、晋韵楼
72	Ⅷ-161	茶点制作技艺(富春茶点制作技艺)	江苏省扬州市
73	Ⅷ-162	周村烧饼制作技艺	山东省淄博市
74	Ⅷ-163	月饼传统制作技艺(郭杜林晋式月饼制作技艺、安琪广式月饼制作技艺)	山西省太原市　广东省安琪食品有限公司

续 表

序号	编号	项目名称	申报地区或单位
75	Ⅷ-164	素食制作技艺(功德林素食制作技艺)	上海功德林素食有限公司
76	Ⅷ-165	同盛祥牛羊肉泡馍制作技艺	陕西省西安市
77	Ⅷ-166	火腿制作技艺(金华火腿腌制技艺)	浙江省金华市
78	Ⅷ-167	烤鸭技艺(全聚德挂炉烤鸭技艺、便宜坊焖炉烤鸭技艺)	北京市全聚德(集团)股份有限公司 北京便宜坊 烤鸭集团有限公司
79	Ⅷ-168	牛羊肉烹制技艺(东来顺涮羊肉制作技艺、鸿宾楼全羊席制作技艺、月盛斋酱烧牛羊肉制作技艺、北京烤肉制作技艺、冠云平遥牛肉传统加工技艺、烤全羊技艺)	北京市东来顺集团有限责任公司 北京市鸿宾楼餐饮有限责任公司 北京月盛斋清真食品有限公司 北京市聚德华天控股有限公司 山西省冠云平遥牛肉集团有限公司 内蒙古自治区阿拉善盟
80	Ⅷ-169	天福号酱肘子制作技艺	北京天福号食品有限公司
81	Ⅷ-170	六味斋酱肉传统制作技艺	山西省太原六味斋实业有限公司
82	Ⅷ-171	都一处烧麦制作技艺	北京便宜坊烤鸭集团有限公司
83	Ⅷ-172	聚春园佛跳墙制作技艺	福建省福州市
84	Ⅷ-173	真不同洛阳水席制作技艺	河南省洛阳市
85	Ⅷ-174	官式古建筑营造技艺(北京故宫)	故宫博物院
86	Ⅷ-175	木拱桥传统营造技艺	浙江省庆元县、泰顺县 福建省寿宁县、屏南县
87	Ⅷ-176	石桥营造技艺	浙江省绍兴市
88	Ⅷ-177	婺州传统民居营造技艺(诸葛村古村落营造技艺、俞源村古建筑群营造技艺、东阳卢宅营造技艺、浦江郑义门营造技艺)	浙江省兰溪市、武义县、东阳市、浦江县
89	Ⅷ-178	徽派传统民居营造技艺	安徽省黄山市
90	Ⅷ-179	闽南传统民居营造技艺	福建省泉州市鲤城区、惠安县、南安市

续　表

序号	编号	项目名称	申报地区或单位
91	Ⅷ-180	窑洞营造技艺	山西省平陆县　甘肃省庆阳市
92	Ⅷ-181	蒙古包营造技艺	内蒙古自治区文学艺术界联合会、西乌珠穆沁旗、陈巴尔虎旗
93	Ⅷ-182	黎族船型屋营造技艺	海南省东方市
94	Ⅷ-183	哈萨克族毡房营造技艺	新疆维吾尔自治区塔城地区
95	Ⅷ-184	俄罗斯族民居营造技艺	新疆维吾尔自治区塔城地区
96	Ⅷ-185	撒拉族篱笆楼营造技艺	青海省循化撒拉族自治县
97	Ⅷ-186	藏族碉楼营造技艺	四川省丹巴县

九、传统医药(共计8项)

序号	编号	项目名称	申报地区或单位
1	Ⅸ-10	中医养生(药膳八珍汤、灵源万应茶、永定万应茶)	山西省太原市　福建省晋江市、永定县
2	Ⅸ-11	传统中医药文化(鹤年堂中医药养生文化、九芝堂传统中药文化、潘高寿传统中药文化、陈李济传统中药文化、同济堂传统中药文化)	北京鹤年堂医药有限责任公司　湖南省九芝堂股份有限公司　广东省广州潘高寿药业股份有限公司、广州陈李济制药厂　贵州省同济堂制药有限公司
3	Ⅸ-12	蒙医药(赞巴拉道尔吉温针、火针疗法)	内蒙古自治区
4	Ⅸ-13	畲族医药(痧症疗法、六神经络骨通药制作工艺)	浙江省丽水市　福建省罗源县
5	Ⅸ-14	瑶族医药(药浴疗法)	贵州省从江县
6	Ⅸ-15	苗医药(骨伤蛇伤疗法、九节茶药制作工艺)	贵州省雷山县、黔东南苗族侗族自治州
7	Ⅸ-16	侗医药(过路黄药制作工艺)	贵州省黔东南苗族侗族自治州
8	Ⅸ-17	回族医药(张氏回医正骨疗法、回族汤瓶八诊疗法)	宁夏回族自治区吴忠市、银川市

十、民俗(共计51项)

序号	编号	项目名称	申报地区或单位
1	X-71	元宵节(敛巧饭习俗、九曲黄河阵灯俗、柳林盘子会、蔚县拜灯山习俗、马尾-马祖元宵节俗、泉州闹元宵习俗、闽台东石灯俗、枫亭元宵游灯习俗、闽西客家元宵节庆、永昌县卍字灯俗、九曲黄河灯俗)	文化部　北京市怀柔区、密云县　山西省柳林县　河北省蔚县　福建省福州市马尾区、泉州市、晋江市、仙游县、连城县　甘肃省永昌县　青海省乐都县
2	X-72	渔民开洋、谢洋节	浙江省象山县、岱山县　山东省荣成市、日照市、即墨市
3	X-73	畲族三月三	浙江省景宁畲族自治县
4	X-74	宾阳炮龙节	广西壮族自治区宾阳县
5	X-75	苗族独木龙舟节	贵州省台江县
6	X-76	苗族跳花节	贵州省安顺市
7	X-77	苗族四月八姑娘节	湖南省绥宁县
8	X-78	德昂族浇花节	云南省德宏傣族景颇族自治州
9	X-79	江孜达玛节	西藏自治区江孜县
10	X-80	塔塔尔族撒班节	新疆维吾尔自治区塔城地区
11	X-81	灯会(苇子灯阵、胜芳灯会、河曲河灯会、肥东洋蛇灯、南安英都拔拔灯、石城灯会、渔灯节、泮村灯会、自贡灯会)	河北省邯郸市、霸州市　山西省河曲县　福建省南安市　江西省石城县　山东省烟台市东省开平市　四川省自贡市　安徽省肥东县
12	X-82	羌年	四川省茂县、汶川县、理县、北川羌族自治县
13	X-83	苗年	贵州省丹寨县、雷山县
14	X-84	庙会(妙峰山庙会、东岳庙庙会、晋祠庙会、上海龙华庙会、赶茶场、泰山东岳庙会、武当山庙会、火宫殿庙会、佛山祖庙庙会、药王山庙会)	北京市门头沟区、朝阳区　山西省太原市晋源区　上海市徐汇区　浙江省磐安县　山东省泰安市　湖北省十堰市　湖南省长沙市　广东省佛山市　陕西省铜川市

续 表

序号	编号	项目名称	申报地区或单位
15	X-85	民间信俗（千童信子节、关公信俗、石浦-富岗如意信俗、汤和信俗、保生大帝信俗、陈靖姑信俗、西王母信俗）	河北省盐山县　山西省运城市　河南省洛阳市　浙江省象山县、温州市龙湾区　福建省厦门市海沧区、龙海市、古田县　福州市仓山区　甘肃省泾川县
16	X-86	青海湖祭海	青海省海北、藏族自治州
17	X-87	抬阁（芯子、铁枝、飘色）（葛渔城重阁会、宽城背杆、隆尧县泽畔抬阁、清徐徐沟背铁棍、万荣抬阁、峨口挠阁、脑阁、金坛抬阁、浦江迎会、肘阁抬阁、大坝高装、青林口高抬戏、庄浪县高抬、湟中县千户营高台、隆德县高台、阁子里芯子、周村芯子、章丘芯子、霍童铁枝、福鼎沙埕铁枝、屏南双溪铁枝、南朗崖口飘色、台山浮石飘色、吴川飘色、河田高景）	河北省廊坊市、宽城满族自治县、隆尧县　山西省清徐县、万荣县、代县　内蒙古自治区土默特左旗　江苏省金坛市　浙江省浦江县　安徽省寿县、临泉县　四川省兴文县、江油市　甘肃省庄浪县　青海省湟中县　宁夏回族自治区隆德县　山东省淄博市临淄区、周村区、章丘市　福建省宁德市蕉城区、福鼎市、屏南县　广东省中山市、台山市、吴川市、陆河县
18	X-88	打铁花	河南省确山县
19	X-89	朝鲜族花甲礼	辽宁省丹东市　吉林省延边朝鲜族自治州
20	X-90	祭祖习俗（大槐树祭祖习俗）	山西省洪洞县
21	X-91	鄂温克驯鹿习俗	内蒙古自治区根河市
22	X-92	蒙古族养驼习俗	内蒙古自治区阿拉善盟
23	X-93	长白山采参习俗	吉林省抚松县
24	X-94	查干淖尔冬捕习俗	吉林省前郭尔罗斯　蒙古族自治县
25	X-95	蚕桑习俗（含山轧蚕花、扫蚕花地）	浙江省桐乡市、德清县
26	X-96	洪洞走亲习俗	山西省洪洞县
27	X-97	蟳埔女习俗	福建省泉州市丰泽区

附件

续 表

序号	编号	项目名称	申报地区或单位
28	X-98	汉族传统婚俗(孝义贾家庄婚俗、宁海十里红妆婚俗、斗门水上婚嫁习俗)	山西省孝义市 浙江省宁海县 广东省珠海市
29	X-99	朝鲜族传统婚礼	吉林省延边朝鲜族自治州
30	X-100	塔吉克族婚俗	新疆维吾尔自治区塔什库尔干塔吉克自治县
31	X-101	水乡社戏	浙江省绍兴市
32	X-102	界首书会	安徽省界首市
33	X-103	洛阳牡丹花会	河南省洛阳市
34	X-104	三汇彩亭会	四川省渠县
35	X-105	石宝山歌会	云南省剑川县
36	X-106	大理三月街	云南省大理市
37	X-107	茶艺(潮州工夫茶艺)	广东省潮州市
38	X-108	蒙古族服饰	内蒙古自治区 甘肃省肃北蒙古族自治县 新疆维吾尔自治区博湖县
39	X-109	朝鲜族服饰	吉林省延边朝鲜族自治州
40	X-110	畲族服饰	福建省罗源县
41	X-111	黎族服饰	海南省锦绣织贝有限公司 海南省民族研究所
42	X-112	珞巴族服饰	西藏自治区隆子县、米林县
43	X-113	藏族服饰	西藏自治区措美县、林芝地区、普兰县、安多县、申扎县 青海省玉树藏族自治州、门源回族自治县
44	X-114	裕固族服饰	甘肃省肃南裕固族自治县
45	X-115	土族服饰	青海省互助土族自治县
46	X-116	撒拉族服饰	青海省循化撒拉族自治县
47	X-117	维吾尔族服饰	新疆维吾尔自治区于田县
48	X-118	哈萨克族服饰	新疆维吾尔自治区伊犁哈萨克自治州
49	X-119	珠算(程大位珠算法、珠算文化)	安徽省黄山市屯溪区 中国珠算心算协会
50	X-120	南海航道更路经	海南省文昌市
51	X-121	藏族天文历算	西藏自治区

附件 3

第三批国家级非物质文化遗产名录推荐项目名单(新入选项目)

(共计:190项)

一、民间文学(共计 40 项,涉及 47 个申报地区或单位)

序号	项目名称	申报地区或单位
1	天坛传说	北京市崇文区
2	曹雪芹传说	北京市海淀区
3	赵氏孤儿传说	山西省盂县
4	白马脱缰传说	山西省晋城市城区
5	舜的传说	山西省沁水县　山东省诸城市
6	禹的传说	四川省汶川县、北川羌族自治县
7	防风传说	浙江省德清县
8	盘瓠传说	湖南省泸溪县
9	老子传说	安徽省涡阳县
10	庄子传说	山东省东明县
11	禅宗祖师传说	湖北省黄梅县
12	布袋和尚传说	浙江省奉化市
13	钱王传说	浙江省临安市
14	苏东坡传说	浙江省杭州市
15	王羲之传说	浙江省绍兴市
16	李时珍传说	湖北省蕲春县
17	蔡伦造纸传说	陕西省汉中市
18	牡丹传说	山东省菏泽市牡丹区
19	泰山传说	山东省泰安市

附件

续 表

序号	项目名称	申报地区或单位
20	黄鹤楼传说	湖北省武汉市武昌区
21	烂柯山的传说	山西省陵川县 浙江省衢州市
22	珞巴族始祖传说	西藏自治区米林县
23	阿尼玛卿雪山传说	青海省果洛藏族自治州
24	锡伯族民间故事	辽宁省沈阳市
25	嘉黎民间故事	西藏自治区嘉黎县
26	海洋动物故事	浙江省洞头县
27	土家族哭嫁歌	湖南省永顺县、古丈县
28	坡芽情歌	云南省富宁县
29	祝赞词	内蒙古自治区东乌珠穆沁旗 新疆维吾尔自治区博湖县、和布克赛尔蒙古自治县
30	黑暗传	湖北省保康县、神农架林区
31	陶克陶胡	吉林省前郭尔罗斯蒙古族自治县
32	密洛陀	广西壮族自治区都安瑶族自治县
33	亚鲁王	贵州省紫云苗族布依族自治县
34	目瑙斋瓦	云南省德宏傣族景颇族自治州
35	洛奇洛耶与扎斯扎依	云南省墨江哈尼族自治县
36	阿细先基	云南省弥勒县
37	羌戈大战	四川省汶川县
38	恰克恰克	新疆维吾尔自治区伊宁市
39	酉阳古歌	重庆市酉阳土家族苗族自治县
40	谚语(沪谚)	上海市闵行区

二、传统音乐(共计16项,涉及16个申报地区或单位)

序号	项目名称	申报地区或单位
1	凤阳民歌	安徽省滁州市
2	九江山歌	江西省九江县
3	利川灯歌	湖北省利川市
4	天门民歌	湖北省天门市
5	临高渔歌	海南省临高县
6	弥渡民歌	云南省弥渡县

续　表

序号	项目名称	申报地区或单位
7	汉族民间小调	青海省西宁市
8	哈萨克族民歌	新疆维吾尔自治区伊犁哈萨克自治州
9	塔吉克族民歌	新疆维吾尔自治区塔什库尔干塔吉克自治县
10	茅山号子	江苏省兴化市
11	弦索乐(菏泽弦索乐)	山东省菏泽市
12	纳西族白沙细乐	云南省丽江市古城区
13	伽倻琴艺术	吉林省延吉市
14	京族独弦琴艺术	广西壮族自治区东兴市
15	哈萨克族库布孜	新疆维吾尔自治区伊犁哈萨克自治州
16	承德清音会	河北省承德市

三、传统舞蹈(共计15项,涉及15个申报地区或单位)

序号	项目名称	申报地区或单位
1	跳马伕	江苏省如东县
2	仗鼓舞(桑植仗鼓舞)	湖南省桑植县
3	跳花棚	广东省化州市
4	鹤舞(三灶鹤舞)	广东省珠海市
5	老古舞	海南省白沙黎族自治县
6	跳曹盖	四川省平武县
7	棕扇舞	云南省元江哈尼族彝族傣族自治县
8	鄂温克萨满舞	内蒙古自治区根河市
9	协荣仲孜	西藏自治区曲水县
10	普兰果尔孜	西藏自治区阿里地区
11	陈塘夏尔巴歌舞	西藏自治区定结县
12	巴当舞	甘肃省岷县
13	安昭	青海省互助土族自治县
14	萨玛舞	新疆维吾尔自治区喀什市
15	哈萨克族卡拉角勒哈	新疆维吾尔自治区伊犁哈萨克自治州

四、传统戏剧(共计19项，涉及20个申报地区或单位)

序号	项目名称	申报地区或单位
1	上党二簧	山西省晋城市城区
2	醒感戏	浙江省永康市
3	湖剧	浙江省湖州市
4	淳安三角戏	浙江省淳安县
5	嗨子戏	安徽省阜南县
6	赣剧	江西省赣剧院
7	西河戏	江西省星子县
8	淮调	河南省安阳县
9	落腔	河南省内黄县
10	武当神戏	湖北省丹江口市
11	雷剧	广东省雷州市
12	关索戏	云南省澄江县
13	通渭小曲戏	甘肃省定西市
14	西路梆子	河北省海兴县
15	淮北梆子戏	安徽省宿州市
16	滑稽戏	上海滑稽剧团　江苏省苏州市
17	满族新城戏	吉林省松原市
18	张家界阳戏	湖南省张家界市永定区
19	海南斋戏	海南省海口市

五、曲艺(共计19项，涉及19个申报地区或单位)

序号	项目名称	申报地区或单位
1	莲花落	山西省太原市
2	长子鼓书	山西省长子县
3	翼城琴书	山西省翼城县
4	曲沃琴书	山西省曲沃县
5	泽州四弦书	山西省泽州县
6	盘索里	吉林省延边朝鲜族自治州
7	常州小热昏	江苏省常州市
8	永康鼓词	浙江省永康市

续　表

序号	项目名称	申报地区或单位
9	唱新闻	浙江省象山县
10	渔鼓道情	安徽省萧县
11	三棒鼓	湖北省宣恩县
12	祁阳小调	湖南省祁阳县
13	粤曲	广东省广州市
14	木鱼歌	广东省东莞市
15	四川评书	重庆市曲艺团
16	洛南静板书	陕西省洛南县
17	南音说唱	澳门特别行政区
18	河州平弦	甘肃省临夏市
19	端鼓腔	山东省东平县

六、传统体育、游艺与杂技(共计14项,涉及17个申报地区或单位)

序号	项目名称	申报地区或单位
1	拦手门	天津市河东区
2	通背缠拳	山西省洪洞县
3	地术拳	福建省精武保安培训学校
4	佛汉拳	山东省东明县
5	孙膑拳	山东省安丘市
6	肘捶	山东省临清市
7	十八般武艺	浙江省杭州市余杭区
8	撂石锁	河南省开封市
9	赛龙舟	湖南省沅陵县　广东省东莞市万江区　贵州省铜仁市、镇远县
10	迎罗汉	浙江省缙云县
11	掼牛	浙江省嘉兴市南湖区
12	高杆船技	浙江省桐乡市
13	花毽	山东省青州市
14	口技	北京市宣武区

七、传统美术(共计13项,涉及13个申报地区或单位)

序号	项目名称	申报地区或单位
1	棕编(新繁棕编)	四川省成都市新都区
2	苗画	湖南省保靖县
3	嘉兴灶头画	浙江省嘉兴市
4	永春纸织画	福建省永春县
5	平遥纱阁戏人	山西省平遥县
6	清徐彩门楼	山西省清徐县
7	上海绒绣	上海市浦东新区
8	宁波金银彩绣	浙江省宁波市
9	瑶族刺绣	广东省乳源瑶族自治县
10	藏族编织、挑花刺绣工艺	四川省阿坝藏族羌族自治州
11	侗族刺绣	贵州省锦屏县
12	锡伯族刺绣	新疆维吾尔自治区察布查尔锡伯自治县
13	宁波泥金彩漆	浙江省宁海县

八、传统技艺(共计25项,涉及36个申报地区或单位)

序号	项目名称	申报地区或单位
1	越窑青瓷烧制技艺	浙江省上虞市、杭州市、慈溪市
2	建窑建盏烧制技艺	福建省南平市
3	汝瓷烧制技艺	河南省汝州市、宝丰县
4	长沙窑铜官陶瓷烧制技艺	湖南省望城县
5	蓝夹缬技艺	浙江省温州市
6	中式服装制作技艺(龙凤旗袍手工制作技艺、亨生奉帮裁缝技艺、培罗蒙奉帮裁缝技艺、振兴祥中式服装制作技艺)	上海市静安区、黄浦区　浙江省杭州市
7	铅锡刻镂技艺	湖北省荆州市
8	斑锡制作技艺	云南省个旧市
9	银铜器制作及鎏金技艺	青海省湟中县
10	青铜器修复及复制技艺	故宫博物院
11	国画颜料制作技艺(姜思序堂国画颜料制作技艺)	江苏省苏州市
12	藏族矿植物颜料制作技艺	西藏自治区拉萨市城关区　西藏大学

续　表

序号	项目名称	申报地区或单位
13	毛笔制作技艺(周虎臣毛笔制作技艺、扬州毛笔制作技艺)	上海市黄浦区　江苏省江都市
14	衡水法帖雕板拓印技艺	河北省衡水市桃城区
15	古书画临摹复制技艺	故宫博物院
16	白茶制作技艺(安吉白茶制作技艺、福鼎白茶制作技艺)	浙江省安吉县　福建省福鼎市
17	仿膳(清廷御膳)制作技艺	北京市西城区
18	直隶官府菜烹饪技艺	河北省保定市
19	孔府菜烹饪技艺	山东省曲阜市
20	五芳斋粽子制作技艺	浙江省嘉兴市
21	北京四合院传统营造技艺	中国艺术研究院
22	雁门民居营造技艺	山西省忻州市
23	石库门里弄建筑营造技艺	上海市卢湾区
24	土家族吊脚楼营造技艺	湖北省咸丰县　湖南省永顺县　重庆市石柱土家族自治县
25	维吾尔族民居建筑技艺(阿依旺赛来民居)	新疆维吾尔自治区和田地区

九、传统医药(共计4项,涉及8个申报地区或单位)

序号	项目名称	申报地区或单位
1	壮医药(壮医药线点灸疗法)	广西中医学院
2	彝医药(彝医水膏药疗法)	云南省楚雄彝族自治州
3	傣医药(睡药疗法)	云南省西双版纳傣族自治州、德宏傣族景颇族自治州
4	维吾尔医药（维药传统炮制技艺、木尼孜其·木斯力汤药制作技艺、食物疗法、库西台疗法)	新疆维吾尔自治区新疆维吾尔医学高等专科学校、和田地区、莎车县　新疆维吾尔自治区维吾尔医药研究所

十、民俗(共计25项,涉及32个申报地区或单位)

序号	项目名称	申报地区或单位
1	中元节(潮人盂兰胜会)	香港特别行政区
2	中和节(永济背冰)	山西省永济市

续 表

序号	项目名称	申报地区或单位
3	俄罗斯族巴斯克节	内蒙古自治区额尔古纳市
4	鄂温克族瑟宾节	黑龙江省讷河市
5	塔塔尔族撒班节	新疆维吾尔自治区奇台县
6	诺茹孜节	新疆维吾尔自治区塔城地区
7	苗族四月八	湖南省吉首市
8	布依族“三月三”	贵州省贞丰县
9	哈尼族昂玛突节	云南省元阳县
10	土家年	湖南省永顺县
11	彝族年	四川省凉山彝族自治州
12	侗年	贵州省榕江县
13	藏历年	西藏自治区拉萨市
14	舜帝祭典	湖南省宁远县
15	歌会(瑞云四月八、四十八寨歌节)	福建省福鼎市,贵州省天柱县
16	尉村跑鼓车	山西省襄汾县
17	独辕四景车赛会	山西省平顺县
18	网船会	浙江省嘉兴市秀洲区
19	月也	贵州省黎平县
20	婚俗(朝鲜族回婚礼、达斡尔族传统婚俗、彝族传统婚俗、裕固族传统婚俗、回族传统婚俗、哈萨克族传统婚俗、锡伯族传统婚俗)	吉林省延边朝鲜族自治州　黑龙江省齐齐哈尔市富拉尔基区　四川省美姑县　甘肃省张掖市　宁夏回族自治区　新疆维吾尔自治区伊犁哈萨克自治州　新疆维吾尔自治区新疆嘎善文化传播中心
21	径山茶宴	浙江省杭州市余杭区
22	装泥鱼习俗	广东省珠海市斗门区
23	苗族栽岩习俗	贵州省榕江县
24	柯尔克孜族驯鹰习俗	新疆维吾尔自治区阿合奇县
25	塔吉克族服饰	新疆维吾尔自治区塔什库尔干塔吉克自治县

第三批国家级非物质文化遗产名录推荐项目名单(扩展项目)

(共计:159项)

一、民间文学(共计8项,涉及8个申报地区或单位)

序号	项目编号	项目名称	申报地区或单位
1	I-1	苗族古歌	湖南省花垣县
2	I-8	孟姜女传说	山东省莒县
3	I-9	董永传说	江苏省丹阳市
4	I-35	尧的传说	山东省菏泽市牡丹区
5	I-36	牛郎织女传说	陕西省西安市长安区
6	I-41	徐福东渡传说	江苏省赣榆县
7	I-50	木兰传说	陕西省延安市宝塔区
8	I-74	司岗里	云南省西盟佤族自治县

二、传统音乐(共计16项,涉及27个申报地区或单位)

序号	项目编号	项目名称	申报地区或单位
1	Ⅱ-7	畲族民歌	浙江省泰顺县
2	Ⅱ-29	侗族琵琶歌	贵州省从江县
3	Ⅱ-30	多声部民歌(潮尔道–阿巴嘎潮尔)	内蒙古自治区阿巴嘎旗
4	Ⅱ-37	唢呐艺术(徐州鼓吹乐、砀山唢呐、长汀公嫲吹)	江苏省徐州市　安徽省宿州市　福建省长汀县
5	Ⅱ-45	鲁西南鼓吹乐	山东省巨野县、单县
6	Ⅱ-52	吹打(广西八音)	广西壮族自治区玉林市

附件

续 表

序号	项目编号	项目名称	申报地区或单位
7	Ⅱ-97	海洋号子（长海号子、象山渔民号子）	辽宁省长海县　浙江省象山县
8	Ⅱ-105	蒙古族民歌（乌拉特民歌）	内蒙古自治区乌拉特前旗
9	Ⅱ-109	苗族民歌(苗族飞歌)	贵州省剑河县
10	Ⅱ-113	彝族民歌(彝族山歌)	贵州省盘县
11	Ⅱ-115	藏族民歌（藏族赶马调、班戈昌鲁）	四川省冕宁县　西藏自治区班戈县
12	Ⅱ-123	锣鼓艺术（云胜锣鼓、鄂州牌子锣、小河锣鼓）	山西省原平市　湖北省鄂州市　重庆市渝北区
13	Ⅱ-124	洞箫音乐(高陵洞箫)	陕西省高陵县
14	Ⅱ-136	口弦音乐	四川省北川羌族自治县
15	Ⅱ-138	佛教音乐(楞严寺寺庙音乐、觉囊梵音、洋县佛教音乐、塔尔寺花架音乐)	山西省左云县　四川省壤塘县　陕西省洋县　青海省湟中县
16	Ⅱ-139	道教音乐(东岳观道教音乐、澳门道教科仪音乐)	浙江省平阳县　澳门特别行政区

三、传统舞蹈(共计15项，涉及48个申报地区或单位)

序号	项目编号	项目名称	申报地区或单位
1	Ⅲ-2	秧歌（小红门地秧歌、乐亭地秧歌、阳信鼓子秧歌）	北京市朝阳区　河北省乐亭县　山东省阳信县
2	Ⅲ-4	龙舞(浦东绕龙灯、直溪巨龙、碇步龙、开化香火草龙、坎门花龙、龙灯扛阁、火龙舞、三节龙、地龙灯、芷江孽龙、城步吊龙、香火龙、六坊云龙舞)	上海市浦东新区　江苏省金坛市　浙江省泰顺县、开化县、玉环县　山东省临沂市　河南省孟州市　湖北省云梦县、来凤县　湖南省芷江侗族自治县、城步苗族自治县　广东省南雄市、中山市
3	Ⅲ-5	狮舞(马桥手狮舞、古陂蓆狮、犁狮、青狮、藤县狮舞、田阳壮族狮舞、高台狮舞)	上海市闵行区　江西省信丰县　广东省揭阳市　广西壮族自治区藤县、田阳县　重庆市彭水苗族土家族自治县

续 表

序号	项目编号	项目名称	申报地区或单位
4	Ⅲ-7	傩舞(浦南古傩)	福建省漳州市
5	Ⅲ-8	英歌(甲子英歌)	广东省陆丰市
6	Ⅲ-10	盾牌舞(藤牌舞)	浙江省瑞安市
7	Ⅲ-22	羌姆(拉康加羌姆、直孔嘎尔羌姆、曲德寺阿羌姆)	西藏自治区洛扎县、墨竹工卡县、贡嘎县
8	Ⅲ-42	鼓舞(万荣花鼓、土沃老花鼓、稷山高台花鼓、乌拉陈汉军旗单鼓舞)	山西省万荣县、沁水县、稷山县　吉林省吉林市
9	Ⅲ-43	麒麟舞(麒麟采八宝、睢县麒麟舞、坂田永胜堂舞麒麟、大船坑舞麒麟、樟木头舞麒麟)	山西省侯马市　河南省睢县　广东省深圳市、东莞市
10	Ⅲ-44	竹马(蒋塘马灯舞)	江苏省溧阳市
11	Ⅲ-45	灯舞(无为鱼灯)	安徽省无为县
12	Ⅲ-60	瑶族长鼓舞(小长鼓舞、黄泥鼓舞)	广东省连山壮族瑶族自治县　广西壮族自治区金秀瑶族自治县
13	Ⅲ-83	谐钦(尼玛乡谐钦)	西藏自治区班戈县
14	Ⅲ 94	萨吾尔登	新疆维吾尔自治区博湖县
15	Ⅲ-96	维吾尔族赛乃姆(若羌赛乃姆、且末赛乃姆、库尔勒赛乃姆、伊犁赛乃姆、库车赛乃姆)	新疆维吾尔自治区若羌县、且末县、库尔勒市、伊宁县、库车县

四、传统戏剧(共计29项,涉及54个申报地区或单位)

序号	项目编号	项目名称	申报地区或单位
1	Ⅳ-4	潮剧	福建省云霄县
2	Ⅳ-18	晋剧	河北省井陉县　内蒙古自治区呼和浩特市
3	Ⅳ-20	北路梆子	山西省大同市
4	Ⅳ-26	大平调	山东省成武县　河南省浚县
5	Ⅳ-27	越调	河南省邓州市

续 表

序号	项目编号	项目名称	申报地区或单位
6	IV–28	京剧	江苏省演艺集团　江苏省淮安市
7	IV–39	乱弹(诸暨西路乱弹)	浙江省诸暨市
8	IV–49	碗碗腔(曲沃碗碗腔)	山西省曲沃县
9	IV–51	评剧	河北省石家庄市　辽宁省沈阳市　黑龙江省评剧院
10	IV–57	庐剧(东路庐剧)	安徽省和县
11	IV–59	花鼓戏(荆州花鼓戏)	湖北省仙桃市
12	IV–60	黄梅戏	安徽省黄梅戏剧院
13	IV–62	泗州戏	江苏省泗洪县
14	IV–65	采茶戏(高安采茶戏、抚州采茶戏、粤北采茶戏)	江西省高安县、抚州市临川区　广东省韶关市
15	IV–69	曲子戏	甘肃省白银市
16	IV–70	秧歌戏(泽州秧歌)	山西省泽州县
17	IV–71	道情戏(神池道情戏、商洛道情戏)	山西省神池县　陕西省商洛市
18	IV–73	二人台(东路二人台)	内蒙古自治区乌兰察布市
19	IV–78	花灯戏	贵州省花灯剧团
20	IV–80	藏戏(尼木塔荣藏戏、南木特藏戏)	西藏自治区尼木县　甘肃省甘南藏族自治州
21	IV–83	侗戏	广西壮族自治区三江侗族自治县
22	IV–89	傩戏(任庄扇鼓傩戏、梅山傩戏、荔波布依族傩戏)	山西省曲沃县　湖南省冷水江市　贵州省荔波县
23	IV–91	皮影戏(昌黎皮影戏、巴林左旗皮影戏、龙江皮影戏、桐柏皮影戏、云梦皮影戏、腾冲皮影戏)	河北省昌黎县　内蒙古自治区巴林左旗　黑龙江省哈尔滨市　河南省桐柏县　湖北省云梦县　云南省腾冲县
24	IV–92	木偶戏(海派木偶戏、杖头木偶戏、泰顺提线木偶戏、廿八都木偶戏、广东木偶戏、揭阳铁枝木偶戏)	上海木偶剧团　江苏省演艺集团　浙江省泰顺县、江山市　广东省木偶艺术剧院有限公司　广东省揭阳市

续 表

序号	项目编号	项目名称	申报地区或单位
25	IV–93	老调（安国老调）	河北省安国市
26	IV–99	眉户（晋南眉户）	山西省临汾市
27	IV–102	淮剧	江苏省淮安市、泰州市
28	IV–112	花鼓戏（襄阳花鼓戏、衡州花鼓戏、临湘花鼓戏、长沙花鼓戏）	湖北省襄樊市　湖南省衡阳市、临湘市　湖南省花鼓戏剧院
29	IV–116	吕剧	山东省滨州市

五、曲艺（共计8项，涉及9个申报地区或单位）

序号	项目编号	项目名称	申报地区或单位
1	V–1	苏州评弹（苏州评话、苏州弹词）	江苏省演艺集团　浙江省浙江曲艺杂技总团
2	V–2	扬州评话	江苏省演艺集团
3	V–13	温州鼓词	浙江省平阳县
4	V–20	河南坠子	河北省临漳县
5	V–21	山东琴书	山东省郓城县
6	V–75	四川扬琴	重庆市曲艺团
7	V–77	四川清音	重庆市曲艺团
8	V–91	金钱板	重庆市万州区

六、传统体育、游艺与杂技（共计8项，涉及10个申报地区或单位）

序号	项目编号	项目名称	申报地区或单位
1	Ⅵ–10	沧州武术（六合拳）	河北省泊头市
2	Ⅵ–11	太极拳（孙式太极拳）	北京市海淀区
3	Ⅵ–12	梅花拳	河北省威县
4	Ⅵ–21	摔跤（朝鲜族摔跤、阿细摔跤）	吉林省延吉市　云南省石林彝族自治县
5	Ⅵ–25	八卦掌	北京市宣武区　河北省固安县
6	Ⅵ–26	形意拳	山西省太谷县
7	Ⅵ–29	心意拳	山西省祁县
8	Ⅵ–47	戏法	天津市和平区

七、传统美术(共计19项,涉及32个申报地区或单位)

序号	项目编号	项目名称	申报地区或单位
1	Ⅶ-14	藏族唐卡(勉萨画派)	西藏自治区
2	Ⅶ-16	剪纸(包头剪纸、新干剪纸、延川剪纸、旬邑彩贴剪纸、会宁剪纸)	内蒙古自治区包头市 江西省新干县 陕西省延川县、旬邑县 甘肃省会宁县
3	Ⅶ-22	苗绣	贵州省台江县
4	Ⅶ-25	挑花(苗族挑花)	湖南省泸溪县
5	Ⅶ-47	泥塑(惠民泥塑)	山东省惠民县
6	Ⅶ-48	酥油花制作技艺(昌都强巴林寺酥油花制作技艺)	西藏自治区昌都地区
7	Ⅶ-50	灯彩(忠信花灯)	广东省连平县
8	Ⅶ-51	竹编 (益阳小郁竹艺、毛南族花竹帽编织技艺)	湖南省益阳市 广西壮族自治区环江毛南族自治县
9	Ⅶ-52	面人(面人汤面塑)	北京市通州区
10	Ⅶ-54	草编(哈萨克族芨芨草编织技艺)	新疆维吾尔自治区托里县
11	Ⅶ-55	柳编(固安柳编、黄岗柳编、霍邱柳编、博兴柳编、曹县柳编)	河北省固安县 安徽省阜南县、霍邱县 山东省博兴县、曹县
12	Ⅶ-56	石雕(菊花石雕)	湖南省工艺美术研究所
13	Ⅶ-57	玉雕(海派玉雕)	上海市
14	Ⅶ-58	木雕(紫檀雕刻、莆田木雕、花瑰艺术)	中国紫檀博物馆 上海市 福建省莆田市 海南省澄迈县
15	Ⅶ-65	木版年画(老河口木版年画)	湖北省老河口市
16	Ⅶ-84	料器(葡萄常料器)	北京市崇文区
17	Ⅶ-91	镶嵌(潮州嵌瓷)	广东省潮州市工艺美术研究院
18	Ⅶ-94	盆景技艺 (苏派盆景技艺、川派盆景技艺)	江苏省苏州市 四川省盆景艺术家协会
19	Ⅶ-96	建筑彩绘(传统地仗彩画技艺)	辽宁省沈阳市

八、传统技艺(共计26项,涉及51个申报地区或单位)

序号	项目编号	项目名称	申报地区或单位
1	Ⅷ-13	南京云锦木机妆花手工织造技艺	江苏汉唐织锦科技有限公司
2	Ⅷ-25	苗族蜡染技艺	四川省珙县　贵州省黄平县
3	Ⅷ-40	银饰锻制技艺(苗族银饰锻制技艺、畲族银器制作技艺)	贵州省剑河县、台江县　福建省福安市
4	Ⅷ-44	弓箭制作技艺(蒙古族牛角弓制作技艺)	内蒙古自治区内蒙古师范大学
5	Ⅷ-45	家具制作技艺(晋作家具制作技艺、精细木作技艺)	山西省临汾市　江苏工美红木文化艺术研究所
6	Ⅷ-65	宣纸制作技艺(龙游宣纸制作技艺)	浙江省龙游县
7	Ⅷ-73	徽墨制作技艺(曹素功墨锭制作技艺)	上海市黄浦区
8	Ⅷ-78	雕版印刷技艺(杭州雕版印刷技艺、同仁刻版印刷技艺)	浙江省杭州市西湖区　青海省同仁县
9	Ⅷ-88	风筝制作技艺(北京风筝制作技艺)	北京市崇文区、海淀区
10	Ⅷ-98	陶器烧制技艺(淄博陶瓷烧制技艺、黎族泥片制陶技艺、荣昌陶器制作技艺)	山东省淄博市　海南省白沙黎族自治县　重庆市荣昌县
11	Ⅷ-99	蚕丝织造技艺(杭州织锦技艺、辑里湖丝手工制作技艺)	浙江省杭州市、湖州市南浔区
12	Ⅷ-100	传统棉纺织技艺(南通色织土布技艺、余姚土布制作技艺、维吾尔族帕拉孜纺织技艺)	江苏省南通市　浙江省余姚市　新疆维吾尔自治区拜城县
13	Ⅷ-101	毛纺织及擀制技艺(维吾尔族花毡制作技艺)	新疆维吾尔自治区柯坪县
14	Ⅷ-105	苗族织锦技艺	贵州省台江县、凯里市
15	Ⅷ-115	手工制鞋技艺(老美华手工制鞋技艺)	天津市和平区

续 表

序号	项目编号	项目名称	申报地区或单位
16	Ⅷ-120	藏族金属锻制技艺(扎西吉彩金银锻铜技艺)	西藏自治区日喀则地区
17	Ⅷ-124	民族乐器制作技艺(宏音斋笙管制作技艺、蒙古族拉弦乐器制作技艺、马头琴制作技艺、上海民族乐器制作技艺、苗族芦笙制作技艺、傣族象脚鼓制作技艺)	北京市海淀区 内蒙古自治区科尔沁右翼中旗 吉林省前郭尔罗斯蒙古族自治县 上海市闵行区 贵州省凯里市 云南省临沧市临翔区
18	Ⅷ-127	漆器髹饰技艺(绛州剔犀技艺、鄱阳脱胎漆器髹饰技艺、楚式漆器髹饰技艺、潍坊嵌银髹漆技艺、阳江漆器髹饰技艺)	山西省新绛县 江西省鄱阳县 湖北省荆州市 山东省潍坊市 广东省阳江市
19	Ⅷ-133	砚台制作技艺(贺兰砚制作技艺)	宁夏回族自治区银川市
20	Ⅷ-147	花茶制作技艺(吴裕泰茉莉花茶制作技艺)	北京市东城区
21	Ⅷ-148	绿茶制作技艺(碧螺春制作技艺、紫笋茶制作技艺)	江苏省苏州市吴中区 浙江省长兴县
22	Ⅷ-152	黑茶制作技艺(下关沱茶制作技艺)	云南省大理白族自治州
23	Ⅷ-160	传统面食制作技艺(稷山传统面点制作技艺)	山西省稷山县
24	Ⅷ-166	火腿制作技艺(宣威火腿制作技艺)	云南省宣威县
25	Ⅷ-180	窑洞营造技艺(地坑院营造技艺、陕北窑洞营造技艺)	河南省陕县 陕西省延安市宝塔区
26	Ⅷ-186	碉楼营造技艺(班玛藏族碉楼营造技艺、羌族碉楼营造技艺)	青海省班玛县 四川省汶川县、茂县

九、传统医药(共计7项,涉及28个申报地区或单位)

序号	项目编号	项目名称	申报地区或单位
1	Ⅸ-2	中医诊法（葛氏捏筋拍打疗法、王氏脊椎疗法、道虎壁王氏中医妇科、朱氏推拿疗法、张一贴内科疗法）	北京市海淀区、宣武区　山西省平遥县　上海市　安徽省黄山市
2	Ⅸ-4	中医传统制剂方法(达仁堂清宫寿桃丸传统制作技艺、定坤丹制作技艺、六神丸制作技艺、致和堂膏滋药制作技艺、季德胜蛇药制作技艺、朱养心传统膏药制作技艺、漳州片仔癀制作技艺、夏氏丹药制作技艺、马应龙眼药制作技艺、罗浮山百草油制作技艺、保滋堂保婴丹制作技艺、桐君阁传统丸剂制作技艺)	天津中新药业集团股份有限公司达仁堂制药厂　山西省太谷县　上海市黄浦区　江苏省江阴市、南通市　浙江省杭州市　福建省漳州市　湖北省京山县、武汉市武昌区　广东省博罗县　广东省医药行业协会　重庆市南岸区
3	Ⅸ-5	针灸(陆氏针灸疗法)	上海市
4	Ⅸ-6	正骨疗法（武氏正骨疗法、蒙医正骨疗法、张氏骨伤疗法、章氏骨伤疗法、林氏骨伤疗法）	山西省高平市　内蒙古自治区科尔沁左翼后旗　浙江省富阳市、台州市　福建省福州市仓山区
5	Ⅸ-9	藏医药(藏医骨伤疗法)	云南省迪庆藏族自治州
6	Ⅸ-12	蒙医药（蒙医传统正骨术、血衰症疗法）	内蒙古自治区中蒙医医院　辽宁省阜新市
7	Ⅸ-15	苗医药（癫痫症疗法、钻节风疗法）	湖南省凤凰县、花垣县

十、民俗(共计23项,涉及52个申报地区或单位)

序号	项目编号	项目名称	申报地区或单位
1	Ⅹ-1	春节（怀仁旺火习俗、查干萨日）	山西省怀仁县　吉林省前郭尔罗斯蒙古族自治县
2	Ⅹ-2	清明节(介休寒食清明习俗)	山西省介休市
3	Ⅹ-3	端午节（五大连池药泉会、嘉兴端午习俗、石狮端午闽台对渡习俗、大澳龙舟游涌）	黑龙江省黑河市　浙江省嘉兴市　福建省石狮市　香港特别行政区

续 表

序号	项目编号	项目名称	申报地区或单位
4	X-4	七夕节（石塘七夕习俗、天河乞巧习俗）	浙江省温岭市　广东省广州市天河区
5	X-5	中秋节（泽州中秋习俗、秋夕、大坑舞火龙）	山西省泽州县　吉林省延边朝鲜族自治州　香港特别行政区
6	X-6	重阳节（皇城村重阳习俗、上蔡重阳习俗）	山西省阳城县　河南省上蔡县
7	X-10	彝族火把节	贵州省赫章县
8	X-32	黄帝祭典（缙云轩辕祭典）	浙江省缙云县
9	X-33	炎帝祭典（随州神农祭典）	湖北省随州市
10	X-35	祭孔大典(南孔祭典)	浙江省衢州市
11	X-36	妈祖祭典（洞头妈祖祭典）	浙江省洞头县
12	X-37	太昊伏羲祭典(新乐伏羲祭典)	河北省新乐市
13	X-38	女娲祭典（秦安女娲祭典）	甘肃省秦安县
14	X-40	祭敖包（达斡尔族沃其贝）	新疆维吾尔自治区塔城市
15	X-68	农历二十四节气(九华立春祭、班春劝农、石阡说春)	浙江省衢州市柯城区、遂昌县　贵州省石阡县
16	X-71	元宵节(豫园灯会、上坂关公灯)	上海市黄浦区　江西省南昌市湾里区
17	X-84	庙会(北山庙会、张山寨七七会、方岩庙会、九华山庙会、西山万寿宫庙会、汉阳归元庙会、当阳关陵庙会)	吉林省吉林市　浙江省缙云县、永康市　安徽省池州市九华山风景区　江西省新建县　湖北省武汉市汉阳区、当阳市
18	X-85	民间信俗（闽台送王船、清水祖师信俗、波罗诞、悦城龙母诞、长洲太平清醮、鱼行醉龙节）	福建省厦门市、安溪县　广东省广州市黄埔区、德庆县　香港特别行政区　澳门特别行政区

续　表

序号	项目编号	项目名称	申报地区或单位
19	Ⅹ-87	抬阁（海沧蜈蚣阁、宜章夜故事、抬阁故事会、通海高台）	福建省厦门市海沧区　湖南省宜章县、汨罗市　云南省通海县
20	Ⅹ-89	朝鲜族花甲礼	黑龙江省牡丹江市
21	Ⅹ-90	祭祖习俗（沁水柳氏清明祭祖、太公祭、石壁客家祭祖习俗、灯杆彩凤习俗、下沙祭祖）	山西省沁水县　浙江省文成县　福建省宁化县　广东省揭东县、深圳市福田区
22	Ⅹ-95	蚕桑习俗（嫘祖信俗）	湖北省远安县
23	Ⅹ-120	南海航道更路经	海南省琼海市

附件4

第一批甘肃省非物质文化遗产名录

（共计85项）

一、民间文学(共计7项)

序号	编号	项目名称	申报地区或单位
1	Ⅰ-1	天祝土族《格萨尔》	西北民族大学
2	Ⅰ-2	陇东红色歌谣	庆阳市
3	Ⅰ-3	肃南裕固族口头文学与语言	张掖市肃南县
4	Ⅰ-4	东乡族口头文学与语言	临夏州东乡县
5	Ⅰ-5	保安族口头文学与语言	临夏州积石山县
6	Ⅰ-6	河西宝卷(武威宝卷张掖宝卷酒泉宝卷)	武威市张掖市酒泉市
7	Ⅰ-7	东乡族小经文与民间叙事长诗《米拉尕黑》	西北民族大学

二、民间音乐(共计8项)

序号	编号	项目名称	申报地区或单位
1	Ⅱ-1	敦煌艺术–音乐技艺研承	敦煌研究院
2	Ⅱ-2	花儿(莲花山花儿会、松鸣岩花儿会、二郎山花儿会、新城花儿会、张家川花儿会)	临夏州康乐县、和政县　定西市岷县　甘南州临潭县　天水市张家川县
3	Ⅱ-3	佛宫音乐“道得尔”	甘南州
4	Ⅱ-4	清水县道教音乐县	天水市清水县
5	Ⅱ-5	唢呐艺术	庆阳市西峰区、环县
6	Ⅱ-6	裕固族民歌	张掖市肃南县
7	Ⅱ-7	天祝藏族华锐民歌	武威市天祝县
8	Ⅱ-8	甘南藏族民歌	甘南州

三、民间舞蹈(共计13项)

序号	编号	项目名称	申报地区或单位
1	Ⅲ-1	敦煌艺术-舞蹈技艺研承	敦煌研究院
2	Ⅲ-2	高高跷	兰州市永登县
3	Ⅲ-3	兰州太平鼓舞	兰州市
4	Ⅲ-4	攻鼓子舞	武威市
5	Ⅲ-5	旋鼓舞	天水市武山县
6	Ⅲ-6	荷花舞	庆阳市西峰区
7	Ⅲ-7	巴当舞	定西市岷县
8	Ⅲ-8	甘地蹦子	酒泉市
9	Ⅲ-9	多地舞	甘南州舟曲县
10	Ⅲ-10	尕巴舞	甘南州迭部县
11	Ⅲ-11	巴郎鼓舞	甘南州卓尼县
12	Ⅲ-12	傩舞(文县傩舞-池歌昼、永靖县傩舞、西固军傩)	陇南市文县 临夏州永靖县 兰州市西固区
13	Ⅲ-13	锅庄舞	甘南州

四、传统戏剧(共计8项)

序号	编号	项目名称	申报地区或单位
1	Ⅳ-1	道情戏	省陇剧院、庆阳市
2	Ⅳ-2	皮影戏(环县道情皮影戏、陇南影子腔、永登皮影戏、天水皮影戏)	庆阳市环县 陇南市 兰州市永登县、天水市
3	Ⅳ-3	曲子戏(敦煌曲子戏、华亭县曲子戏、秦安老调、通渭县小曲)	酒泉 敦煌市 平凉市 华亭县 天水市秦安县 定西市通渭县
4	Ⅳ-4	秦腔	省秦剧团
5	Ⅳ-5	灯盏头戏	平凉市灵台县
6	Ⅳ-6	“南木特”藏戏	甘南州
7	Ⅳ-7	高山戏	陇南市武都区
8	Ⅳ-8	玉垒花灯戏	陇南市文县

五、曲艺(共计8项)

序号	编号	项目名称	申报地区或单位
1	Ⅴ-1	兰州鼓子	兰州市
2	Ⅴ-2	贤孝（凉州贤孝 河州贤孝）	武威市凉州区　临夏州临夏市
3	Ⅴ-3	回族宴席曲	临夏州
4	Ⅴ-4	春官歌演唱(平凉崆峒春官歌演唱、西和县春官歌演唱)	平凉市崆峒区　陇南市西和县
5	Ⅴ-5	阿肯弹唱	酒泉市阿克塞县
6	Ⅴ-6	藏族民间弹唱	甘南州玛曲县
7	Ⅴ-7	南梁说唱	庆阳市华池县
8	Ⅴ-8	甘南“则肉”演唱	甘南州

六、民间杂技与竞技(共计2项)

序号	编号	项目名称	申报地区或单位
1	Ⅵ-1	高抬	平凉市庄浪县
2	Ⅵ-2	万人扯绳赛	甘南州临潭县

七、民间美术(共计8项)

序号	编号	项目名称	申报地区或单位
1	Ⅶ-1	敦煌艺术-美术技艺研承	敦煌研究院
2	Ⅶ-2	夜光杯雕（酒泉夜光杯雕、武山夜光杯雕）	酒泉市　天水市武山县
3	Ⅶ-3	藏族唐卡	甘南州
4	Ⅶ-4	砖雕	临夏州临夏县
5	Ⅶ-5	庆阳香包绣制	庆阳市
6	Ⅶ-6	木版窗花年画	定西市岷县
7	Ⅶ-7	剪纸	庆阳市　平凉市　定西市　天水市　白银市　张掖市　兰州市
8	Ⅶ-8	马尾编荷包	平凉市庄浪县

八、传统手工技艺(共计13项)

序号	编号	项目名称	申报地区或单位
1	Ⅷ-1	敦煌古乐器制作技艺研承	敦煌研究院
2	Ⅷ-2	天水雕漆制作技艺	天水市秦州区
3	Ⅷ-3	洮砚制作技艺(岷县洮砚制作技艺、卓尼县洮砚制作技艺、临潭县洮砚制作技艺)	定西市岷县　甘南州卓尼县　甘南州临潭县
4	Ⅷ-4	保安族腰刀锻制技艺	临夏州积石山县
5	Ⅷ-5	东乡族擀毡技艺	临夏州东乡县
6	Ⅷ-6	刻葫芦（临夏刻葫芦　兰州刻葫芦）	临夏州临夏市　兰州市
7	Ⅷ-7	甘谷脊兽制作技艺	天水市甘谷县
8	Ⅷ-8	肃北县蒙古族马头琴制作技艺	酒泉市肃北县
9	Ⅷ-9	肃北雪山蒙古族马上用具制作技艺	酒泉市肃北县
10	Ⅷ-10	舟曲县织锦带	甘南州舟曲县
11	Ⅷ-11	夏河金属饰品制作技艺	甘南州夏河县
12	Ⅷ-12	兰州青城水烟制作技艺	兰州市榆中县青城镇
13	Ⅷ-13	兰州黄河大水车制作技艺	兰州市

九、传统医药(共计2项)

序号	编号	项目名称	申报地区或单位
1	Ⅸ-1	灵台县皇甫谧针灸术	平凉市灵台县
2	Ⅸ-2	藏医药	甘南州

十、民俗(共计16项)

序号	编号	项目名称	申报地区或单位
1	Ⅹ-1	博峪采花节	甘南州舟曲县
2	Ⅹ-2	夏河县香浪节	甘南州夏河县
3	Ⅹ-3	乞巧节	陇南市西和县
4	Ⅹ-4	合水面塑风俗	庆阳市合水县

续 表

序号	编号	项目名称	申报地区或单位
5	X-5	兰州羊皮筏子	兰州市
6	X-6	陇东窑洞民居文化	庆阳市
7	X-7	肃北雪山蒙古族服饰	酒泉市肃北县
8	X-8	裕固族人生礼仪	张掖市肃南县
9	X-9	太昊伏羲祭典	天水市
10	X-10	十八路湫神祭典	定西市岷县
11	X-11	西王母祭典	平凉市泾川县
12	X-12	公刘祭典	庆阳市西峰区
13	X-13	插箭节	甘南州
14	X-14	“※”字灯会	金昌市
15	X-15	周祖祭典	庆阳市庆城县
16	X-16	拉扎节	定西市临洮县

附件5

第二批甘肃省非物质文化遗产名录

(共计88项)

一、民间文学(共计3项)

序号	编号	项目名称	申报地区或单位
1	Ⅰ—1	《格萨尔》	甘南州玛曲县
2	Ⅰ—2	岷县宝卷	定西市岷县
3	Ⅰ—3	康县木笼歌	陇南市康县

二、民间音乐(共计9项)

序号	编号	项目名称	申报地区或单位
1	Ⅱ—1	陇东民歌	平凉市崇信县　庆阳市环县　华池县
2	Ⅱ—2	两当号子	陇南市两当县
3	Ⅱ—3	康县锣鼓草	陇南市康县
4	Ⅱ—4	康南毛山歌	陇南市康县
5	Ⅱ—5	唢呐艺术	武威市民勤县　陇南市康县　天水市秦州区
6	Ⅱ—6	永昌曲子	金昌市永昌县
7	Ⅱ—7	卓尼土族民歌	甘南州卓尼县
8	Ⅱ—8	临洮花儿	定西市临洮县
9	Ⅱ—9	甘调小调	张掖市甘州区

三、民间舞蹈(共计17项

序号	编号	项目名称	申报地区或单位
1	Ⅲ—1	庆城徒手秧歌	庆阳市庆城县
2	Ⅲ—2	酒泉“福禄车”	酒泉市肃州区

续 表

序号	编号	项目名称	申报地区或单位
3	Ⅲ—3	宕昌羌傩舞	陇南市宕昌县
4	Ⅲ—4	民乐顶碗舞	张掖市民乐县
5	Ⅲ—5	天祝土族安召	武威市天祝县
6	Ⅲ—6	道台狮子	兰州市榆中县
7	Ⅲ—7	马啣山秧歌	兰州市榆中县
8	Ⅲ—8	太符灯舞	兰州市榆中县
9	Ⅲ—9	和政秧歌	临夏州和政县
10	Ⅲ—10	河州北乡秧歌	临夏州永靖县
11	Ⅲ—11	节子舞	金昌市永昌县
12	Ⅲ—12	“哈钦木”	甘南州合作市
13	Ⅲ—13	拉卜楞民间舞	甘南州夏河县
14	Ⅲ—14	秦州夹板舞	天水市秦州区
15	Ⅲ—15	临洮傩舞	定西市临洮县
16	Ⅲ—16	秦州鞭杆舞	天水市秦州区
17	Ⅲ—17	黄河战鼓	白银市白银区

四、传统戏剧(共计7项)

序号	编号	项目名称	申报地区或单位
1	Ⅳ—1	木偶戏	庆阳市正宁县　酒泉市瓜州县
2	Ⅳ—2	皮影戏	张掖市民乐县　武威市凉州区　白银市会宁县
3	Ⅳ—3	陇南高山剧	陇南市
4	Ⅳ—4	邵家班子木偶戏	张掖市甘州区
5	Ⅳ—5	凉州半台戏	武威市凉州区
6	Ⅳ—6	西厢调	兰州市榆中县　白银市白银区
7	Ⅳ—7	民勤小曲戏	武威市民勤县

五、曲艺(共计6项)

序号	编号	项目名称	申报地区或单位
1	Ⅴ—1	兰州太平歌	兰州市安宁区、皋兰县
2	Ⅴ—2	河州平弦	临夏州临夏市
3	Ⅴ—3	甘谷道情	天水市甘谷县
4	Ⅴ—4	秦州小曲	天水市秦州区
5	Ⅴ—5	春官歌演唱	陇南市礼县
6	Ⅴ—6	河池小曲	陇南市徽县

六、民间杂技与竞技(共计2项)

序号	编号	项目名称	申报地区或单位
1	Ⅵ—1	崆峒派武术	平凉崆峒文武学校
2	Ⅵ—2	秦腔獠牙特技表演	张掖市高台县

七、民间美术(共计10项)

序号	编号	项目名称	申报地区或单位
1	Ⅶ—1	西峰泥塑	庆阳市西峰区
2	Ⅶ—2	石雕艺术	庆阳市宁县、合水县
3	Ⅶ—3	剪纸	酒泉市瓜州县　敦煌市　天水市清水县　定西市通渭县　白银市会宁县
4	Ⅶ—4	木雕	甘南州卓尼县　陇南市武都区　天水市武山县、秦州区　酒泉市金塔县
5	Ⅶ—5	红古刺绣	兰州市红古区
6	Ⅶ—6	天水鸿盛社秦腔脸谱	天水市秦州区
7	Ⅶ—7	天水竹雕	天水市秦州区
8	Ⅶ—8	水陆画	武威市凉州区　定西市临洮县
9	Ⅶ—9	阿克塞哈萨克族刺绣	酒泉市阿克塞县
10	Ⅶ—10	临夏穆斯林建筑艺术	临夏州

八、传统手工技艺(共计18项)

序号	编号	项目名称	申报地区或单位
1	Ⅷ—1	西峰陶塑技艺	庆阳市西峰区

续 表

序号	编号	项目名称	申报地区或单位
2	Ⅷ—2	宁县皮影雕刻技艺	庆阳市宁县
3	Ⅷ—3	王录拉板糖制作技艺	庆阳市正宁县
4	Ⅷ—4	平凉纸织画工艺	平凉纸织画社
5	Ⅷ—5	安口陶瓷制作技艺	平凉市华亭县
6	Ⅷ—6	敦煌彩塑制作技艺	敦煌文化学会
7	Ⅷ—7	礼县井盐制作工艺	陇南市礼县
8	Ⅷ—8	竹篮寨泥玩具制作技艺	陇南市成县
9	Ⅷ—9	寺台造纸术	陇南市康县
10	Ⅷ—10	红古黑陶制作技艺	兰州市红古区
11	Ⅷ—11	东乡族钉匠工艺	临夏州东乡县
12	Ⅷ—12	永靖王氏铁器铸造技艺	临夏州永靖县
13	Ⅷ—13	永靖白塔乡古建筑艺术	临夏州永靖县
14	Ⅷ—14	通渭脊兽制作技艺	定西市通渭县
15	Ⅷ—15	通渭草编技艺	定西市通渭县
16	Ⅷ—16	铁芯子制作技艺	兰州市西固区、皋兰县
17	Ⅷ—17	秦安麦秆编技艺	天水市秦安县
18	Ⅷ—18	裕固族皮雕技艺	张掖市肃南县

九、传统医药(共计1项)

序号	编号	项目名称	申报地区或单位
1	Ⅸ—1	华锐藏医藏药	武威市天祝县

十、民俗(共计15项)

序号	编号	项目名称	申报地区或单位
1	Ⅹ—1	阿克塞哈萨克族毡房	酒泉市阿克塞县
2	Ⅹ—2	天祝土族婚俗	武威市天祝县
3	Ⅹ—3	七月官神	兰州市榆中县
4	Ⅹ—4	兰州清汤牛肉面	兰州市城关区
5	Ⅹ—5	正月十九迎婆婆	甘南州舟曲县
6	Ⅹ—6	藏族服饰	甘南州　武威市天祝县
7	Ⅹ—7	甘南藏族婚礼	甘南州夏河县
8	Ⅹ—8	秦安女娲祭祀仪式	天水市秦安县
9	Ⅹ—9	青苗会	定西市岷县

续　表

序号	编号	项目名称	申报地区或单位
10	X—10	兰州“天把式”	兰州市皋兰县
11	X—11	窑街“福”字灯会	兰州市红古区
12	X—12	九宫八卦灯会	定西市岷县
13	X—13	金塔黄河灯会	武威市凉州区
14	X—14	裕固族剪马鬃	张掖市肃南县
15	X—15	裕固族祭鄂博	张掖市肃南县

附件6

第三批甘肃省非物质文化遗产名录

(共计91项)

一、民间文学(11项、15小项)

序号	编号	项目名称	申报地区或单位	传承人
1	Ⅰ-1	《马五哥与尕豆妹》	临夏州临夏县	何莲秀、马新民
2	Ⅰ-2	《甘冬儿和杨达尔》	武威市古浪县	袁育英、严培存
3	Ⅰ-3	古浪童谣	武威市古浪县	陈万喜
4	Ⅰ-4	陇东红色民谣(正宁民谣、合水民谣)	庆阳市正宁县、合水县	
5	Ⅰ-5	蒙古族祝赞词	酒泉市肃北县	山西
6	Ⅰ-6	河西宝卷(永昌宝卷)	金昌市永昌县	范积忠
7	Ⅰ-7	甘肃民间故事(貂蝉传说、苏武传说、金瓜与银豆、嘉峪关故事传说)嘉峪关市 周如明、何怀珠	定西市临洮县 武威市民勤县 武威市古浪县	李玉寿 朱芳华
8	Ⅰ-8	藏族民间故事	甘南州迭部县	子九
9	Ⅰ-9	藏族民间谚语	甘南州迭部县	扎西
10	Ⅰ-10	谚语	庆阳市正宁县	
11	Ⅰ-11	春官说诗	平凉市	张海山、刘王喜

二、民间音乐(9 项、15小项)

序号	编号	项目名称	申报地区或单位	传承人
1	Ⅱ-1	嘉峪关民间小调	嘉峪关市	赵帅珍、李守财
2	Ⅱ-2	肃南蒙古族民歌	张掖市肃南县	高秀兰
3	Ⅱ-3	华亭打乐架	平凉市华亭县	王有福

续　表

序号	编号	项目名称	申报地区或单位	传承人
4	Ⅱ-4	麻家集高石崖花儿会	定西市渭源县	汪海娥
5	Ⅱ-5	白银寿鹿山道教音乐	白银市	曹守国
6	Ⅱ-6	灵台唢呐	平凉市灵台县	姚九录、董金文
7	Ⅱ-7	牛角琴演奏	甘南州玛曲县	青知布
8	Ⅱ-8	陇中民歌(陇西民歌、会宁民歌、静宁阿阳民歌)	定西市陇西县 白银市会宁县 平凉市静宁县	王健、白好寿 张玉兰、马克选 杨生泮、黎秀华
9	Ⅱ-9	河西民歌(瓜州民歌、肃州民歌、敦煌民歌、民勤民歌、高台民歌)	酒泉市瓜州县 酒泉市肃州区 敦煌市 武威市民勤县 张掖市高台县	杨生秀 孙进仁 陈秀芳、陈正清 曹宗让 杨希禄、闫占祥、王崇教、杜发会、郭永生

三、民间舞蹈(9项、14小项)

序号	编号	项目名称	申报地区或单位	传承人
1	Ⅲ-1	摆阵舞	甘南州舟曲县	郭殿臣、郭给舟
2	Ⅲ-2	永登硬狮子舞	兰州市永登县	冯德培
3	Ⅲ-3	何家营滚灯	兰州市永登县	朱国顺
4	Ⅲ-4	秦安蜡花舞	天水市秦安县	赵改儿、郭遂世
5	Ⅲ-5	陇西云阳板	定西市陇西县	焦志强、张映奎
6	Ⅲ-6	嘉峪关地蹦子	嘉峪关市	王占朝
7	Ⅲ-7	鼓舞(羌蕃鼓舞、背鼓子舞、跳鼓舞 、太平鼓[五穷鼓])	定西市渭源县 白银市白银区	陆寿乾 李乐亨、滕焕坤
8	Ⅲ-8	陇东社火(打花鞭)	平凉市静宁县	杨生泮、闫惠琴
9	Ⅲ-9	河西社火(赶驴、山丹县耍龙、甘州社火)	酒泉市肃州区 张掖市山丹县 张掖市甘州区	杨学斌 李建成

四、传统戏剧(5项、9小项)

序号	编号	项目名称	申报地区或单位	传承人
1	Ⅳ-1	崆峒笑谈	平凉市崆峒区	张作贤、王元
2	Ⅳ-2	三仓灯戏	陇南市武都区	
3	Ⅳ-4	南湖曲子戏	平凉市庄浪县	

续　表

序号	编号	项目名称	申报地区或单位	传承人
4	Ⅳ-3	皮影戏（通渭皮影戏、临洮皮影戏、渭源皮影戏、永昌皮影戏）	定西市通渭县 定西市临洮县 定西市渭源县 金昌市永昌县	刘满仓 车兆峰 范治仪 吕兰生
5	Ⅳ-5	木偶戏（灵台木偶戏、永昌木偶戏）	平凉市灵台县 金昌市永昌县	陈巧娥、周效国 王笃中

五、曲艺(共计7项)

序号	编号	项目名称	申报地区或单位	传承人
1	Ⅴ-1	华锐则柔	武威市天祝县	吕文秀、乔索南措
2	Ⅴ-2	山梁走唱	平凉市崇信县	梁世华、赵进儒
3	Ⅴ-3	顶灯说唱	平凉市崇信县	刘彦奎、刘晓峰
4	Ⅴ-4	陇中小曲	定西市安定区	刘福
5	Ⅴ-5	古浪老调	武威市古浪县	钟长海、季宝德
6	Ⅴ-6	凉州贤孝(永昌贤孝)	金昌市永昌县	柴希桃
7	Ⅴ-7	苦水下二调	兰州市永登县	胡学文

六、民间杂技与竞技(6项)

序号	编号	项目名称	申报地区或单位	传承人
1	Ⅵ-1	叼羊	酒泉市阿克塞县	陶汉
2	Ⅵ-2	姑娘追	酒泉市阿克塞县	艾萨吾列
3	Ⅵ-3	二鬼打架	酒泉市肃州区	龚天材
4	Ⅵ-4	高台通背捶、八虎棍	张掖市高台县	桑俊斌
5	Ⅵ-5	秦安壳子棍	天水市秦安县	高世定
6	Ⅵ-6	天启棍	临夏州临夏市	

七、民间美术(7 项)

序号	编号	项目名称	申报地区或单位	传承人
1	Ⅶ-1	镇庄兽雕刻艺术	庆阳市华池县	
2	Ⅶ-2	唐卡绘画	武威市天祝县	马才成
3	Ⅶ-3	庆阳剪纸(华池剪纸)	庆阳市华池县	赵星萍、曹永琴
4	Ⅶ-4	裕固族刺绣	张掖市肃南县	白萍、杨红梅、郭兰花、郭银梅

续　表

序号	编号	项目名称	申报地区或单位	传承人
5	Ⅶ–5	甘谷木雕	天水市甘谷县	王勇
6	Ⅶ–6	通渭木雕技艺	定西市通渭县	杨鸿宇、巩胜玉
7	Ⅶ–7	通渭砖雕技艺	定西市通渭县	马永明

八、传统手工技艺(22项、23小项)

序号	编号	项目名称	申报地区或单位	传承人
1	Ⅷ–1	擦擦佛像印版制作技艺	甘南州夏河县	
2	Ⅷ–2	嘉峪关石砚制作技艺	嘉峪关市	刘宗学
3	Ⅷ–3	武都栗玉砚制作技艺	陇南市武都区	
4	Ⅷ–4	甘肃黄酒酿制技艺(河州黄酒、马岭黄酒)	临夏州临夏市 庆阳市庆城县	 王维耀
5	Ⅷ–5	角弓咂杆酒酿制技艺	陇南市武都区	
6	Ⅷ–6	岷县点心加工技艺	定西市岷县	马冬梅
7	Ⅷ–7	静宁烧鸡制作技艺	平凉市静宁县	王东升、谢林林
8	Ⅷ–8	陇西腊肉制作技艺	定西市陇西县	郭陇龙
9	Ⅷ–9	王氏铜铸技艺	临夏州临夏市	
10	Ⅷ–10	岷县铜铝铸造技艺	定西市岷县	徐芳龙、何道海
11	Ⅷ–11	榆中县古建筑模型制作技艺	兰州市榆中县	丁武明
12	Ⅷ–12	榻板房制作技艺	甘南州迭部县	卡交
13	Ⅷ–13	民间手工编结技艺	庆阳市合水县	
14	Ⅷ–14	镇原高粱秆灯笼制作技艺	庆阳市镇原县	
15	Ⅷ–15	戏剧头帽制作技艺	庆阳市宁县	
16	Ⅷ–16	天水泥塑制作技艺	天水市秦州区	何彦云、赵旭辉
17	Ⅷ–17	天水丝毯制作技艺	天水市秦州区	武建成、刘静波
18	Ⅷ–18	岷县传统织麻布技艺	定西市岷县	司长喜
19	Ⅷ–19	脊兽制作技艺	定西市临洮县	司探微
20	Ⅷ–20	裕固族织褐子	张掖市肃南县	索兰英、沙琴梅、郭月英、杨金花、常自英
21	Ⅷ–21	民勤毛毡制作技艺	武威市民勤县	李仁德
22	Ⅷ–22	王氏镰刀制作技艺	武威市古浪县	王克俭

九、传统医药(共计4项)

序号	编号	项目名称	申报地区或单位	传承人
1	Ⅸ-1	北塬金氏接骨术	临夏州临夏县	金青龙、金秀龙
2	Ⅸ-2	王氏正骨法	庆阳市西峰区	王毅
3	Ⅸ-3	曹氏中医正骨法	白银市会宁县	曹绪明、曹庆祥
4	Ⅸ-4	李天套中医骨伤治疗技艺	平凉市崆峒区	李天套

十、民 俗(11项)

序号	编号	项目名称	申报地区或单位	传承人
1	Ⅹ-1	天干吉祥节	甘南州舟曲县	杨面英、高健德
2	Ⅹ-2	首阳山伯夷叔齐祭祀	定西市渭源县	李德清
3	Ⅹ-3	华锐藏族婚俗	武威市天祝县	张罗、周南加、张拉先
4	Ⅹ-4	东山转灯	甘南州舟曲县	房显庆、房明轩
5	Ⅹ-5	毛兰木法会	甘南州夏河县	
6	Ⅹ-6	麦积高抬	天水市麦积区	王守业、张居义
7	Ⅹ-7	巴寨朝水节	甘南州舟曲县	郭殿臣
8	Ⅹ-8	甘州黄河灯阵	张掖市甘州区	郭玉清
9	Ⅹ-9	高台黄河灯阵	张掖市高台县	杨登贵、杨登年、严明
10	Ⅹ-10	民勤骆驼客	武威市民勤县	曹宗让
11	Ⅹ-11	卓尼藏族服饰	甘南州卓尼县	马尧草

主要参考资料

1.《非物质文化遗产概论》 王文章主编 教育科技出版社 2008年10月

2.《兰州非物质文化遗产文献汇编》(1) 兰州非物质文化遗产保护中心

3.我国非物质文化遗产保护的若干问题 刘魁立 2010.9. 6

4.兰州市公布非物质文化遗产名录 清汤牛肉面入选 平丽艳《兰州晨报》2007.4.23

5. 兰州非物质文化遗产传承人获政府补贴 刘健 《兰州晨报》2008.1.10

6. 张世珍副市长在我市非物质文化遗产保护工作会议上的讲话 2006.11.15

7.我国的非物质文化遗产保护现状《中国档案学研究》落拓寒儒

8. 永登县非物质文化遗产保护情况汇报 永登县文化体育局 2008.9.27 永登党建网

9. 苦水镇非物质文化遗产保护工作成效明显 王银元 2008.8.12 永登党建网

10. 国务院办公厅关于加强我国非物质文化遗产保护工作的意见 文化部 2005.12.22

11.非物质文化遗产的特点 郑瑛中 戴相尚

12.非物质文化遗产特性观察

13. 我国成为人类非遗代表作最多国家 湛强 《光明日报》2009.10.15

14. 关于非物质文化遗产抢救与保护的几点思考 http://www.ccmedu.com

15.浅谈我国非物质文化遗产的法律保护

16. 我国非物质文化遗产经济价值开发中存在的问题和对策研究 谭宏 理论探讨 2009.11.16

17.刘云山：积极适应旅游与文化融合的新趋势 推动旅游文化产业实现新的更大发展 2010.3.22《人民日报》

18. 传承和弘扬秦腔文化艺术的摇篮 刘巨魁 2010.3.25 《兰州日报》

19.为非物质文化遗产保护奠定了坚实基础 2010.4.16《经济日报》周 玮

20.文化产业可持续发展的战略思考 2010.5.12《光明日报》湖南省中国特色社会主义理论体系研究中心

21.《非物质文化遗产纵横谈——北京市非物质文化遗产保护工作高级研讨班论文集》民族出版社 2007年7月

22. 大力倡导文化创新努力追求文化创新 刘云山 《光明日报》2010.6.2

24.非物质文化遗产的价值 程惠哲 《经济观察报》

25.各国非物质文化遗产保护面面观《中国民族报》2007.6.8

26.非物质文化遗产的政治学解读 普永贵《云南民族大学学报》2008.1

27.利用特殊资源发展特色经济——从对非物质文化遗产经济价值的利用谈起 谭宏 理论研讨 2007.12

28. 国外非物质文化遗产保护的理论与实践 王焯 文化学刊2008.6

29. 湖南省中国特色社会主义理论体系研究中心 文化产业可持续发展的战略思考《光明日报》2010.5.21

30.非物质文化遗产保护的信息化建设——以甘肃省非物质文化遗产保护为例 魏学宏《辽宁医学院学报》2009.5

32. 国外保护非物质文化遗产的现状 飞龙《文艺理论与批评》2005.6

33.世界非物质文化遗产 向云驹 宁夏人民出版社 2006年12月

34. 兰州市中长期人才发展规划纲要(2010---2020年)

35.庆阳市人民政府门户网站

36.非物质文化遗产保护工作历程 孙法鑫《民俗研究》2006.12

37.加强制度建设 唤起民众文物保护意识--从"法国文化遗产日"谈起 河南省文物局局长 陈爱兰

38.国外文化遗产保护对我国的启示 吴思震

39.论非物质文化遗产保护的整体性原则 刘魁立

40.中国少数民族艺术遗产保护及当代艺术发展国际学术研讨会论文集 张庆善 文化艺术出版社 2004.

41. 甘肃非物质文化遗产保护基本情况 甘肃省非物质文化遗产保护中心

42. 民间艺术产业化的观察与思考 李建荣 华声在线

43.甘肃肃南裕固族自治县重视保护民族非物质文化遗产 甘肃省肃南裕固族自治县民宗局

44.肃北非物质文化遗产保护工程成效显著 于军忠 人民网甘肃视窗肃北

45. 甘肃省公民的文化权益问题研究 于维民

46.公祭伏羲:文化的传承与精神的凝聚 伏羲庙网,http://www.fuximiao.com

47.2010年甘肃公祭伏羲大典暨第21届中国天水伏羲文化旅游节成果发布词 伏羲庙官网 http://www.fuximiao.com

48.大规模维修,伏羲庙进行第十次"手术" 博雅旅游网http://cn.bytravel.cn

49.《十年求索〈金昌俗曲〉〈金昌小戏〉付梓问世》,http://www.gscn.com.cn

50.何登焕 民间文化的守望者《金昌日报》,2008.7.25

51. 宁县民俗文化产品年销售收入突破2000多万元,http://www.zgqingyang.gov.cn

52. 尹利宝.《武都高山戏现状分析与发展之思考》,《甘肃艺苑》,2010.2

53.《甘肃概览》甘肃省人民政府网站,http://www.gansu.gov.cn

54.《新媒体》http://baike.baidu.con/view/339017htm

55.敦煌文化 百度百科名片

56.甘肃建成文艺"数字图书馆" 李鹏《科技鑫报》2011.5.26